Report of Hedge Funds in China 2021

清华大学五道口金融学院

2021年中国私募基金研究报告

曹泉伟 陈卓 等 / 著

中国财经出版传媒集团
经济科学出版社
Economic Science Press

课题组成员

组　　长：曹泉伟

副 组 长：陈　卓

成　　员（按姓氏笔画为序）：

　　　　　门　垚　王平凡　石　界

　　　　　李　想　姜白杨　滕立雅

前言

2020年，新冠肺炎疫情席卷全球，世界各国经济遭遇重创，为缓解疫情造成的经济下行危机，各国政府纷纷出台一系列经济促进政策。此外，全球金融市场也屡屡震荡，股票、债券、贵金属等资产价格接连大幅下跌，国际原油期货首次出现负价格，而随着流动性的持续释放，各类资产价格逐步反弹。我国在实施严密的隔离防疫措施后，经济在短暂停摆后实现快速复苏，央行采取宽松的货币政策，前三季度我国GDP增长0.7%，实现由负转正，经济复苏进程领先全球，股票市场随之回暖，A股市场成为全球许多风险资产的"避风港"。2020年全年我国主要股指均迎来上涨，其中，上证综指上涨13.9%，沪深300指数上涨27.2%，中小板指数上涨43.9%，创业板指数上涨65.0%。与此同时，我国资本市场并未停下前进的脚步，《中华人民共和国证券法》（以下简称"新证券法"）正式实施，创业板实施注册制试点，新三板转板制度发布，改革持续深化。

自2004年我国发行首支阳光私募基金至今，私募基金已走过17个春秋。随着我国资本市场的发展、监管制度的完善以及居民财富的不断积累，我国资产管理市场迎来蓬勃发展，证券类私募基金作为资管行业中的一员，紧跟时代发展的浪潮，逐渐成为我国财富管理当中不可或缺的一部分。2020年，私募基金迎来新的爆发性增长时期，一方面得益于高涨的股市行情吸引了许多场外投资者借基入市，另一方面受到银行理财产品和货币基金收益率下跌的影响，权益类产品对投资者的吸引力大幅增加，私募基金新发产品数量与规模随之增加。中国证券投资基金业协会（以下简称"中基协"）数据显示，截至2020年底，证券类私募基金备案数量达54355只，同比增长31%，私募基金备案存续管理规模达3.77万亿元，较2019年底增长约54%，规模增速创下自2015年以来新高。相较于前几年私募基金规模下滑，2020年行业有所回暖。

本书以中国证券投资类私募基金为研究对象，从发展现状、业绩表现、选股择时能力和业绩持续性等角度进行了细致的分析。在第一章中，我们回顾私募基金市场的发展历程，并从不同维度剖析我国私募基金的发展现状。虽然私募基金起步晚于公募基金，但其凭借着追求绝对收益的理念、高额的投资回报和较好的风险控制能力，已然成为资本市场上不容忽视的一股力量。2020年，中国证券监督管理委员会（以下简称"证监会"）出台《关于加强私募投资基金监管的若干规定（征求意见稿）》，意在促使私募基金行业回归"私募"和"投资"本源，实现行业优胜劣汰的良性循环，促进私募基金的健康合规化发展。此外，在外资私募加速布局 A 股市场的大环境下，私募基金行业对外开放的力度也进一步加深。截至 2020 年底，共有 32 家外资机构在我国基金业协会备案为私募证券投资基金管理人，备案产品共计 92 只。外资机构的加入丰富了我国私募和公募基金管理人的结构，虽会带来一定的竞争压力，但外资机构的投资理念与风控措施等会推动我国基金管理行业的成长，私募基金市场将迎来更多的机遇和挑战。

第二章，我们以私募基金中最具代表性的股票型私募基金为研究对象，与股票型公募基金以及覆盖市场上所有股票的万得全 A 指数的业绩表现进行综合比较。从收益的角度来看，在 2020 年，股票型私募基金收益为 34.9%，股票型公募基金收益为 59.4%，而万得全 A 指数上涨 25.6%。将样本区间拉长，近三年（2018～2020 年）股票型私募基金和股票型公募基金的年化收益率分别为 12.8%和 21.3%，近五年（2016～2020 年）股票型私募基金和股票型公募基金的年化收益率分别为 10.4%和 11.7%，在两个时间段内公募基金和私募基金的业绩都跑赢了万得全 A 指数。在考虑风险因素后，近三年（2018～2020 年）和近五年（2016～2020 年）股票型私募基金的夏普比率、索丁诺比率和收益—最大回撤比率均优于万得全 A 指数，说明无论是从整体风险还是下行风险的角度出发，当股票型私募基金承担同样的风险时，皆能够取得高于万得全 A 指数的风险调整回报。另外，股票型私募基金索丁诺比率的表现在近三年和近五年都好于股票型公募基金；股票型私募基金夏普比率的表现在近三年略低于股票型公募基金，近五年的表现好于股票型公募基金。综合来看，对高净值人群而言，私募基金是一种较好的投资方式。

第三章，我们评估股票型私募基金经理的选股能力和择时能力。回归结果显示，在近五年（2016～2020 年）具有完整历史业绩的 534 只股票型私募基金中，有 232 只（占比 43%）基金表现出正确的选股能力，有 54 只（占比 10%）基金表现出正确的择时能力。经过自助法（bootstrap method）检验后，有 190 只（占比 36%）基金的选股能力、36 只（占比 7%）基金的择时能力源于基金经理自身的投资能力，而非运气。

第四章，我们分别使用基金收益率的 Spearman 相关性检验、绩效二分法检验、描述统计检验和基金夏普比率的描述统计检验，研究私募基金过往业绩与未来业绩的关系。检验结果显示，无论排序期是一年还是三年，在 2008～2020 年间股票型私募基金的业绩只在部分年间表现出一定的持续性，且在部分年间出现了反转的现象，总体上私募基金的过往收益不具有持续性，不能帮助投资者预测基金未来的业绩。同时，过去夏普比率排名靠前或靠后的基金在未来一年有较大概率仍然排名靠前或靠后，这些信息能够作为投资者选择基金时的参考依据。

第五章，为使大家了解我国私募基金行业的发展状况以及不同策略私募基金的整体收益和风险程度，我们根据私募基金的投资策略构建出六个中国私募基金指数，分别为普通股票型私募基金指数、股票多空型私募基金指数、相对价值型私募基金指数、事件驱动型私募基金指数、债券型私募基金指数和CTA型私募基金指数。我们将各指数分别与其对标市场指数进行比较分析时发现，上述六类私募基金指数的收益皆高于市场指数，除债券型私募基金指数外，其余五类私募基金指数对风险的控制优于相应的市场指数。我们将主要投资于股票市场的四类私募基金指数进行横向对比后发现，普通股票型、相对价值型、股票多空型和事件驱动型私募基金指数的风险和风险调整后收益都优于市场指数。

第六章，我们构建私募基金风险因子，并用这些风险因子解释私募基金收益的来源。私募基金风险因子包括股票市场风险因子（MKT）、规模因子（SMB）、价值因子（HML）、动量因子（MOM）、债券因子（BOND10）、信用风险因子（CBMB10）、债券综合因子（BOND_RET）及商品市场风险因子（FUTURES）。基于私募基金风险因子分析，投资者可以更加充分地了解不同策略私募基金的风险暴露情况。结果显示，当对单只基金进行回归分析时，四类股票型基金的拟合程度较好，与MKT因子呈正相关的基金数量比例较高，体现出股票型基金的特征；而债券型基金和CTA型基金回归到模型时调整后R^2偏低，意味着我们构造的八个风险因子不能较好解释这两个策略私募基金的收益构成。当对私募基金指数进行回归时，普通股票型、股票多空型和事件驱动型私募基金指数的模型拟合程度较高。

本书通过定性的归纳总结和大量的数据分析，力求以客观、独立、深入、科学的方法，对我国私募基金行业的一些基础性、规律性的问题作出深入分析，使读者对私募基金行业整体的发展脉络有一个全面而清晰的认识，加深对私募基金发展现状的理解。同时，也为关注私募基金行业发展的各界人士提供一份可以深入了解私募基金的参阅材料。

目 录 CONTENTS

第一章　中国私募基金行业发展概览　/　1

　　一、基本概念与特征 ·· 1

　　二、行业发展历程 ·· 4

　　三、行业新动向 ·· 11

　　　　（一）证监会加强私募基金监督管理 ·· 11

　　　　（二）百亿元级私募机构扩容 ·· 13

　　　　（三）外资私募布局继续加速 ·· 16

　　四、行业发展现状 ·· 18

　　　　（一）基金发行数量 ·· 18

　　　　（二）基金实际发行规模 ·· 20

　　　　（三）基金发行地点 ·· 21

　　　　（四）基金投资策略 ·· 22

　　　　（五）基金费率 ·· 24

　　五、小结 ·· 25

第二章　私募基金能否战胜公募基金和大盘指数　/　27

　　一、收益率的比较 ·· 28

　　　　（一）四类股票型私募基金与大盘指数的比较 ··································· 30

　　　　（二）年度收益率的比较 ·· 37

　　　　（三）基金超过大盘指数收益率的比例 ·· 39

　　　　（四）累计收益率的比较 ·· 40

　　二、风险调整后收益指标的比较 ·· 42

　　　　（一）夏普比率 ·· 43

　　　　（二）索丁诺比率 ··· 51

　　　　（三）收益—最大回撤比率 ··· 59

三、四个收益指标的相关性分析 …………………………………… 67
　　四、小结 …………………………………………………………… 68

第三章　私募基金经理是否具有选股能力与择时能力 / 70

　　一、回归模型及样本 ………………………………………………… 71
　　二、选股能力分析 …………………………………………………… 74
　　三、择时能力分析 …………………………………………………… 88
　　四、稳健性检验 ……………………………………………………… 93
　　五、自助法检验 ……………………………………………………… 99
　　六、小结 …………………………………………………………… 108

第四章　私募基金业绩的持续性 / 109

　　一、收益率持续性的绩效二分法检验 …………………………… 110
　　二、收益率持续性的Spearman相关性检验 ……………………… 115
　　三、收益率持续性的描述统计检验 ……………………………… 118
　　四、夏普比率持续性的描述统计检验 …………………………… 126
　　五、小结 …………………………………………………………… 132

第五章　道口私募基金指数 / 133

　　一、道口私募基金指数编制方法 ………………………………… 134
　　　　（一）样本空间 …………………………………………… 134
　　　　（二）指数类别 …………………………………………… 134
　　　　（三）样本选入 …………………………………………… 134
　　　　（四）样本退出 …………………………………………… 134
　　　　（五）道口私募指数计算准则 …………………………… 135
　　二、道口私募基金指数覆盖的基金数量 ………………………… 136
　　三、道口私募基金指数与市场指数的对比 ……………………… 143
　　四、小结 …………………………………………………………… 151

第六章　中国私募基金的业绩归因分析 / 152

　　一、风险因子的构建 ……………………………………………… 153
　　二、风险因子的描述统计 ………………………………………… 157
　　三、私募基金的风险因子归因分析 ……………………………… 164

（一）样本选取 ·· 164
　　（二）私募基金风险归因模型 ·································· 156
　　（三）归因分析结果 ·· 166
四、私募基金指数的风险因子归因分析 ····························· 170
　　（一）私募基金指数风险归因模型 ······························ 170
　　（二）归因结果分析 ·· 170
　　（三）稳健性检验 ··· 172
五、小结 ·· 173

附录一 股票型私募基金近五年业绩描述统计表（按年化收益率由高到低排序）：
2016~2020 年 ··· 175

附录二 股票型私募基金经理的选股能力和择时能力（按年化 α 排序）：
2016~2020 年 ··· 204

附录三 收益率在排序期排名前 **30** 位的基金在检验期的排名（排序期为一年）：
2017~2020 年 ··· 235

附录四 收益率在排序期和检验期分别排名前 **30** 位的基金排名（排序期为一年）：
2017~2020 年 ··· 240

附录五 夏普比率在排序期排名前 **30** 位的基金在检验期的排名（排序期为一年）：
2017~2020 年 ··· 245

参考文献 ··· 250
后记 ·· 252

中国私募基金行业发展概览

2020年,新冠肺炎疫情在全球范围内暴发,严重冲击全球的经济和贸易,中国作为世界主要经济体之一同样受到巨大影响。第一季度我国经济出现罕见的负增长,GDP同比增速为-6.8%。抗疫初期国内经济活动几乎全面停摆,各行各业都受到不同程度的冲击,股市亦出现巨幅震荡,第一季度上证指数下跌约10%。受股市影响,私募证券投资基金(以下简称"私募基金")第一季度收益欠佳,股票型私募基金平均收益率为-0.8%。但随着我国防疫措施和经济复苏政策的实施,前三季度我国GDP增长0.7%,实现由负转正,经济复苏进程领先全球。随着经济的稳步恢复,股市结构性机会凸显,2020年全年沪深300指数上涨27%,振幅约达42%。高涨的股市行情吸引了许多场外投资者"借基"入市,私募基金规模持续增长,新发产品数量也急剧上升,百亿元私募机构的数量和规模均创历史新高。

相较于前两年私募基金行业的"寒冬",2020年对私募基金行业来说是充满机遇的一年。截至2020年12月底,私募证券投资基金管理人有8 908家,存续备案基金产品数量为54 355只,规模达到3.77万亿元。相较于2019年,2020年备案产品数量同比增加31%,规模同比增加54%,呈急剧增长态势,行业有所回暖。本书将围绕证券类私募基金展开研究,关注其在我国的发展历史、现状、投资表现等,以期为社会各界人士提供一份详尽的参考。本章将从四个维度来梳理私募基金的发展脉络,首先描述私募基金的基本概念与特征,之后简述行业发展历程、汇总2020年行业的大事件以及梳理行业发展现状。

一、基本概念与特征

证券投资基金是指通过发售基金份额,将众多不特定投资者的资金汇集起来,形成独立财产,委托基金管理人进行投资管理,基金托管人进行财产托管,由基金投资人共享投资收益,共担投资风险的集合投资方式。证券投资基金所投的有价证券主要是在证券交易所或银行间市场上公开交易的证券,包括股票、债券、货币市场工具、金融衍生品等。投资者投资证券投资基金,主要是为了实现资产的保值与增值。根据资金募集方式的不同,证券投资基金划分为公募证券投资基金(以下简称"公募基金")和私募证券投资基金。

  私募基金是向特定投资者,即少数机构投资者和富有的个人投资者,以非公开方式进行资金募集的基金,对投资者的风险承受能力有一定的要求。公募基金是向不特定投资者公开发行基金份额并进行资金募集的基金。公募基金与私募基金在我国资产管理行业中均扮演了十分重要的角色,两者的发展呈现出彼此交织、影响与互补的态势。虽然二者同为证券类投资基金,但是相较于公募基金,私募基金有许多独有的特征,包括非公开募集资金的方式、投资者为合格投资者、"固定+浮动"的管理费机制、监管相对宽松、投资策略灵活、追求绝对收益等,接下来本书将围绕以上六个特质展开具体分析,希望能够帮助投资者深入了解私募基金的内涵与性质。私募基金的特征有以下几点。

  合格投资者制度。《中华人民共和国证券投资基金法》(以下简称《证券投资基金法》)中规定,私募基金应当向合格投资者募集资金,其募集对象严格限定在符合特殊条件的合格投资者范围内,这主要是因为私募基金具有较高的投资风险,需要投资者具备相应的风险识别能力和风险承担能力。2014 年证监会出台《私募投资基金监督管理暂行办法》,首次对私募基金合格投资者做出具体要求,2018 年发布的《关于规范金融机构资产管理业务的指导意见》(以下简称"资管新规")进一步提高了合格投资者的门槛,对合格投资者提出家庭金融资产和家庭金融净资产的要求。根据相关规定,私募基金的个人合格投资者需满足以下几点要求。个人投资者需要具备两年以上的投资经验,且需要满足以下条件之一:(1) 其家庭金融净资产不低于 300 万元;(2) 家庭金融资产不低于 500 万元;(3) 近 3 年本人年均收入不低于 40 万元。私募基金的机构合格投资者需要满足:最近 1 年末净资产不低于 1 000 万元。社会保障基金、企业年金等养老基金,慈善基金等社会公益基金,保险资金等都属于合格机构投资者的范畴。2015 年修订的《证券投资基金法》中规定,私募基金合格投资者人数(包括单位和个人)累计不得超过 200 人。

  非公开募集。私募基金只能向合格投资者以非公开的方式募集资金,私募基金不得向合格投资者以外的个人或单位宣传和推介私募基金,也就是说,私募基金不得公开宣传、公开募集资金,同时也不能变相公开募集资金。例如,借助互联网、微信、报刊、电视、电台、讲座、报告会、短信、邮件、传单等平台或载体向不特定对象宣传私募基金产品的行为均属于变相公开募集资金,有此行为的私募基金管理人将受到证监会或中基协等监管机构的处罚。私募基金管理人在向特定投资者宣传推介私募基金之前,需经特定对象确定程序评估投资者是否具有相应的风险识别和风险承受能力,特定对象确定程序可以采取调查问卷等方式。① 调查问卷应包含投资者的基本信息、财务状况、投资知识、投资经验和风险偏好等信息。在互联网等在线平台推介私募基金时,同样需经过在线特定对象确定程序,包括投资者的基本信息、联系方式、调查问卷等,并且投资者需确认自身为符合监管机构要求的合格投资者。

"固定+浮动"管理费。私募基金的收费标准较为独特,采取固定管理费和浮动管理费相结合的模式。固定管理费是投资者每年向私募基金管理人按一定比例支付的管理费用,通常为1%~2%。浮动管理费是基金管理人和投资者事先在基金合同中约好的业绩报酬,通常约定在基金收益率达到一定水平时,基金管理人收取一部分业绩收益作为业绩报酬,一般基金管理人提取业绩的20%作为浮动管理费。在实际操作过程中,有些私募基金管理人的业绩报酬提取比例会远超20%。2020年6月,中基协发布《私募证券投资基金业绩报酬指引(征求意见稿)》,规定了业绩报酬的计提比例上限为业绩报酬计提基准以上投资收益的60%。另外,私募基金管理人提取浮动管理费的时间节点也各不相同,基金管理人可以按合同约定的固定时间节点或在基金分红时计提报酬,也可以选择在投资者赎回基金份额时计提报酬,也有私募基金管理人会选择在基金清盘时一次性计提业绩报酬。而公募基金通常只提取固定管理费,截至2020年底,我国股票型、债券型、混合型、货币型公募基金的平均固定管理费率分别为0.9%、0.4%、1.2%、0.3%左右。值得注意的是,2019年11月,有6家公募基金获批发行浮动管理费基金,规定在基金年化收益率达到8%以上时,基金管理人可以提取20%的业绩报酬,随着试点公募基金的发行,未来浮动管理费机制或不再是私募基金特有的收费标准。

监管相对宽松。近年来私募基金的监管力度在不断加大,但相对于公募基金而言,私募基金的监管约束仍然较少,这与私募基金的特质密切相关。私募基金面向具有一定风险识别和风险承受能力的合格投资者募集资金,本身具有较高的投资门槛,投资者范围小,社会影响面窄,故而更加注重市场主体自治,以行业自律监管为主。私募基金的投资运作主要依据基金合同,信息披露程度较低,有较高的隐蔽性。在我国,由中基协负责私募基金的自律监督管理,包括对私募基金登记备案、信息披露、募集行为、合同指引、命名指引等多维度的监督管理。但中基协不对私募基金管理人和产品做实质性的事前检查。而公募基金的投资者范围广,基金份额持有的人数下限是200人,投资者中有很大一部分人风险识别和风险承受能力较低,因而公募基金的监管严苛,发行的产品也需经过证监会的严格审核,投资目标、投资组合等各方面信息都要披露,产品公开化与透明化程度较高。

---

① 特定对象确定程序:该程序是私募基金在募集资金前必须完成的程序,该程序可以评估投资者是否具备相应的风险识别能力和风险承受能力。

投资策略灵活。私募基金更加注重市场主体自治和行业自律管理,监管机构采取的监管原则为适度监管,在投资范围、投资限制、投资策略等方面限制较少,留给私募基金的可操作空间较大,故而私募基金具有较高的灵活性。私募基金产品体量相对较小,产品设立下限容易达到,单只产品的设立规模通常在几千万元至亿元之间,而单只公募基金产品的设立规模需至少达到两亿元。并且,私募基金可以在0~100%之间自由控制仓位,而股票型公募基金则有80%的股票仓位限制。同时,私募基金可以采取丰富的投资策略,如做空、对冲等,公募基金在这方面受约束较大。私募基金的灵活性有利于私募基金管理人最大程度地运作自身的投资策略,实现追求绝对收益的目标。

追求绝对收益。私募基金管理人更加关注基金的绝对收益和超额回报,这意味着私募基金管理人追求持续稳健的收益,注重控制最大回撤与波动率,追求较高的风险收益比,并且无论市场涨跌,都以获得绝对的正收益率为目标。追求绝对收益也是私募基金备受投资者青睐的原因之一。而公募基金追求的是相对收益,更加注重的是与业绩比较基准和业内同类型基金的对比,业绩比较基准通常为股指或者债指,如华夏大盘精选的业绩比较基准为"富时中国A200指数×80%+富时中国国债指数×20%",那么该基金就更关注自身的收益率是否能够超越上述业绩比较基准和业内的平均收益水平。

二、行业发展历程

回顾私募基金的成长历程,不难发现,私募基金经历的是一个自下而上、自发孕育产生和发展的过程,其行业发展历程主要分为以下三个阶段。

第一阶段:地下生长阶段(20世纪90年代初至2004年)。我国私募基金雏形的诞生与资本市场的制度缺陷密切相关。20世纪90年代初,上海证券交易所(以下简称"上交所")与深圳证券交易所(以下简称"深交所")相继成立,资本市场初步建立,但制度尚不完善,市场上有制度套利和操纵股价的空间,如一家企业从一级市场进入二级市场,企业估值可以产生巨大差别。由于制度建设落后,所以有许多投资者想要参与两个市场之间的套利。但当时的公募基金并不能获取这部分潜在的经济利益。与此同时,随着改革开放的推进,我国市场上涌现出越来越多的富有投资者和拥有闲置资金的企业,它们急需创新型的理财方式。在此背景下,私募基金在市场需求的刺激下自发孕育产生。1993年,国家允许证券公司投资一级市场,证券公司便可以开展承销业务。证券公司与一些客户之间建立起信任关系,这些客户将大量资金交给证券公司代理证券投资,这部分资金大多数发展成为"一级市场基金",即在一级市场上认购新股。这种大客户与证券公司间不正规的信托资金委托关系便是我国私募基金的雏形。

1996~2000年，股票市场行情火热，吸引越来越多投资者以委托理财的方式进入股市。部分上市公司也将闲置资金委托给主承销商代理投资。股市的赚钱效应、券商委托理财的示范效应以及市场上旺盛的投资需求，促使投资公司大热。与此同时，在券商经营过程中，基金管理人受到诸多限制，薪酬水平也较低，许多券商精英"跳槽"出来成立以委托理财方式设立的投资咨询公司、投资顾问公司以及投资管理公司等，补充了私募基金的人才队伍。于是，市场上出现了更接近严格意义上的私募基金。之后随着公募基金大举建仓钢铁、石化、能源电力、银行、汽车等行业并获得了丰厚的利润，价值投资逐渐在市场上流行起来，崇尚该理念的私募基金逐渐崭露头角，一批私募基金管理人陆续转型，逐步接受和运用价值投资理念。

2001~2003年，私募基金阳光化的条件逐渐成熟。2001年，全国人大通过《中华人民共和国信托法》（以下简称《信托法》），建立了信托的法律制度，明确和规范了信托关系，此后信托公司从事私募业务走向合法化的发展道路。《信托法》给各类机构依托信托关系进行业务创新提供了必要的法律基础。2003年8月，我国首只以信托模式运作的私募基金成立，即"中国龙资本市场集合资金信托计划"。该信托计划由云南国际信托有限公司发行，由信托方自身投研团队自主管理，是国内首支投资于二级市场的证券类信托产品。2003年10月，全国人大常委会通过《证券投资基金法》，明确了公开募集基金的法律体系，虽并未给予私募基金相同的法律地位，但为国内引入私募基金预留了一定口径。2003年12月，证监会发布《证券公司客户资产管理业务试行办法》，准许证券公司从事集合资产管理业务，此后券商也逐步展开私募基金业务。这一系列法律和政策层面的变化给我国私募基金行业带来了新的发展契机。

第二阶段：阳光化成长阶段（2004~2013年）。2004年2月，深圳市国际信托投资有限责任公司（以下简称"深国投"）推出了我国首支证券类信托计划——"深国投·赤子之心（中国）集合资金信托计划"，这是国内第一只由私募机构担任投资顾问的私募基金产品。该产品的业务模式是以信托公司作为发行方，银行充当资金托管方，私募机构受聘于信托公司负责资金的管理。该基金的业务模式确立了私募基金管理人可以充当信托等产品的投资顾问/实际管理人，也正是这种方式开启了我国阳光私募基金的新纪元。阳光私募基金通过以信托关系为基础的代客理财机制，将私约资金改造为资金信托，这种创新使得私募契约、资金募集、信息披露等都更加规范化和公开化，也促使我国私募基金由地下的野蛮生长转为阳光化发展。值得一提的是，"赤子之心"业绩十分出色，在赵丹阳任基金经理期间，即2004年2月至2008年1月，基金累计收益高达370%，年化收益率为49%，最大回撤仅为9%，而同期标普中国A指累计收益率为279%。尽管赵丹阳因看空后市而主动清盘了"赤子之心"，但该基金的发行对我国基金行业意义深远，以致后来以信托方式投资于股市的私募基金都被称为阳光私募基金。阳光私募基金也逐渐被市场接受，受到投资者和基金经理的认同，成为私募基金行业中的主流运作方式。2006年12月，银监会发布《信托公司集合资金信托计划管理办法》，进一步促进阳光私募基金的规范化发展。

2007~2008年间，股市由暴涨到暴跌，这百年难遇的金融海啸不仅磨砺了私募基金，也带动了私募基金的蓬勃发展。2007年10月，上证指数飙升至6 124点，火热的股市行情促使许多公募基金管理人加入私募基金的行业，市场上出现第一波"公奔私"的潮流，并且此后一直都是行业内的热门话题。大量公募基金行业内的精英下海创立私募基金的主要原因是公募基金行业缺乏股权激励机制，相较而言，私募基金的浮动管理费制和薪酬激励制度更能够吸引人才，所以"公奔私"的事件时有发生。在此过程中，有众多优秀的公募基金管理人加入私募基金行业，如上投摩根的吕俊、工银瑞信的江晖等，最引人瞩目的必然是原"公募一哥"王亚伟。王亚伟是第一位为投资者带来十倍收益的基金经理，在他管理期间内的"华夏大盘精选"业绩表现极其出色，2005年12月至2012年5月，该基金复权单位净值增长率高达1 200%。2015年，王亚伟从华夏基金离职，正式成立私募基金（千合资本）。这些公募业内的领军人物转跳私募行业，为私募基金带来规范化运作的理念，促进了私募基金的稳健发展，同时还推动了《证券投资基金法》中公募基金股权激励机制条款的产生，对私募基金行业的长期发展有着不容忽视的作用。

进入2008年，市场火热的行情骤然转停，股市呈单边下行状态，标普中国A指的跌幅为63%，股票型公募基金的跌幅为50%，而股票型阳光私募基金的下降幅度却控制在了33%以内，凸显出私募基金在风险控制上的实力。2009年，股市呈恢复性增长状态，阳光型私募基金的平均收益率（55%）整体上输给标普中国A指（106%）和公募基金（66%）。但在2010年，私募基金在股市震荡下跌的行情中，再次向投资者展示了自身的价值，分别跑赢股票型公募基金和大盘指数3个百分点和10个百分点。在牛熊市的转换中，私募基金用业绩向投资者证明了自身优秀的投资能力，逐渐获得了市场的关注和投资者的青睐。从此，阳光私募基金的管理规模逐渐走向千亿元时代。

与此同时，私募基金自身的运作模式与组织形式也在随着市场与监管环境的变化而不断创新。2009年5月，东海证券与平安信托发行国内首支TOT（trust of trust）型阳光私募——"平安财富—东海盛世一号集合资金信托计划"。TOT是投资对象主要为阳光私募证券投资信托计划的信托产品，能够有效地分散风险和配置资产，有其内在优势，但也会因双层收费摊薄投资者收益。当时证监会叫停信托证券账户的开设，使得许多需要借助信托渠道发行的阳光私募基金陷入极大困境，而TOT模式的展开刚好可以应对不能开设信托证券账户的难题。2009年12月，修改后的《证券登记结算管理办法》明确合伙制企业可以开设证券账户，为我国发展有限合伙型私募基金带来契机。2010年2月，我国首只以有限合伙方式运作的银河普润合伙制私募基金正式成立。有限合伙型私募基金的创立规避了当时不能开设证券账户的障碍。直到2012年，中国结算有限责任公司发布《关于信托产品开户与结算有关问题的通知》，信托证券账户才获得解禁。

我国资本市场在上述这段时期跌宕起伏、瞬息万变，私募基金行业大浪淘沙，能够经受住市场的考验，取得持续优秀业绩而稳立潮头，并长期坚守在业内的基金经理逐渐成为行业的佼佼者，如裘国根、江晖、蒋锦志、赵军等基金经理，都已成长为行业的中坚力量，是行业的领头军。此外，市场上还不断有年轻的"血液"注入私募基金行业，为我国私募基金行业增添新活力。例如，由于翼资产管理的东方点赞投资基金，自2015年8月成立以来到2020年底，累计收益率已达10倍，为1 001%，同期沪深300指数收益率仅为36%。并且在2016年和2018年的熊市中，沪深300指数分别下挫11%和25%，该基金不但没有下跌，反而取得了22%和2%的正收益。由九章资产管理的九章幻方量化对冲一号私募基金，自2017年2月成立以来到2020年底，累计收益率超110%，其最大回撤却控制在了4%以内，有着较强的风险控制能力。在2018年的熊市中，沪深300指数下挫25%，而该基金逆市上涨12%。再如，成立于2019年7月的量化私募基金——衍复投资，成立不满两年就已迈入百亿元级私募行列，刷新了私募基金突破百亿元大关的时间。长江后浪推前浪，这些后起之秀与行业内的"老兵"相互交织，共同构成了如今朝气蓬勃的私募基金市场。资本市场从来都是一个英雄不问出路的地方，无论是券商派基金经理，还是民间派基金经理，又或是公募派基金经理，都能在这个舞台上大展身手。但同时资本市场又是残酷的，只有其管理的产品穿越牛熊市，斩获亮眼业绩，才能得到市场的肯定。

第三阶段：合法化发展阶段（2013年至今）。随着经济结构的调整和居民财富管理需求的增长，私募基金迅速在资产配置中占据了重要的角色，这离不开监管层面的大力支持，国务院、证监会、中基协等多方机构为私募基金的健康发展构建了良好的制度环境。在私募基金的监管体系中，证监会对私募基金施行统一监管，中基协履行行业自律监管职能，负责私募基金的登记备案。不断出台的规范性文件与行业自查等监管措施无疑促进了行业的长期健康发展，私募基金行业合法化发展过程中的重要政策如表1-1所示。

表1-1　　　　　私募基金行业合法化发展阶段重要政策一览

发布日期	监管政策名称	发布方
2013年6月	《中华人民共和国证券投资基金法》	证监会
2014年2月	《私募投资基金管理人登记和基金备案办法（试行）》	中基协

续表

发布日期	监管政策名称	发布方
2014年5月	《国务院关于进一步促进资本市场健康发展的若干意见》	国务院
2014年6月	《关于大力推进证券投资基金行业创新发展的意见》	证监会
2014年8月	《私募投资基金监督管理暂行办法》	证监会
2016年7月	《证券期货经营机构私募资产管理业务运作管理暂行规定》	证监会
2017年7月	《证券期货投资者适当性管理办法》	证监会
2017年8月	《私募投资基金管理暂行条例（征求意见稿）》	国务院
2018年4月	《关于规范金融机构资产管理业务的指导意见》	人民银行、银保监会、证监会、外汇局
2019年12月	《私募投资基金备案须知》	中基协
2020年9月	《关于加强私募投资基金监管的若干规定（征求意见稿）》	证监会

资料来源：国务院、人民银行、证监会、中基协。

2013年，全国人大常委会通过修订版的《中华人民共和国证券投资基金法》（以下简称"新基金法"），首次将非公开募集资金纳入法律监管范围，为私募基金确立了合法地位，也为行业发展留下足够的自由度和发展空间。针对私募基金投资者范围小、运作方式灵活、影响面较窄的特点和发展需要，新基金法对私募基金的规范侧重于规章建制，构建出与公开募集基金不同的制度框架，着眼于系统性风险的防范，规定私募基金的具体业务运作主要依靠基金合同和基金参与者自主约定，以行业自律监管为主。新基金法的施行，对我国私募基金行业意义深远，这标志着我国私募基金正式告别野蛮生长，步入合法化发展阶段。

2014年1月，证监会授权中基协对私募基金进行自律监管，负责私募基金的登记与备案工作。私募基金不设行政审批，这意味着中基协担负着重大的事中、事后监管职责。此后中基协出台了若干个适用于私募基金的自律监管办法，开始逐步构建我国私募基金的自律监管体系。2014年1月，中基协发布《私募投资基金管理人登记和基金备案办法（试行）》，明确私募基金管理人登记和基金备案制度。自登记备案制度施行以后，行业发展迅速，登记的基金管理人达到相当大的规模，但同时也暴露出鱼龙混杂、良莠不齐的问题，有些管理人缺乏合规意识，甚至出现违法违规现象。由此，中基协开始布局"7+2"自律规则体系，从备案登记、信息披露、募集行为等诸多维度规范私募行为，强化事中、事后监管。这七项管理办法与两项指引具体包括募集办法、登记备案办法、信息披露办法、从事投资顾问业务办法、托管业务办法、外包服务管理办法、从业资格管理办法，以及内部控制指引和基金合同指引。

2014年5月，国务院发布《关于进一步促进资本市场健康发展的若干意见》（以下简称"新国九条"），以专门篇幅提出要"培育私募市场"，将私募基金的发展提高到了一定战略高度，这也是国务院首次在文件中单列一条对私募基金进行具体部署。新国九条着重强调要建立健全私募基金发行制度和发展私募投资基金，提出功能监管与适度监管相结合的监管原则，为私募基金的合规化发展创造了有利的政策环境。2014年6月，为落实新国九条中关于基金行业的战略布局，证监会出台《关于大力推进证券投资基金行业创新发展的意见》，继续为私募基金行业"松绑"。2014年8月，证监会发布并施行《私募投资基金监督管理暂行办法》（以下简称《暂行办法》），这是首个专门监管私募基金的部门规章，也是我国私募基金行业发展过程中的一个重要里程碑。《暂行办法》是证监会落实新基金法和新国九条的重要举措，对新基金法的条款做了具体规定，将证券公司、基金公司、期货公司及其子公司从事私募基金业务纳入适用范围，并初步建立了各类私募基金的全口径统一检测系统。《暂行办法》填补了监管空白，促进私募基金进入更加规范化、制度化发展的崭新阶段。

2016~2019年，合规一直是行业发展的主旋律，各种史上最严监管文件频频出台，监管不断升级加码，扶优限劣，行业监管效能逐步提升，行业监管框架也愈加完善。2016年可以称为私募基金的严监管元年，是行业规范化发展的重要节点。中基协在2016年颁布的监管文件众多，包括《私募投资基金管理人内部控制指引》《私募投资基金信息披露管理办法》《私募投资基金募集行为管理办法》《私募投资基金合同指引》《私募投资基金服务业务管理办法（试行）》《关于资产管理业务综合报送平台上线运行相关安排的说明》等。2016年7月，证监会出台《证券期货经营机构私募资产管理业务运作管理暂行规定》，强化私募基金风险管控，重点对宣传推介行为、结构化资管产品、过度激励等方面进行规范，明确私募证券基金管理人需参照执行。

2017年，监管持续加码。7月，证监会发布《证券期货投资者适当性管理办法》，构建投资者的分类标准、产品或者服务分级、适当性匹配等体系。8月，国务院发布《私募投资基金管理暂行条例（征求意见稿）》（以下简称《暂行条例》），这代表着私募基金行业的顶层设计即将落地。《暂行条例》从私募基金管理人、托管人、资金募集、投资运作、信息提供、行业自律等多方面严格规范了私募基金的行为，使私募基金运作有了更为明确的参考标准。11月，人民银行、银监会、证监会、保监会、外汇局联合发布《关于规范金融机构资产管理业务的指导意见（征求意见稿）》，对私募基金的募资、产品设计等多方面有着重大影响。2018年4月，资管新规正式施行，为资管行业统一监管的时代拉开了序幕，私募基金的监管格局、产品募资与业务模式等诸多方面都受到一定程度的影响。资管新规强调资产管理业务要功能监管与机构监管相结合，对合格投资者新增了家庭资产情况、投资经历上的要求，限制通道和嵌套产品。资管新规带来诸多挑战的同时，也为私募基金打开了与银行理财子公司合作的空间。

中基协的自律监管不断加强。2018年5月，中基协发布的《私募证券投资基金管理人会员信用信息报告工作规则（试行）》正式施行，私募基金正式成为中基协首个开启信用报告工作的会员，之后陆续发布《私募投资基金命名指引》、更新版《私募基金管理人登记须知》《私募基金管理人登记须知（2019版）》《私募证券投资基金业绩报酬指引（征求意见稿）》《私募投资基金电子合同业务管理办法》等。此外，中基协也一直在开展行业自查工作，通过自查工作的展开，私募基金管理公司的经营信息更加全面透明，这不仅有利于中基协的监督管理，更有利于保障投资者的合法权益。中基协自律监管体系的重要政策如表1-2所示。

表1-2　　　　　私募基金自律监管体系的重要政策一览

发布时间	监管政策名称
2014年1月	《私募投资基金管理人登记和基金备案办法（试行）》
2015年3月	《关于实行私募基金管理人分类公示制》
2015年9月	《关于建立"失联（异常）"私募机构公示制度的通知》
2015年12月	《私募投资基金募集行为管理办法（试行）（征求意见稿）》
2016年2月	《私募投资基金管理人内部控制指引》
2016年2月	《私募基金管理人登记法律意见书指引》
2016年2月	《私募投资基金信息披露管理办法》
2016年2月	《关于进一步规范私募基金管理人登记若干事项公告》
2016年4月	《私募投资基金募集行为管理办法》
2016年4月	《私募投资基金合同指引》
2016年4月	《私募投资基金风险揭示书内容与格式指引（个人版）》
2016年8月	《关于私募基金管理人注销相关事宜的公告》
2016年11月	《私募投资基金服务业务管理办法》
2017年7月	《基金募集机构投资者适当性管理实施指引（试行）》
2017年10月	《证券投资基金管理公司合规管理规范》
2017年12月	《私募基金管理人登记须知》
2017年12月	《证券投资基金增值税核算估值参考意见》
2018年1月	《私募证券投资基金管理人会员信用信息报告工作规则（试行）》
2019年1月	《私募投资基金备案须知》
2019年11月	《私募投资基金命名指引》
2019年12月	《私募基金管理人登记须知（2019版）》
2020年6月	《私募证券投资基金业绩报酬指引（征求意见稿）》
2020年10月	《私募投资基金电子合同业务管理办法》

资料来源：中基协。

2019年，股票股指期权扩容，私募基金对冲工具增加，投资策略得以丰富，科创板横空出世，可惜多数证券类私募基金无缘打新，私募基金度过相对稳定的一年。进入2020年，私募基金迎来新的爆发性增长，这一方面得益于高涨的股市行情吸引了许多场外投资者"借基"入市，另一方面受到银行理财产品和货币基金收益率下跌的影响，权益类产品对投资者的吸引力大幅增加，在多重因素影响下，私募基金管理规模激增。中基协数据显示，截至2020年11月，私募基金备案存续管理规模为3.7万亿元，相比2019年底的2.4万亿元，11个月新增管理规模1.3万亿元，相比2019年底增加了约54%，50%以上的规模增速创下了自2015年以来的新高。

在行业急速发展之时，监管的脚步与外资的脚步并未停歇。2020年9月，证监会出台《关于加强私募投资基金监管的若干规定（征求意见稿）》，这将是自《暂行办法》施行以来的第二部行业内的部门规范性文件，其意义不言而喻。此外，截至2020年11月底，共有32家外资在我国基金业协会备案为私募证券投资基金管理人，备案产品共计92只。这32家外资机构不乏全球行业巨头，包括富达（Fidelity）、瑞银（UBS）、英仕曼（Man Group）、富敦（Fullerton）、惠理（Value Partners）、景顺（Invesco）、路博迈（Neuberger Berman）、安本标准（Aberdeen Standard）、贝莱德（BlackRock）、施罗德（Schroders）等。外资机构的加入丰富了我国私募和公募基金管理人的结构，虽会带来一定的竞争压力，但外资机构的投资理念与风控措施等会推动我国基金管理行业的成长。换个角度来看，外资私募是否能够较好地适应我国特有的资本市场也尚未可知，本书将持续关注其后续的发展。

三、行业新动向

（一）证监会加强私募基金监督管理

近年来，证监会与中基协对私募基金行业开展的自查和抽查活动逐渐常态化，金融机构监管愈发严格，监管体系愈发完善。良好的制度环境，能够促使私募行业更加长久稳健的发展。2020年9月11日，证监会发布《关于加强私募投资基金监管的若干规定（征求意见稿）》，公开向社会征求意见，意在促使私募基金行业回归"私募"和"投资"本源，实现行业优胜劣汰的良性循环，促进私募基金的健康合规化发展。2021年1月8日，证监会正式发布《关于加强私募投资基金监管的若干规定》（以下简称《规定》），这是自2014年发布《私募基金监督管理暂行办法》后，证监会首次发布专门规范私募基金的部门规范性文件。

2014年，证监会出台《私募基金监督管理暂行办法》后，授予中基协自律监管职能，中基协逐步构建了"7+2"的自律监管体系，并出台多项规范性文件，为私募基金有序发展营造了良好的制度环境。根据中基协登记备案数据，截至 2020 年 12 月底，证券类私募基金备案产品有 54 355 只，同比增长 31%，发行规模达 3.77 万亿元，同比增长 54%，可见私募基金在资产管理业务中发挥着愈发重要的作用。但是，私募基金在飞速发展的同时，也逐渐暴露出诸多风险，如部分私募基金管理公司变相公开募集资金、刚性兑付、规避合格投资者制度、不履行登记备案制度、异地经营等，行业风险逐步显现。故而，证监会于 2020 年 9 月出台《规定》征求意见稿，并于 2021 年 1 月发布正式文件，以期控制私募基金存量风险，有序防控和疏导增量风险。

《规定》是自《暂行办法》后的第二部部门规范性文件，其监管效力大于中基协出台的规范性文件。过往，私募基金违反中基协的自律监管条例，受到的监管惩罚包括书面警示、行业内通报批评、公开谴责等，对非法机构违规行为的威慑力略显不足。但此次证监会出台的《规定》严厉打击私募基金违规行为，对于违反相关规定的私募基金，证监会可以采取行政监管措施、市场禁入措施，并可采取行政处罚，记入中国资本市场诚信信息库。值得注意的是，《规定》中第十三条增加了非法机构违规行为涉嫌犯罪情况的处理方式，涉嫌犯罪的私募基金将被依法移送司法机关追究刑事责任，解决了行政处罚权限的问题。这也就是说，私募基金违规的成本将大幅提升。

《规定》共计十四条，主要包括以下六个方面：（一）规范私募基金管理人名称；（二）从严监管集团化私募基金管理人；（三）确保私募基金应当向合格投资者非公开募集；（四）明确私募基金财产投资的负面清单；（五）强化私募基金管理人及从业人员等主体规范要求；（六）明确法律责任和过渡期安排。《规定》的若干监管条例更为细化，有利于私募基金管理人的合规化运作。

具体来看，在私募基金管理人名称方面，《规定》明确要求私募基金管理人的名称和经营范围中应有"私募基金"及"私募基金管理"等字样，体现受托管理私募基金的特点。根据中基协公示的私募基金管理人数据，截至 2020 年 11 月 6 日，存量证券类私募基金管理机构为 8 809 家，仅有 39 家机构的公司名称中直接含有"私募基金"字样，占比为 0.44%，有"私募"字样的机构为 162 家，占比 1.8%。多数私募基金管理人名称带有"投资管理"或"资产管理"字样，分别有 3 528 家和 3 075 家，包含这二者字样的私募基金管理人占比达 75% 左右。不过在正式稿件中，对私募基金管理人名称实行新老划断原则，故而存量私募基金即使不符合新规要求也无需更改基金名称。对于即将备案的基金而言，还存在《规定》中对名称和经营范围的要求与各地工商管理部门要求不一致的问题，在此情形下，市场监管总局在 2021 年 1 月 15 日发布《关于做好私募基金管理人经营范围登记工作的通知》，要求各地登记注册机构做好私募基金管理人经营范围登记工作。

《规定》的征求意见稿中要求私募基金管理人注册地与办公地在同一省级、计划单列市新政区域内。根据中基协备案数据,截至 2020 年 11 月,注册地位于北京、上海、广东省、深圳及浙江省的私募基金管理人占比达到 79%,注册地较为集中,主要是受到这几个城市或省份业务开展便捷、人才吸引便利等优势影响。并且在地方政府的税收优惠等政策的影响下,部分私募机构会选择在该市注册,但是考虑到公司实际业务需求,办公地点会选择在北京、上海、广州、深圳等一线城市。对于现存的实际办公地与注册地不一致的私募基金管理人,整改或许会带来较高的商业成本。该项整改还需要各地工商局、税务局等多部门的配合,预计整改也将持续很长一段时间。同时,私募基金管理人办公地的整改也会造成从业人员的相应流动,这会给私募基金行业的发展带来一定的影响。但在正式版的《规定》中,证监会充分吸取了社会各界的意见,考虑到市场的实际情况及迁址难题,已删除有关基金管理人异地经营及整改的相关规定。

此外,《规定》对私募基金管理人及其从业人员提出了十三项禁止行为,旨在约束其在私募基金运营环节的行为,具体包括单独建账、单独管理,不得混同运作、不得以管理人及关联方名义代收付基金财产、不得开展资金池业务、不得自融、不得不公平对待投资者、不得有收益与风险脱钩等刚性兑付设计安排、不得侵占基金财产、不得违约运作基金或违约信披、不得以基金财产为个人谋私、不得利用商业秘密谋私、不得从事内幕交易等不正当交易、不得玩忽职守等。值得注意的是,私募基金管理人的控股股东和实际控制人、私募基金托管人、私募基金销售机构及其他服务机构及从业人员也不得从事这十三条禁止行为或者为这些行为提供便利。

(二) 百亿元级私募机构扩容

自 2004 年我国发行首支阳光私募基金到 2020 年,私募基金已走过 17 个春秋。随着我国资本市场的发展、监管制度的完善以及居民财富的不断积累,我国资产管理市场得以蓬勃发展,证券类私募基金作为资管行业中的一员,紧跟时代发展的浪潮,逐渐成为我国财富管理中不可或缺的一部分。2020 年,私募基金在发行数量、规模、业绩等方面表现均十分突出,这首先受到我国宏观经济环境的影响。年初新冠疫情在全球范围内暴发,我国经济遭受前所未有的冲击,随着疫情防控工作的有序进行,国内经济韧性凸显,经济复苏进程引领全球,我国 A 股也随之走出了跌宕起伏的行情。第一季度,受疫情冲击严重,上证指数下跌约 11%。随着国内疫情防控和统筹工作的顺利进行,我国成为全球首个控制住疫情的国家,投资者信心大涨,同时在多重利好政策的刺激下,A 股结构性机会显现,投资者借基入市的热情高涨。另外,在资管新规限制以及量化宽松的市场环境下,银行理财产品和货币基金收益率下跌，权益类产品对投资者的吸引力大幅增加，私募基金新发产品数量与规模随之增加。据中基协官方数据显示，截至 2020 年 12 月底，新增备案基金数量 12 956 只，新增产品备案规模 1.3 万亿元，存续证券类私募基金 54 355 只，同比增长 31%，基金规模存量达 3.77 万亿元，同比增长 54%。

百亿元级私募机构随之扩容，据私募排排网数据显示，截至 2020 年 11 月，国内共有 61 家百亿元级证券类私募机构，相较于 2019 年底（37 家）新增 24 家机构，增幅约为 65%。规模超过百亿元的私募基金管理人具体如表 1-3 所示。其中有 10 家为量化私募基金管理人，分别是金锝资产、进化论资产、明汯投资、九坤投资、灵均投资、诚奇资产、鸣石投资、九章资产（幻方量化）、宁波幻方量化和衍复投资。

表 1-3　规模超过百亿元的私募基金管理人：截至 2020 年 11 月 18 日

序号	公司简称	成立时间	序号	公司简称	成立时间	序号	公司简称	成立时间
1	东方港湾	2004-03-23	22	景林资产	2012-06-05	43	泛海投资	2015-03-26
2	彤源投资	2006-04-19	23	千合资本	2012-09-28	44	昌都凯丰投资	2015-05-29
3	林园投资	2006-12-21	24	汉和资本	2013-01-05	45	九章资产	2015-06-11
4	上海大朴资产	2007-04-18	25	盈峰资本	2013-01-21	46	迎水投资	2015-06-11
5	淡水泉	2007-06-26	26	友山基金	2013-03-21	47	嘉恳资产	2015-06-26
6	银叶投资	2009-02-24	27	歌斐诺宝	2013-04-10	48	玄元投资	2015-07-21
7	重阳投资	2009-06-26	28	高毅资产	2013-05-29	49	金汇荣盛财富	2015-07-22
8	鸣石资产	2010-12-09	29	少数派投资	2013-07-23	50	石锋资产	2015-07-27
9	伊洛投资	2011-02-23	30	西藏源乐晟资产	2013-08-02	51	趣时资产	2015-09-17
10	敦和资产	2011-03-12	31	诚奇资产	2013-09-24	52	宁波幻方量化	2016-02-15
11	平安道远投资	2011-03-15	32	明汯资产	2014-04-17	53	于翼资产	2016-02-25
12	合晟资产	2011-03-28	33	宽远资产	2014-05-26	54	聚鸣投资	2016-03-21
13	乐瑞投资	2011-04-11	34	进化论资产	2014-06-04	55	盘京投资	2016-04-15
14	易鑫安资管	2011-04-22	35	灵均投资	2014-06-30	56	煜德投资	2017-09-12
15	深圳凯丰投资	2011-08-26	36	恒宇天泽投资	2014-07-14	57	宁泉资产	2018-01-09
16	宁波宁聚	2011-08-29	37	泰润海吉	2014-09-01	58	磐沣投资	2018-01-31
17	金锝资产	2011-11-25	38	上海保银投资	2014-11-18	59	上汽颀臻资产	2018-02-11
18	铂绅投资	2011-12-08	39	双安资产	2014-11-18	60	礼仁投资	2018-02-27
19	九坤投资	2012-04-12	40	希瓦资产	2014-12-25	61	衍复投资	2019-07-25
20	映雪资本	2012-04-17	41	永安国富	2015-01-29			
21	明毅博厚	2012-05-14	42	通怡投资	2015-03-23			

资料来源：私募排排网。

由于百亿元级私募机构大多具有较高的品牌知名度，"头部效应"显著，行业内强者恒强的现象逐渐凸显，集中度随之提升。初步计算，百亿元级私募机构数量占全部私募基金管理人的比例不足1%（61/8 908），但是所管理的资金规模比例十分高。截至2020年12月底，证券类私募基金管理规模为3.77万亿元，那么平均每家私募基金管理人的管理规模仅为4亿元左右（37 662亿元/8 908家），而在2020年底，百亿元级私募基金管理规模近1.5万亿元，即0.7%的百亿元级私募机构管理着将近40%的私募资金，这意味着管理规模较小的私募基金在行业内仍然较多，两极分化现象严重。

通常来说，百亿元门槛难以跨越，对于业内的头部机构来说，即管理规模在100亿元以上的私募基金管理公司，大多都经受过市场的历练，在多年积累之下，已形成较强的品牌号召力，管理团队的能力、职业素养等方面都是业内的顶层配置，因而头部机构地位一直较为稳定。对于中部机构来说，即管理规模位于50亿~100亿元之间的私募基金公司，可能会受到业绩不达预期、规模缩水或者管理团队不稳定等因素的制约，跨越百亿元门槛需要各方面的配合达到最佳，故而存在一定的晋升难度。而小规模的私募基金公司，业绩上没有足够的优势，投入也相对较少，不能形成有效的正向循环，晋升百亿元级私募机构难度更大。同时，私募基金为非公开募集，信息披露较少，相对于公募基金而言较为神秘，许多投资者对其认识不足，与私募基金管理人之间缺乏有效的沟通，一旦基金业绩出现波动，很容易出现大规模赎回的现象，这会造成私募基金管理公司的资金不稳定，同样不利于规模上升。如图1-1所示，百亿元级私募机构大多也为老牌私募基金管理人，成立时间大于五年的私募机构有51家，占比约为84%。

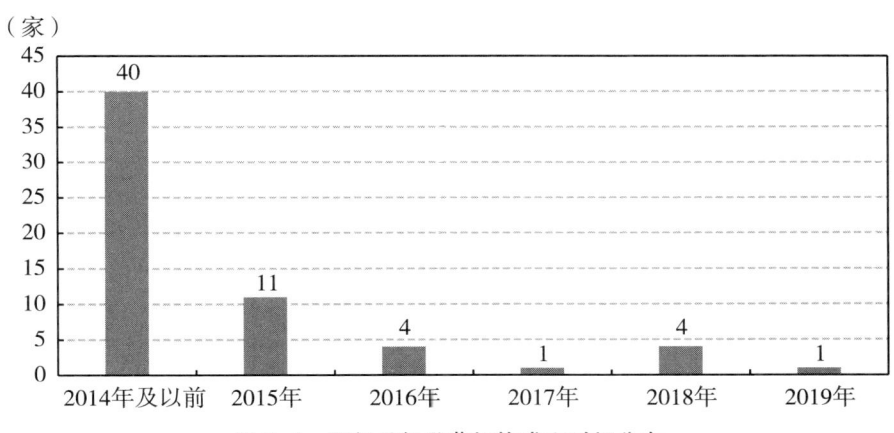

图1-1　百亿元级私募机构成立时间分布

2020年百亿元级私募机构大幅扩容主要受到以下三方面的影响。一是2020年A股结构性机会突出，许多场外投资者入市，在炒股不如买基的观念下，投资者更愿意将资金交给专业的投资人打理。二是私募基金业绩亮眼，截至 2020 年 11 月底，公开数据显示，百亿元级私募机构的平均收益率达到 31%，收益率大于 50% 的私募机构有 7 家。三是私募基金发行产品积极，据不完全统计，2020 年上半年百亿元级私募备案产品超 600 只，截至 11 月底，已有多家百亿元级私募备案产品超百只，如灵均投资新备案品为 235 只、高毅资产新发行产品为 184 只。

规模突破百亿元大关固然是市场对基金管理人的认可，但如何守住规模是一大难题。对比 2019 年与 2020 年的百亿元级私募机构数量，不难发现，有一些机构已悄然退出，如拾贝投资、星石投资、暖流资产、中岩投资、蓝石资管、晟视天下等。另外，在守住规模的同时如何保持业绩同样值得我们思考，截至 2020 年 11 月底，年度收益率低于百亿元级私募平均水平（平均收益率为 31%）的机构有 30 家，其中还有两家机构年度收益率为负。故而，在管理规模跨过一定门槛之后，如何平衡规模与收益更加考验基金管理人的智慧与能力。

（三）外资私募布局继续加速

在新冠肺炎疫情的影响下，全球经济受到严重冲击，截至 2020 年第三季度，美国、英国、日本、法国等主要经济体 GDP 均为负增长，而中国 GDP 已实现正增长（0.7%），外资对中国的投资热情愈加明显，外资私募的布局步伐亦未停歇，截至 2020 年 11 月底，共有 32 家境外资产管理公司在我国基金业协会备案为私募证券投资基金管理人，其中有 28 家注册地为上海。2020 年新增外资私募 9 家，分别为首奕投资（iFAST）、柏基投资（Baillie Gifford）、迈德瑞投资（Metori）、罗素投资（Russell）、弘收投资（Income Partners）、威廉欧奈尔投资（William O'Neil）、鲍尔赛嘉（Power Pacific Investment）、韩华投资（Hanwha Asset）、润晖投资（Cephei Capita）。迈德瑞投资和鲍尔赛嘉的母公司分别是法国和加拿大的企业，这也是两国首次在我国备案证券类私募机构。

这些知名境外资产管理机构并非首次涉足我国资本市场，许多公司在很早之前就已在中国开展业务。例如，瑞银集团于 2011 年在北京成立瑞银环球资产管理（中国）有限公司，从事私募股权、房地产以及基础设施的投资，并成为第一批合格境外机构投资者（QFII）和合格境内有限合伙人（QDLP）。英仕曼集团除了设立英仕曼（上海）投资管理有限公司以外，还于更早前的 2013 年设立了英仕曼海外投资基金管理（上海）有限公司，并获得开展 QDLP 业务的资格。此外，富敦、景顺和施罗德等资产管理公司旗下机构，也以 QFII 形式参与中国市场多年，具有丰富的 A 股市场投研经历，形成了相应的分析体系。外资机构的目光不仅瞄准了中国私募基金管理人这个板块，越来越多的外资私募也开始布局投顾市场。2018 年，银保监会出台的细则《商业银行理财子公司管理办法》，明确私募基金在满足规定的要求后可以成为银行子公司的公募理财与私募理财的投资顾问。2019年3月，路博迈投资（Neuberger Berman）和富敦投资（Fullerton）成为国内首批获得投顾资格的外资私募机构，可以在国内展开机构业务。截至2020年11月底，共有6家外资机构获得了投顾业务资格，依次为富敦投资、路博迈投资、贝莱德投资、毕盛投资、安本标准投资和元胜资产。路博迈已率先备案两只投资顾问类产品，分别为"华润信托·路博迈中国股票1号集合资金信托计划"与"银河资本—路博迈信淮1号集合资产管理计划"，这是外资私募机构首次在我国发行信托产品。其中，路博迈量化精选1号（成立于2020年5月）已实现累计收益率27.30%。未来或许会有更多的外资机构将涉足投顾市场，对我国的投顾市场来说也是一个不容忽视的挑战。

外资私募不断布局中国的原因有三点。一是我国资本市场对外开放的程度在不断提升。2019年7月，金融稳定发展委员会公布11条政策以促进金融业进一步对外开放。2019年8月，中基协发布四项政策推进私募基金领域的对外开放，具体为：明确外资私募实际控制人可以是受境外金融监管部门监管的境外机构，明确外资私募基金投资参与银行间债券市场的标准，为外资私募的外籍高管和投资经理开设英文从业资格考试，放开外资私募产品参与"港股通"交易的限制。这些制度与政策为外资私募进入中国市场创造了良好的环境。二是我国资本市场的投资机会较大。中国经济正处于由高速增长转向高质量发展的过程中，虽然疫情、政治和贸易等因素会使得我国经济出现波动，但我国经济韧性十足，高质量发展将保持不变，对长期投资者而言是绝佳的投资市场。并且我国企业增速高，有较大的成长空间，但估值低，是外资配置全球资产的优质选择。三是我国资管行业发展空间广阔。相对于海外发达国家而言，我国资管行业尚且年轻，处于发展初期，行业格局并未定形，业务费率和利润率均较高，此对外资布局中国市场是着眼未来的战略规划。正如贝莱德（BlackRock）在2020年所说，"从长远来看，中国将是贝莱德最大的机遇之一"。贝莱德是全球最大的资管公司，也是较早一批入驻中国的外资机构，已于2017年备案成为私募证券基金管理人，目前发行了3只基金。

外资私募机构的加入，丰富了我国私募基金管理人的结构，挑战与机遇并存。一方面，全球优秀的资管公司设立的外资私募必然会给本土私募机构带来竞争压力，但外资私募带来的国际视野、丰富的投资策略以及先进的风控措施也会促进本土私募的快速成长，促使国内私募管理人不断提高自身经营能力和投资能力，提升行业规范化程度和投资管理水平。另一方面，外资私募在短期内适应中国市场也具有一定难度。一是外资私募的投研团队可能大多在海外，沟通与调研都较为麻烦，产品的合规操作与国内也存在一定差异，在渠道开拓、人才储备等方面都处于相对弱势的位置。二是从目前来看，外资私募的业绩并未十分突出，这可能与我国金融市场的特殊性有关。我国金融市场波动较大，其运作原理、定价机制等与海外资产都有着较大的区别，并且我国金融工具并不完善，这也在一定程度上限制了外资机构投资策略的发挥。外资私募的品牌建设与渠道拓展等尚处于缓慢发展的过程中，与此同时我国优秀的基金管理人也在不断进步，角逐才刚刚开始。

四、行业发展现状

万得（Wind）资讯数据库数据显示，截至2020年底，私募基金累计发行数量为116 732只，停止运营的基金数量为14 443只，由于停止运营的基金数量占比较高（12%），为避免研究结果受幸存者偏差（survivorship bias，即在数据筛选时只考虑目前还在运营的个体而忽略停止运营的个体）的影响，本部分所分析的数据包含继续运营和停止运营在内的全部私募基金数量，以求全面反映行业的发展情况。[1] 需要提醒读者的是，在本书后面的章节中，基金样本数量与本部分不完全一致，原因是我们选取具有完整复权单位净值数据的基金为研究样本来进行分析。本部分将依据万得资讯数据库，从基金发行数量、基金实际发行规模、基金发行地点、基金投资策略以及基金费率这五个维度进行具体分析，旨在为读者厘清私募基金行业当前所处的态势。

（一）基金发行数量

图1-2中展示的是我国历年新发行和继续运营的私募基金数量。表1-4展示的是我国历年新发行、继续运营以及停止运营的私募基金产品数量。私募基金数量的变化大体能够折射出我国私募基金的发展历程。2002年，私募基金刚刚萌芽，全年有2只基金产品发行。2005年，受到股市下行影响，基金发行速度趋缓，新发基金数量为27只，停止运营的基金数量急剧增加为43只。2007年，股市大牛，私募基金得以蓬勃发展，新发基金数量达到418只。2008年，全球金融危机，私募基金受其负面影响发行数量回落为307只，停止运营数量首次破百，达到232只。2009~2012年，私募基金得以阳光化发展，每年新发行的基金数量稳步增加，同时停止运营的基金数量也随之呈现出递增趋势。截至2012年底，新发行的私募基金数量攀升至1 326只，停止运营的基金数量约为595只。

---

[1] 2020年万得资讯数据库的统计口径发生一定变化，本书所涵盖的证券类私募基金样本也随之发生较大变化。通过对比万得口径下的私募基金产品和在基金业协会备案的私募基金数据，本书发现万得数据库中不仅包含在中基协备案基金类型为"证券私募基金"的私募基金，还涵盖信托计划、资产管理计划等类型的私募基金。

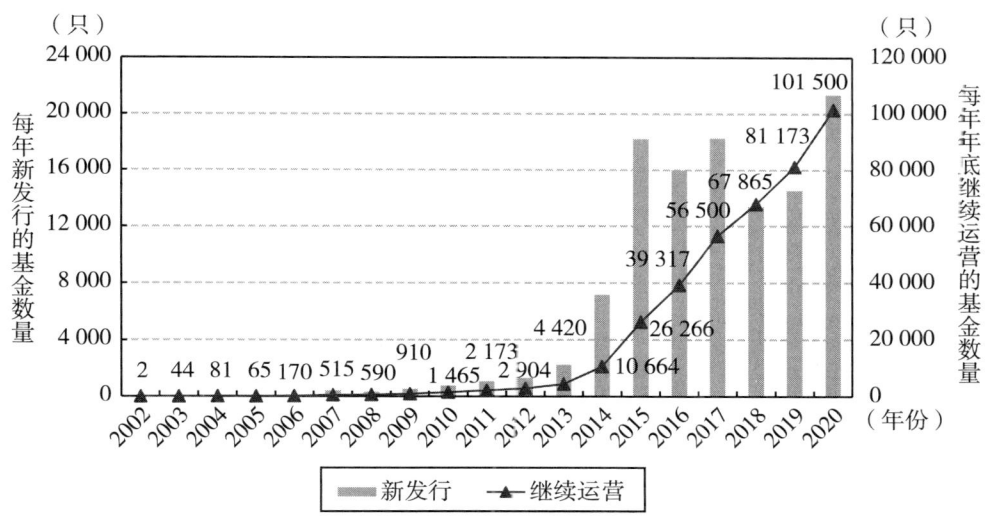

图 1-2　每年新发行及继续运营的私募基金数量：2002~2020 年

表 1-4　每年新发行、停止运营以及继续运营的私募基金数量：2002~2020 年　单位：只

年份	新发行	停止运营	继续运营	年份	新发行	停止运营	继续运营
2002	2	0	2	2013	2 267	751	4 420
2003	43	1	44	2014	7 181	937	10 564
2004	47	10	81	2015	18 235	2 633	26 266
2005	27	43	65	2016	16 030	2 979	39 317
2006	135	30	170	2017	18 272	1 089	56 500
2007	418	73	515	2018	13 379	2 014	67 865
2008	307	232	590	2019	14 531	1 223	81 173
2009	527	207	910	2020	21 353	1 026	101 500
2010	766	211	1 465	无成立日期	789	—	—
2011	1 097	389	2 173	—	—	—	—
2012	1 326	595	2 904	总计	116 732	14 443	102 289

2013 年，《证券投资基金法》首次将非公开募集资金纳入监管范围，为私募基金合法化发展拉开序幕，新发行基金数量达到 2 267 只。2014 年，证监会、中基协等部门相继发布针对私募基金的监管条例，为私募基金的发展营造了良好的制度环境，私募基金呈井喷式增长，新发产品数量跃至 7 181 只。2015 年，私募基金再次迎来爆发式增长，新发产品数量是 2014 年的 2.5 倍，约 18 000 余只。2016~2019 年，监管不断趋严，证监会出台了多项监管政策，国务院《暂行条例》征求意见

稿发布，资管新规及其配套制度相继落地，私募基金运作愈加合规，发行量相对平稳，每年新发行数量均为1万只以上，分别为16 030只、18 272只、13 379只和14 531只。2020年，受新冠肺炎疫情影响，股市呈现出结构性牛市，私募基金再次迎来爆发式增长，新发基金数量首次突破2万只。

从表1-4中可以看出，随着私募基金的规范化发展，停止运营的私募基金总数量在不断增加，每年停止运营的基金数量在2016年达到顶峰，停止运营的数量接近3 000只，随后几年伴随着私募基金的合规化发展，除2018年外，每年停止运营的数量均为1 000只左右。截至2020年底，累计停止运营的私募基金共有14 443只，约占累计发行基金总量的12%。

通常来说，基金停止运营的原因分为以下三种情况。一是基金存续期满而结束运营，这是最为常见的原因。一般私募基金都会在合同中设定存续期间，在存续期满时，基金管理人会根据受托人或者自身意愿来决定是否清盘。二是业绩欠佳而被动结束运营，私募基金通常会设定基金的净值底线，一般设置在0.7~0.8之间。当基金业绩触及清盘底线时，私募基金会被强制清盘。三是基金管理人看空后市而主动结束运营。一部分基金管理人对后市持有悲观态度时，为了投资者权益，会主动清盘旗下基金。例如，赵丹阳在2008年看空股市，于是清盘旗下所有的赤子之心产品，而后A股回调。除了上述三种基金停止运营的原因外，还有一些特殊的清盘原因，如产品的结构设计不符合新的监管政策、投资者入市热情受挫进而大规模赎回、基金管理人难以取得业绩报酬、公司内部调整等因素。

值得注意的是，本书数据来源于万得资讯数据库，除此之外，市场上还有其他平台在统计私募基金产品信息，如朝阳永续、私募排排网、格上理财等。各个机构因为统计口径的不同，会导致统计出的私募基金数量不同，如私募排排网的口径就比较广泛，包含了信托、自主发行、公募专户、券商资管、期货专户、有限合伙、海外基金等类型（或渠道）的私募基金产品。不过自2014年起，在中基协的监管下，私募基金施行登记备案制度，故而中基协披露的备案产品数据更加精确。截至2020年底，中基协数据显示，我国证券类私募基金备案数量达到54 355只，规模为3.77万亿元。

（二）基金实际发行规模

私募基金的发行规模能够反映出市场对该产品的接受程度，同时也能够展现出投资者对私募基金管理人的认可程度。通常来说，投资者更愿意购买资历久、业绩好的私募基金管理人或明星基金经理发行的基金产品，私募基金的销售机构也更愿意去推广此类基金。例如，2020年，有些优秀私募基金经理的产品在一周时间里便募集到100亿元资金。

图 1-3 展示的是 2002~2020 年我国私募基金实际发行规模的数量占比情况。如图 1-3 所示，我国单只私募基金产品发行规模大多在 1 亿元以下，占比达到 71%，与 2020 年相比降低约 2 个百分点。具体来看，截至 2019 年底，单只产品实际发行规模在 2 000 万元以下和 2 000 万~5 000 万元的私募基金数量占比分别约为 26% 和 24%，发行规模位于 5 000 万~1 亿元和 1 亿~3 亿元区间的私募基金数量占比都约为 20%。单只产品发行规模大于 3 亿元的私募基金数量最少，占比约为 9%，较 2019 年增长 1 个百分点。

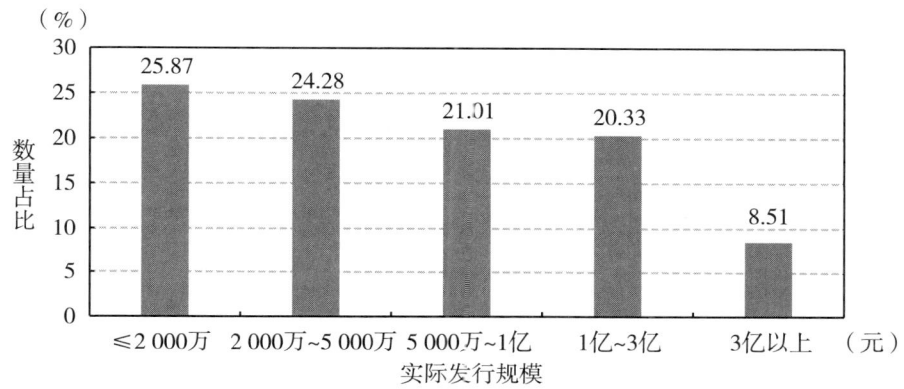

图 1-3　私募基金实际发行规模：2002~2020 年

（三）基金发行地点

表 1-5 描述的是我国私募基金发行地点分布情况。截至 2020 年底，私募基金发行地主要聚集在上海、北京、深圳、杭州、哈尔滨、广州等城市，这些城市大多为一线城市或者省会城市，其私募基金发行量占全国总量的七成以上。其中，上海市的发行量最多，为 30 367 只，占比约 26%，这主要是因为上海是我国的金融中心，也是上交所的所在地；北京作为首都，拥有集中的监管机构和丰富的客户资源，其私募基金发行量位居第二，为 24 617 只，占比约 21%；深圳是深交所的所在地，且前海自贸区有一系列金融优惠政策，大量金融与科技领域的高精尖人才聚集在此地，私募基金也受到相关利好，产品发行量位列第三，为 16 965 只，占比约 15%。

表 1-5　　　　私募基金发行地点的分布：2002~2020 年

发行地点	发行数量（只）	数量占比（%）
上海	30 367	26.01
北京	24 617	21.09

续表

发行地点	发行数量（只）	数量占比（%）
深圳	16 965	14.53
杭州	5 824	4.99
哈尔滨	4 941	4.23
广州	4 712	4.04
其他	29 306	25.11
合计	116 732	100.00

杭州、哈尔滨和广州的私募基金发行量紧随其后，分别为 5 824 只、4 941 只和 4 712 只，占比分别约为 5%、4% 和 4%。这三座城市均为省会城市，其中杭州作为新一线城市，受政府政策引导和经济发展影响，私募基金发行量位居全国第四。哈尔滨是中融国际信托的注册地，而在 2004 年之前私募基金借助信托的渠道发行产品，故而哈尔滨私募基金发行量也较多。广州是沿海经济发达城市，经济实力强劲，并且政府为私募基金创造了良好的运营环境，构建了健全的政策体系，其私募基金发行量位居全国第六。除此之外，昆明、成都、厦门等城市的私募基金发行量同样较多，均在千余只以上。

（四）基金投资策略

在万得基金分类体系中，根据投资类型的不同，私募基金可以划分为普通股票型、债券型、宏观对冲型、相对价值型、股票多空型、混合型、商品型、事件驱动型以及国际（QDII）股票型基金等不同策略的投资基金。[①] 股票型私募基金是将资产主要投资于股票的基金，通过低买高卖获取差额收益，其业绩与大盘走势密切相关。债券型私募基金是将资金主要投资于债券的基金，收益相对稳定，风险也相对较小，也被称为固定收益型基金。宏观对冲型基金是借助于经济学理论，对利率走势、政府的货币与财政政策等宏观经济因素进行研究，以此来预判相关投资品种未来趋势，并进行相应的操作。相对价值型基金利用关联证券间的价差获利，即买入价值被低估的股票，卖空价值被高估的股票，获取价格收敛所带来的收益。混合型基金的投资标的包括股票、债券和货币市场工具等，但通常没有在基金合同中明确主要的投资方向，资产配置较为灵活，可以根据市场情况

---

① 万得基金分类体系是结合了契约类型和投资范围来进行的分类。按照契约类型主要分为开放式和封闭式，在此基础上再按投资范围进行分类。按照投资范围分类主要以基金招募说明书中所载明的基金类别、投资策略及业绩比较基准为基础。

随时调整仓位。商品型基金是通过商品交易顾问（CTA）进行期货或者期权投资交易的一种基金。股票多空型基金在持有股票的同时会卖空股票对冲风险，这意味着通过做空业绩未达预期和表现较差的股票或股指期货，基金可以同时在熊市和牛市都获得不错的收益。国际（QDII）型基金是在我国境内设立，经相关部门批准从事境外证券市场的股票、债券等有价证券业务的基金。事件驱动型基金主要通过分析上市公司的重大事项（如并购重组、增资扩股、回购股票）等影响公司估值的因素来进行投资。

表1-6统计的是我国不同策略的私募基金发行总量及其占比情况。从中可以看出，股票型基金仍是基金产品中的主流，产品数量达9万只以上，约占私募基金总数量的82%；其次为债券型基金产品，发行量约8 000只，占比约为7%；再次为混合型基金，该策略的私募基金发行量为4 220只，约占发行总数量的4%。宏观对冲型、相对价值型、商品型和股票多空型私募基金发行量均在千余只左右，发行数量依次为2 415只、1 989只、1 288只和1 024只，占比约为2%、2%、1%和1%。国际（QDII）股票型基金和事件驱动型私募基金的发行数量均不足千只，分别为782只和635只，合计占比约为1%。除此之外，还有其他几种类型的私募基金，如货币市场型基金、国际（QDII）另类投资型基金等，由于发行量极少，在此不做详细描述。

表1-6　不同策略的私募基金发行总量及占比情况：2002~2020年

投资策略	基金数量（只）	数量占比（%）
股票型基金	95 952	82.2
债券型基金	8 284	7.1
混合型基金	4 220	3.6
宏观对冲型基金	2 415	2.1
相对价值型基金	1 989	1.7
商品型基金	1 288	1.1
股票多空型基金	1 024	0.9
国际（QDII）股票型基金	782	0.7
事件驱动型基金	635	0.5
其他	143	0.1
总计	116 732	100.0

（五）基金费率

与公募基金不同，私募基金在收取固定管理费的基础上，还收取额外的浮动管理费率，一般来说是"2—20"的收费模式，即2%的固定管理费率和20%的浮动管理费率。表1-7、图1-4、表1-8和图1-5展示的是我国私募基金行业的管理费率信息，包括固定管理费率和浮动管理费率的情况。在本书中，我们重点关注以股票为投资标的的股票型私募基金。从表1-7和图1-4可以看出，股票型私募基金的平均固定管理费率约为1.2%，与2019年几乎持平。私募基金的固定管理费主要集中在1.0%、1.5%和2.0%三个费率上，分别占比约为17%、22%和19%。

表1-7　　股票型私募基金的固定管理费率：截至2020年12月底　　单位：%

平均值	1.24
75%分位数	1.80
50%分位数	1.50
25%分位数	0.78

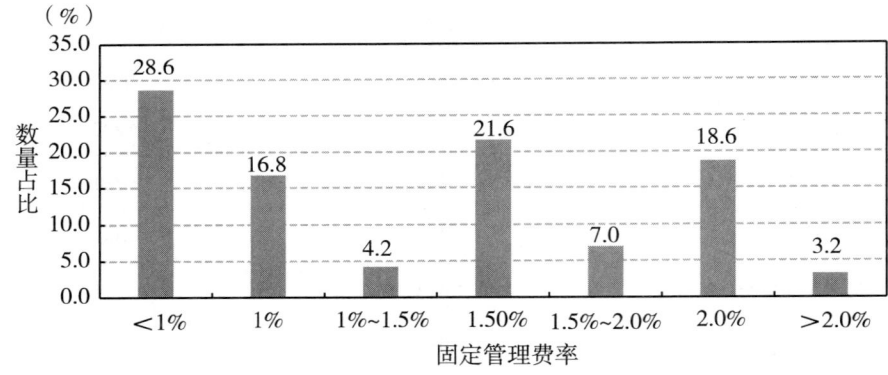

图1-4　股票型私募基金固定管理费率的分布：截至2020年12月底

表1-8　　股票型私募基金的浮动管理费率：截至2017年12月底　　单位：%

平均值	20
75%分位数	20
50%分位数	20
25%分位数	20

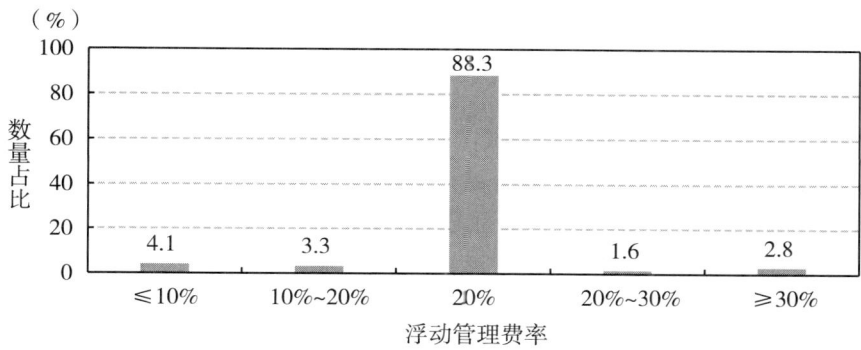

图 1-5 股票型私募基金浮动管理费率的分布：截至 2017 年 12 月底

表 1-8 和图 1-5 展示的是我国股票型私募基金的浮动管理费率信息。浮动管理费是指基金业绩达到合同要求后，对盈利部分按照一定比率收取的管理费。遗憾的是，由于万得资讯数据库从 2018 年开始不再披露浮动管理费率的相关数据，因而我们统计的数据截至 2017 年 12 月底。从表 1-8 可以看出，浮动管理费率均值为 20%，而 25%、50% 以及 75% 的分位数均为 20%。由此可见，20% 的浮动管理费率是我国私募基金市场上的主流，占比高达 88%，这在客观上也说明大多数私募基金具有较为统一的浮动管理费收取标准。

五、小结

自 2004 年我国发行首只阳光私募基金到 2020 年，私募基金已走过 17 个春秋。随着我国资本市场的发展、监管制度的完善以及居民财富的不断积累，私募基金逐渐成为我国财富管理中不可或缺的一部分。虽然初期私募基金一直处于地下发展状态，游走于灰色地带，但私募基金有着强劲的生长势头，并没有就此被市场淘汰。随着 2014 年《暂行办法》的出台，私募基金才正式拉开合法化发展的篇章。自 2016 年起，私募基金拉开严监管的新时代，合规成为行业发展的主旋律。在国务院、证监会、中基协等多方机构的共同努力下，行业监管体系逐步成熟，行业发展愈加规范。2017 年起，外资机构开始在中国私募市场布局，截至 2020 年底，已有 30 多家外资机构登记成为证券私募基金管理人。进入 2020 年，私募基金在多方因素影响下，管理规模激增，相较于 2019 年增加 1.3 万亿元，迎来全新的发展空间。

本章还依据万得资讯数据库的数据，从私募基金的数量、发行规模、发行地点、投资策略和基金费率这五个维度对证券类私募基金行业的现状进行梳理。可以发现，2020 年全年新发行约 2 万只私募基金，是 2019 年新发基金数量的 1.5 倍，发行速度激增。最近几年，私募基金一直处于严监管的制度环境中，发展愈加规范化，停止运营的私募基金数量趋缓，2020 年停止运营的私募基金数量为 1 026 只。在发行规模上，私募基金仍以中小规模为主，发行规模位于 1 亿元以下的基金占比约为 71%。在发行地的选择上，主要集中在上海、北京、深圳、杭州、哈尔滨和广州等城市。私募基金的投资策略依然以普通股票型基金为主。从费率水平来看，截至 2020 年底，股票型私募基金的固定管理费率多数集中于 1.0%、1.5% 和 2% 上，平均数为 1.2% 左右。截至 2017 年底（万得资讯数据库 2018~2020 年均未披露相关数据），股票型私募基金的浮动管理费率的均值为 20%，占比高达 88%。整体来看，我国私募基金行业处于全新的爆发式增长阶段。

私募基金能否战胜公募基金和大盘指数

在各类投资基金中，私募证券投资基金与国外的对冲基金相似，以其追求绝对收益的天然特性吸引着高净值投资群体，也以其20%的浮动管理费及灵活的投资策略吸引着最优秀的基金经理。同时，相对于其他投资品种，一方面，法规对私募基金管理人无论是在运营方面还是在信息披露方面的要求都比较宽松，私募基金在操作和投资策略方面也具有灵活性；另一方面，法规对私募基金投资者的要求相对较高，并且对于合格投资者的范围，证监会也有明确规定。可见，私募基金是一种面向特定投资者，以取得高回报率为核心的投资方式。

自20世纪90年代初产生以来，我国私募基金行业在探索中不断前行，在磨砺中不断成长，发展至今已形成相当大的规模，各类投资策略也渐趋成熟。那么，私募基金行业到底能否为投资者带来可观的回报？其收益状况究竟如何？这些问题困扰着大多数投资者和投资机构。

为了回答这些问题，我们选取投资于股票市场的股票型私募基金这类在私募基金行业中具有代表性的基金作为研究对象，再以大盘指数作为参照标的，对股票型私募基金的收益情况作出全面的分析。万得全A综合指数（以下简称"万得全A指数"）覆盖了所有A股上市公司的股票，在业界常常被用来表征市场的整体表现，故我们选择万得全A指数作为与股票型私募基金对比的大盘指数。此外，我们也将股票型公募基金作为比较对象，了解股票型私募基金与股票型公募基金业绩的高下。在本书中，我们对私募基金与万得全A指数、公募基金的业绩，分别从收益率指标和风险调整后的收益率指标两个角度作出对比。在风险调整后收益指标中，我们选择了考虑不同风险因素的夏普比率、索丁诺比率和收益—最大回撤比率三个指标，将私募基金与大盘指数、公募基金的业绩进行多层次、多角度的对比，以得出综合可靠的分析结论。

研究发现，在2008~2020年的多数年份里，股票型私募基金的年度收益率战胜了万得全A指数，但与公募基金相比则互有高低。2008~2020年，股票型私募基金和股票型公募基金的累计收益皆为158%，而万得全A指数的累计收益仅为

41%，远低于私募基金和公募基金的业绩。从夏普比率的分析结果来看，股票型私募基金在承担相同整体风险水平下，可以取得高于大盘指数的风险调整后收益；从索丁诺比率和收益—最大回撤比率的分析结果来看，在相同的下行风险水平下，股票型私募基金能够取得高于大盘指数的风险调整后收益。另外，我们还发现，无论样本期是过去三年还是过去五年，股票型私募基金的索丁诺比率的表现都好于股票型公募基金。当样本期是过去三年时，股票型私募基金的夏普比率的表现略低于股票型公募基金；当样本期是过去五年时，股票型私募基金的夏普比率的表现好于股票型公募基金。综合来看，私募基金是一种较好的投资方式。

  本章接下来的主要内容分为三部分。第一部分，将私募基金和万得全A指数、公募基金的收益率分别进行年度和长期的对比；第二部分，对私募基金与万得全A指数、公募基金风险调整后收益再作比较和分析，通过多角度、多层次的对比，综合判断私募基金能否真正战胜大盘指数和公募基金；第三部分，比较私募基金的收益率、夏普比率、索丁诺比率和收益—最大回撤比率四个指标的相关性，选择评估私募基金业绩的恰当指标。

一、收益率的比较

  本章的研究对象是股票型私募基金，根据对私募基金各类投资策略的判断，我们将万得资讯的私募基金二级分类中投资于二级市场的普通股票型、股票多空型、相对价值型和事件驱动型私募基金定义为股票型私募基金。由于分级基金的净值统计存在不统一的现象，我们在样本中排除了分级基金。对于普通投资者而言，最易于获取的信息就是私募基金的收益率指标，因此我们对私募基金和大盘指数、公募基金业绩的比较从收益率开始。对于基金的收益率，我们采用的是红利再投资的净值增长率，即以复权净值计算的收益率，并且剔除管理费率和托管费率。

  在处理数据的过程中我们发现，万得资讯在收集私募基金净值时，如果某个月没有获取到某只基金的净值数据，系统会自动填充其上一个月的净值数据作为当月净值，如此一来会存在基金净值重复出现的情况。鉴于此，我们统计了2003~2020年股票型私募基金净值重复的情况，并根据净值的重复比例区间，绘制了基金分布图。如果基金的复权净值与上个月没有变化，我们就认为这个月该基金的净值是重复的。据此我们确定了净值重复率的计算公式，基金的净值重复率=该基金有重复净值的样本数÷该基金的总样本数。从图2-1可以看出，2003~2020年基金净值重复率小于10%的基金占比约为91%，其他区间内股票型私募基金占比都很小。基金净值重复率过高通常是由数据收集问题所致，若将此类基金纳入样本会使分析结果不准确，因此我们在样本中删除了在分析期间内净值重复率大于10%的基金。

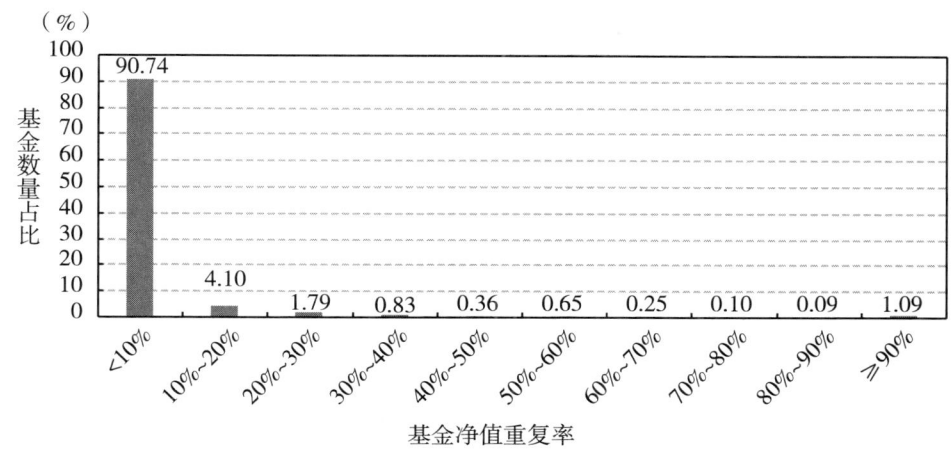

图 2-1 股票型私募基金净值重复率的分布情况：2003~2020 年

在收集样本时，我们发现部分基金的收益和风险指标在数值上十分近似，如表 2-1 所示。不难看出，"重阳尊享"的五只基金无论是 2019 年还是 2020 年的年度收益率在数值上都一样。因此，本书在进行统计分析时，仅选择相似产品中的一只基金作为代表进行分析研究。例如，我们仅将表 2-1 中"重阳尊享 A 期"基金纳入样本。

表 2-1　　　　　　　　同类股票型私募基金样本举例

编号	基金名称	2019 年收益率（%）	2020 年收益率（%）
1	重阳尊享 A 期	20.01	11.80
2	重阳尊享 B 期	20.01	11.80
3	重阳尊享 A 期	20.01	11.80
4	重阳尊享 B 期	20.01	11.80
5	重阳尊享 A 期	20.01	11.80

本书涉及三个基金净值的基本概念，我们对各概念的定义作如下说明。基金净值，是指在某一基金估值点上，按照公允价格计算的基金资产总市值扣除负债后的余额；累计净值，是指基金净值加上基金成立后累计分红所得的余额，反映该基金自成立以来的所有收益的数据；复权净值，是指考虑分红再投资后调整计算的净值。其中，复权净值最能反映基金的真实表现，因此在以下的分析中，我们均使用复权净值指标。在对私募基金与大盘指数、公募基金的收益进行比较之前，我们先将四类策略的私募基金样本与大盘指数的收益与风险进行单独比较，使读者可以清

晰地观察这四类私募基金的特征。

（一）四类股票型私募基金与大盘指数的比较

首先，我们在表 2-2 中展示了每年每类基金的样本数量，表中显示"<10"的区域代表当年该类型的基金数量不足 10 只，不具有研究意义；"—"则代表在当年没有该类型基金。从表 2-2 可以看出，普通股票型基金每年含有样本数量的时间段是 2008~2020 年，股票多空型基金每年含有样本数量的时间段是 2009~2020 年，相对价值型基金每年含有样本数量的时间段是 2011~2020 年，事件驱动型基金每年含有样本数量的时间段是 2012~2020 年。

表 2-2　　　　四类股票型私募基金在每一年的样本数量：
　　　　　　　截至 2020 年 12 月底　　　　　　　　　　　　单位：只

年份	普通股票型	股票多空型	相对价值型	事件驱动型
2008	84	<10	<10	—
2009	149	13	<10	—
2010	279	21	<10	<10
2011	536	43	15	<10
2012	742	61	31	33
2013	816	44	53	42
2014	1 035	78	105	21
2015	1 390	235	189	23
2016	4 147	289	307	32
2017	5 878	279	305	35
2018	6 959	189	217	24
2019	8 083	142	197	12
2020	2 655	43	100	4

其次，截至 2020 年底，我们分别统计近一年到近十年有完整历史数据的四类策略股票型私募基金的样本数量（见表 2-3）。据表 2-3 可知，有近一年（2020 年）完整历史数据的股票型私募基金有 2 775 只，有近三年（2018~2020 年）完整历史数据的基金有 1 096 只，有近五年（2016~2020 年）完整历史数据的基金有 534 只，有近七年（2014~2020 年）完整历史数据的基金有 171 只，有十年完整历史数据（2010~2020 年）的基金只有 91 只。

表 2-3　　　　　　有完整历史数据的四类股票型私募基金的样本数量：
截至 2020 年 12 月底　　　　　　　　单位：只

策略类型	近一年	近二年	近三年	近四年	近五年	近六年	近七年	近八年	近九年	近十年
普通股票型	2 629	1 615	1 026	643	491	232	158	125	111	88
股票多空型	43	31	27	24	21	11	4	2	2	2
相对价值型	99	45	41	28	20	11	8	3	0	0
事件驱动型	4	3	2	2	2	1	1	1	1	1
合计	2 775	1 694	1 096	697	534	255	171	131	114	91

1. 普通股票型私募基金

普通股票型私募基金是指将资产主要投资于股票的私募基金，通常这类基金能够分散投资者直接投资于单一股票的非系统性风险，但其业绩表现也易受大盘（系统性风险）的影响。我们计算了 2008~2020 年普通股票型基金每年的等权平均年化收益率，并在图 2-2 中与万得全 A 指数的年化收益率进行了比较。据图 2-2 可知，在 2008~2020 年间，普通股票型基金超过大盘指数收益率的年份有 8 年，这几年均是股指下跌较严重或股指上涨不多的年份，如 2008 年、2010 年、2011 年、2013 年、2016~2018 年和 2020 年等。而在股指高涨的 2009 年、2014 年和 2015 年，普通股票型基金的收益率没有超过大盘指数。如在 2015 年，万得全 A 指数上涨了 38%，而普通股票型私募基金的上涨幅度比大盘指数要低一些，为 36%。此外，普通股票型私募基金年化收益率的变化方向基本与万得全 A 指数保持一致，即若大盘指数的年化收益率较上一年增长，那么普通股票型私募基金的年化收益率也会提高，反之亦然。

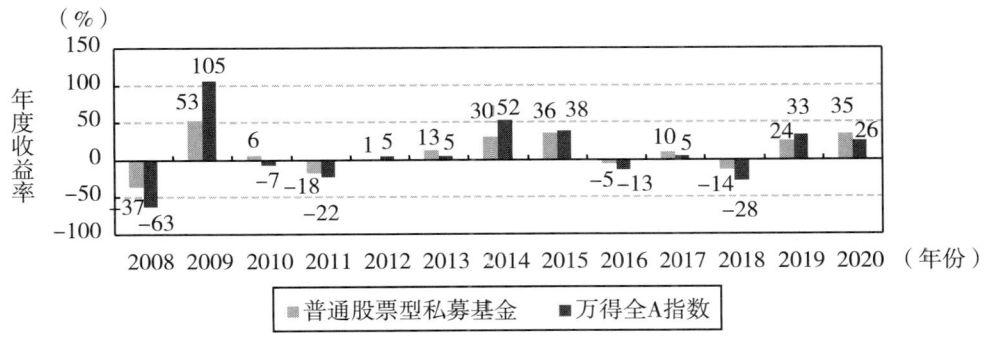

图 2-2　普通股票型私募基金与万得全 A 指数的年度收益率：2008~2020 年

图 2-3 展示了 2008~2020 年普通股票型私募基金与万得全 A 指数波动率的比较结果，我们可以观察这些年普通股票型基金的风险是否较大盘指数的风险更低。

从图 2-3 可以看出，在过去 13 年中，除了在 2011 年、2014 年、2017 年、2018 年和 2020 年这 5 个年份中普通股票型私募基金的年化波动率比万得全 A 指数的波动率稍大一些外，在其他 8 个年份中普通股票型私募基金的波动率明显低于万得全 A 指数的波动率。总体来看，普通股票型私募基金的风险较大盘指数的风险来得更低。在刚刚过去的 2020 年，普通股票型私募基金的年化波动率（27%）高于大盘指数的年化波动率（19%）。反观 2019 年，普通股票型私募基金（年化波动率：19%）的风险低于大盘指数（年化波动率：22%）。总体来看，普通股票型私募基金经理可以有效地将这类基金的风险控制在比万得全 A 指数更低的范围内。

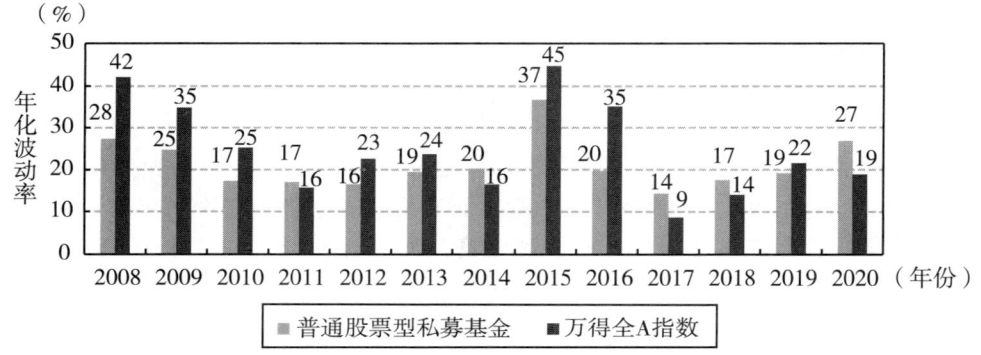

图 2-3　普通股票型私募基金和万得全 A 指数收益率的年化波动率：2008~2020 年

2. 股票多空型私募基金

股票多空型私募基金是指在投资过程中，在做多一批股票的同时卖空一批股票来达到盈利的目的，基金经理也可以使用股指期货等工具进行对冲。当投资标的为股票时，该策略可以通过市场内买卖、融资融券以及场外期权来实现。单就融资融券而言，2010 年中国证券市场正式开通融资融券业务，虽然这意味着股票做空策略开始生效，但实际上融券业务一直未能真正发展，个股做空存在诸多障碍。多空策略空头的作用主要有三个：一是部分对冲多头的系统性风险；二是看空标的证券，主动做空以获利；三是出于统计套利、配对需求，沽空价格异常变动的股票。但由于同时持有多头头寸和空头头寸，交易佣金所带来的成本也会较高。我们将 2009~2020 年股票多空型基金（2009 年之前此类基金没有样本）与万得全 A 指数的年度收益率进行比较，结果如图 2-4 所示。从中可以看出，2009~2020 年，股票多空型基金有 7 个年份的收益率超过了万得全 A 指数的收益率且与普通股票型私募基金超越指数的年份相同，分别为 2010 年、2011 年、2013 年、2016~2018 年和 2020 年。2018 年，万得全 A 指数的收益率跌幅为 28%，股票多空型私募基金的收益率跌幅为 12%，领先大盘指数 16 个百分点。此外，与普通股票型类似，股票多空型私募基金年度收益率的变化方向基本与万得全 A 指数收益率的变化方向保持一致。

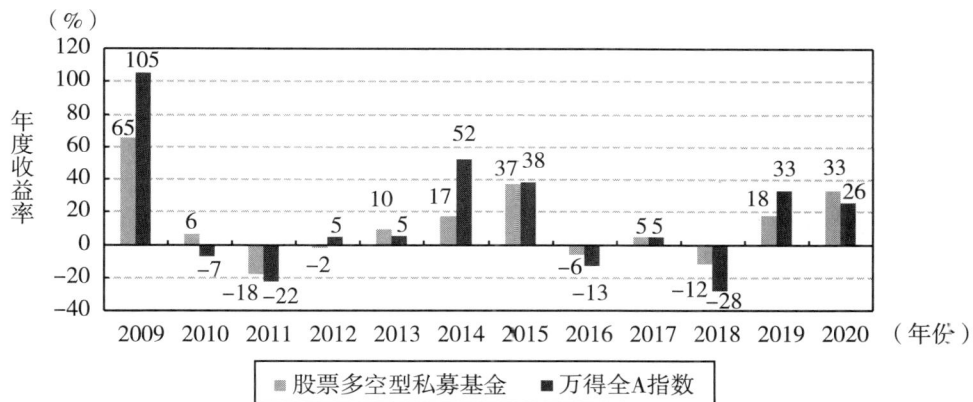

图 2-4　股票多空型私募基金与万得全 A 指数的年度收益率：2009~2020 年

图 2-5 展示的是 2009~2020 年股票多空型私募基金与万得全 A 指数年化波动率的比较结果。我们发现，在这 12 年中，有 9 年股票多空型私募基金的年化波动率明显低于万得全 A 指数的波动率，在其余的 3 个年份（2011 年、2014 年和 2017 年）中，股票多空型私募基金的年化波动率分别仅超过指数 0.32%、0.80% 和 2.18%，基本与指数持平。与图 2-3 相对照，在 2015 年和 2018 年这两年中，股票多空型基金的风险规避能力（年化波动率：32.16% 和 11.41%）明显要强于普通股票型基金（年化波动率：36.82% 和 17.50%）。股票多空型私募基金有做多和做空两种投资手段，可以对冲风险，因此波动幅度应该较普通股票型私募基金更低。具体而言，除了在 2009 年、2010 年和 2013 年股票多空型基金的年化波动率略高于普通股票型私募基金的波动率外，我们的结果也与这一特点相符。

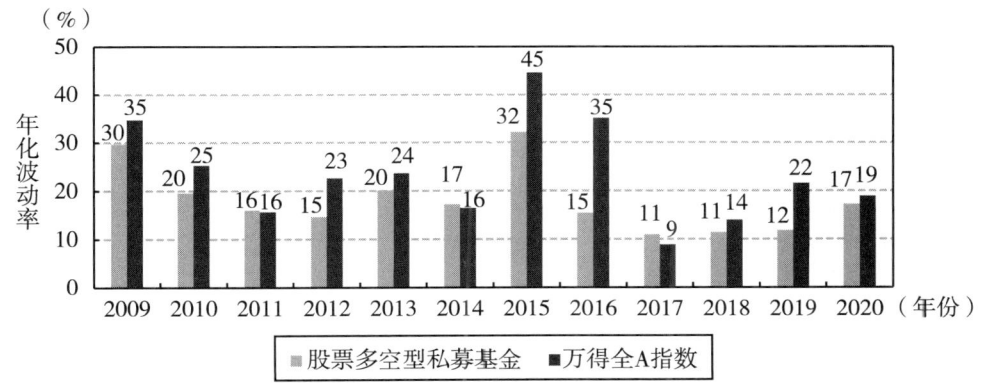

图 2-5　股票多空型私募基金与万得全 A 指数收益率的年化波动率：2009~2020 年

3. 相对价值型私募基金

相对价值型私募基金主要利用关联股票之间的价差来获利，即通过买入价值被低估的股票和卖空价值被高估的股票获取价格收敛所带来的收益，这类基金的收益情况往往与市场走向无关。我国由于衍生工具较少，虽然在策略的丰富度方面还有待进一步发展，但经过近几年的不断探索，已经有了非常活跃的发展氛围，产品数量规模都在逐步增长。该策略的一些先行者和佼佼者由于其稳定持续的优秀业绩，也吸引了越来越多投资者的关注。目前相对价值策略主要集中于两类：一类主要以套利为主，如跨品种套利、跨期限套利和跨区域套利等各种套利模式的混搭，由于目前专注于某一个领域的套利机会相对有限，所以产品的策略倾向于不同套利机会的混搭；另一类主要专注于股票现货与股指期货完全对冲的阿尔法策略，即构建一揽子股票现货和股指期货的组合，通过完全对冲掉组合中的系统性风险而获取超额收益。图2-6展示了2011~2020年相对价值型基金（2011年之前此类基金没有样本）与万得全A指数的年度收益率的比较结果。据图2-6可知，在这十年中，此类基金有四个年份（2011年、2013年、2016年和2018年）的收益率超过了万得全A指数的收益率，而且较之前两类基金与指数收益率间同升同降的变化规律，相对价值型基金收益与大盘指数收益的相关性显然低得多，并且此类基金的收益也明显偏低。也就是说，尽管在股市利好时这类基金带来的收益不高，但在股市下跌的时候往往能为投资者守住更多的财富。例如，在2016年和2018年，万得全A指数分别下挫13%和28%，而相对价值型私募基金的年度收益率分别为0.23%和-2.32%，价值没有损失或损失较小，这一结果与其策略特征比较相符。值得一提的是，2015年相对价值型私募基金的收益率达到了罕见的27%，这是非常难得的业绩水平。总体而言，虽然相对价值型私募基金在市场大涨时的收益较低，但在股市出现大幅下跌时，该类基金往往能为投资者守住更多的财富。

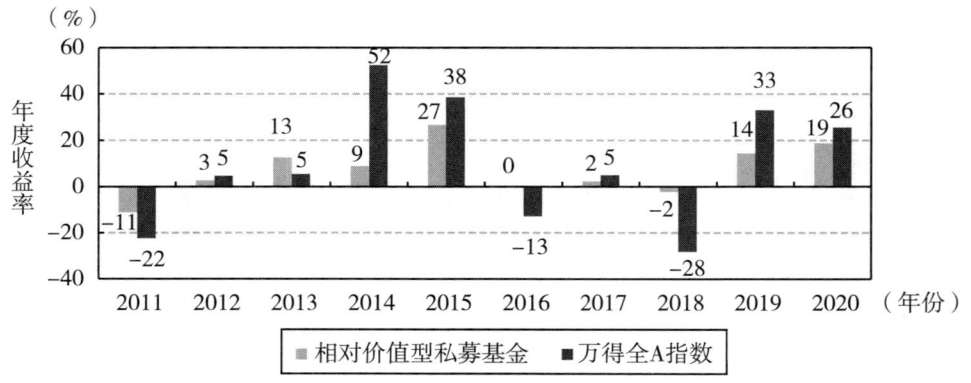

图2-6　相对价值型私募基金与万得全A指数的年度收益率：2011~2020年

图 2-7 展示了 2011~2020 年相对价值型私募基金与万得全 A 指数年化波动率的比较结果。可以明显看出，在这十年中，相对价值型基金的波动率都低于万得全 A 指数的波动率，且此类基金与万得全 A 指数波动率并不保持一致性。具体来看，在 2015 年、2016 年和 2019 年，相对价值型基金的波动率分别较万得全 A 指数波动率低 32 个、26 个和 11 个百分点，说明这三年里股市的跌宕起伏并未影响到这类基金的风险控制水平，这一点与此类基金的策略特征也是相符的。特别是在 2015 年和 2016 年，指数的波动率分别高达 45% 和 35%，而相对价值型基金的波动率仅为 13% 和 9%。综合来看，我国的相对价值型基金基本保持了低风险和低收益的风格。

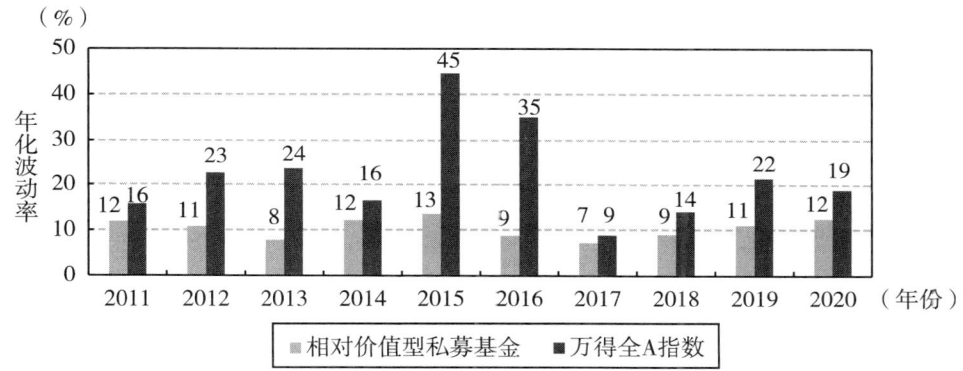

图 2-7　相对价值型私募基金与万得全 A 指数收益率的年化波动率：2011~2020 年

4. 事件驱动型私募基金

事件驱动型私募基金通过在提前挖掘和深入分析可能造成股价异常波动事件的基础上，充分把握交易时机来获取超额投资回报。"事件驱动"中的"事件"一般包括公司的收购、并购、重组、增资扩股、回购股票、ST 类个股"摘帽"事件、年报潜在"高送转"事件，也包括影响公司估值的其他因素，如公司科技专利申请的批准等，这类基金的表现通常与大盘走势的相关性不大。图 2-8 展示了 2012~2020 年（2012 年之前此类基金没有样本）事件驱动型基金与万得全 A 指数年度收益率的比较结果。

我们发现，2012~2020 年，事件驱动型基金有 5 个年份的收益率高于指数的收益率，分别为 2012 年、2013 年、2015 年、2016 年和 2018 年，与普通股票型基金、股票多空型基金、相对价值型基金相比，除了 2018 年外，此类基金的收益率在上述年份中也是最高的。尤其在 2015 年，事件驱动型基金的年度收益率达到了惊人的 76%，远超万得全 A 指数及其他三类基金的收益率。再如，在 2016 年，指数下挫 13%，而事件驱动型私募基金取得了 1% 的正收益，虽然其他三类基金在 2016

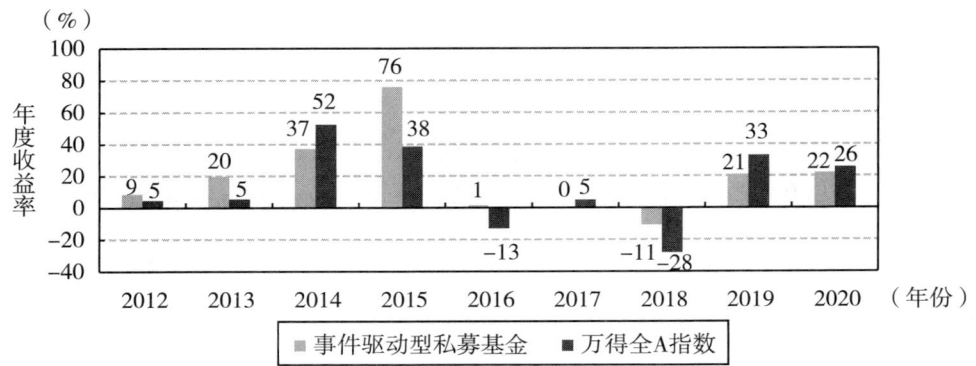

图 2-8 事件驱动型私募基金与万得全 A 指数的年度收益率：2012~2020 年

年相较指数都不同程度地减少了损失，但事件驱动型基金凭借着亮眼的正收益，无疑在收益方面做得更加优秀。

高收益往往伴随着高风险，那么事件驱动型基金的风险水平如何？图 2-9 展示的是 2012~2020 年事件驱动型基金与万得全 A 指数年化波动率的比较结果。我们发现，与前三类基金有所不同的是，事件驱动是一类伴随着较高风险的投资策略，在这 9 年中，有 6 年事件驱动型基金的波动率都高于指数的波动率，分别是 2012~2014 年以及 2017 年、2018 年和 2020 年。在指数波动率较大的 2015 年和 2016 年，该类基金的年化波动率也都达到了 24%以上的水平。综合来看，虽然事件驱动型基金的收益较高，但其在四类基金中的风险也是最高的，其投资风险甚至在多数年份里要高于指数。

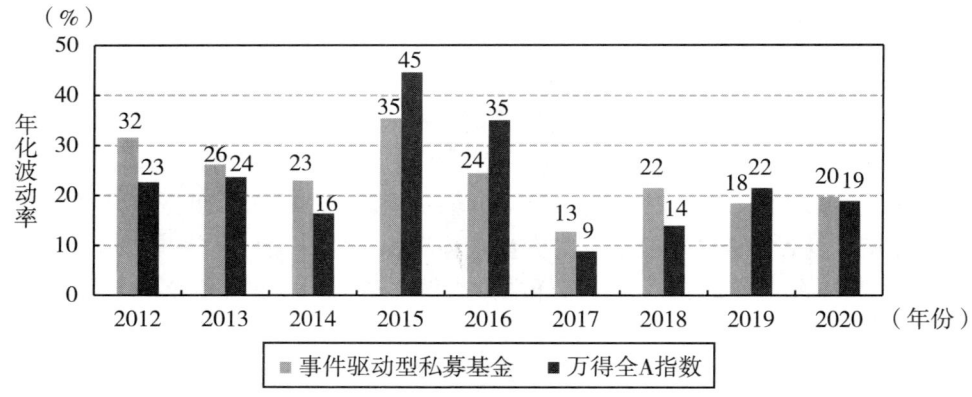

图 2-9 事件驱动型私募基金与万得全 A 指数收益率的年化波动率：2012~2020 年

在本章接下来的内容中，我们将从股票型私募基金与万得全 A 指数和股票型公募基金的年度收益率、各年度超越大盘指数收益的比例和累计收益率三个方面展开分析。

（二）年度收益率的比较

在结合万得全 A 指数的表现，分别讨论了上述四类股票型私募基金年度收益率和年化波动率之后，接下来我们对 2008~2020 年股票型私募基金的年度收益率与万得全 A 指数、股票型公募基金的年度收益率进行整体的比较，图 2-10 给出这一结果。

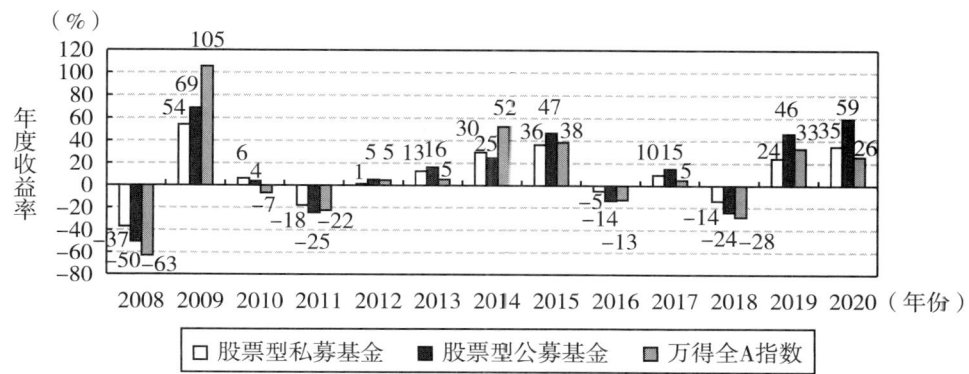

图 2-10 股票型私募基金、公募基金与万得全 A 指数的年度收益率比较：2008~2020 年

首先，相比业绩低于大盘指数收益的年份，私募基金业绩超过大盘指数收益的年份更多。在 2008~2020 年的 13 年里，有 8 个年份股票型私募基金的收益超过万得全 A 指数的收益，在 2008 年、2010 年、2011 年、2013 年、2016~2018 年和 2020 年分别超越指数 26%、13%、5%、7%、8%、5%、14% 和 9%。还可以看出，当指数大幅上涨时，私募基金的表现往往不如大盘指数的。例如，2009 年、2014 年、2015 年和 2019 年，万得全 A 指数分别上涨了 105%、52%、39% 和 33%，而私募基金的年度收益率分别为 54%、30%、36% 和 24%，均低于大盘指数。这可能是由于大多数私募基金经理缺乏择时能力，在指数快速上升时，基金经理不能完全踩准进出市场的节点，没能获得相应的回报；也可能是基金股票仓位不同所致，当股市大涨时，基金的股票仓位过轻，基金必然赶不上大盘的涨幅。

其次，在指数回撤的年份里，股票型私募基金的收益普遍优于万得全 A 指数。2008~2020 年，大盘指数在 2008 年、2010 年、2011 年、2016 年和 2018 年这 5 个年份里呈下跌态势，而私募基金跌幅相对较小，甚至取得了正收益。其中，在 2008 年，股票型私募基金的收益率（-37%）超越指数收益（-63%）最多，高于指数收益 26 个百分点；在 2018 年，指数的年度收益率出现了 28% 的损失，而私募基金仅下挫 14%，抗跌能力强于指数；甚至在 2010 年这个指数下跌 7% 的年份里，私募基金获取了 6% 的正回报，不但没出现亏损，还有不错的收益，这是非常难得的。总体来看,私募基金给投资者带来的亏损更少,更能帮助投资者守住财富。

最后,在2008~2020年间,投资私募基金承担的风险更小。可以看到,无论是在股市上涨还是下跌的年份,相较于私募基金,指数在年度间的波动幅度更大。在2009年、2014年的牛市中,指数的收益率分别为105%和52%,而私募基金在这两个年份的收益率分别为54%和30%,私募基金的表现不如指数;而在2008年、2016年和2018年的熊市中,指数的收益率分别为-63%、-13%和-28%,私募基金的收益率分别为-37%、-5%和-14%,跌幅相对较小,私募基金的表现强于指数。在我国这样一个易于发生暴涨暴跌的新兴资本市场中,保持优秀的风控能力是极其重要的。

在讨论了私募基金和万得全A指数的年度收益差别之后,再来看一看私募基金和公募基金的对比。在我们出版的《2020年中国公募基金研究报告》中,我们发现在2003~2020年的多数年份里,除了在2007年、2009年、2011年、2014年和2016年没有跑赢万得全A指数外,股票型公募基金的业绩都超越了大盘指数。而本书的分析期间为2008~2020年,这是因为私募基金在2008年之后逐渐走向成熟,基金数据也比较规范。那么在这13年里,私募基金和公募基金的收益率表现孰优孰劣呢?可以看到,在其中6个年份里,私募基金的收益率超过了股票型公募基金的收益率,分别是2008年的-37%(私募)对-50%(公募)、2010年的6%对4%、2011年的-18%对-25%、2014年的30%对25%、2016年的-5%对-14%,以及2018年的-14%对-24%。此外,在指数上涨的年份(2009年、2012~2015年、2017年、2019年和2020年)中,除2014年外,私募基金的年度收益率都不及公募基金的收益率;在指数下跌的年份(2008年、2010年、2011年、2016年和2018年)中,私募基金的收益率都高于公募基金。从较长的时间来看,私募基金经理由于可以灵活调整股票仓位和策略,展示出了强于公募基金经理的风控能力。

接着,我们利用股票型私募基金和万得全A指数、股票型公募基金的月度收益率计算它们的年化波动率,进一步分析私募基金和大盘指数、公募基金的收益率波动幅度的差异,图2-11展示了三者的比较结果。首先,观察私募基金和大盘指数年化波动率的差异。在2008~2020年间,除2011年、2014年、2017年、2018年和2020年外,私募基金收益率的波动率都低于万得全A指数的波动率。我国股票市场在2015年7月和2016年1月均发生了严重的股灾,指数波动率分别高达45%和35%,而私募基金收益率的波动率则被控制在了36%和19%,远低于指数的波动率,特别是在2016年,私募基金的风险几乎控制在指数波动率的一半左右。接着,我们再看私募基金和公募基金间收益波动率的差异。可以看到,有7个年份(2008~2012年、2015年和2016年)私募基金收益的年化波动率小于公募基金,在2013年二者波动率持平。整体来看,在多数年份中,私募基金的波动率低于大盘指数和公募基金的波动率。在这三者中，私募基金的风险控制在最低水平，公募基金次之，风险最高的是大盘指数，说明投资于股票型私募基金可以明显地规避系统性风险。

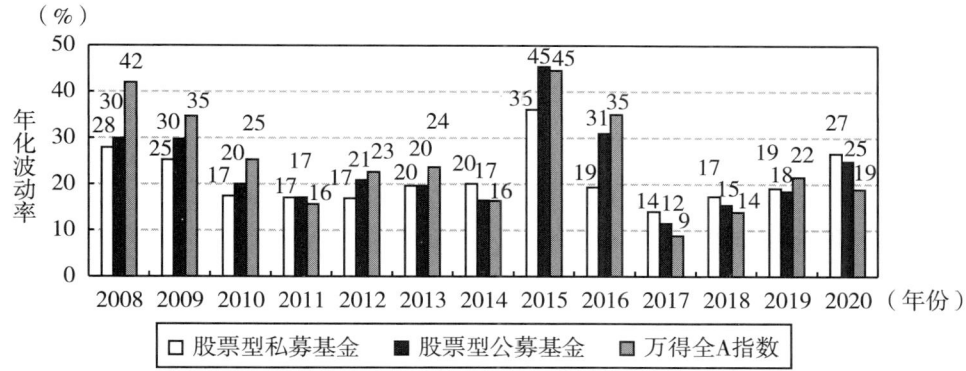

图 2-11 股票型私募基金、公募基金和万得全 A 指数收益率的年化波动率比较：2008~2020 年

（三）基金超过大盘指数收益率的比例

前面我们对年度收益率的比较是以私募基金行业收益率的平均值作为比较的指标，那么究竟有多少私募基金能够战胜大盘指数呢？为了观察 2008~2020 年私募基金行业整体的收益率与大盘指数收益率的对比情况，我们计算了每年私募基金行业中收益率超越大盘指数收益率的基金数量占比，结果在图 2-12 □ 给出。同时，为了比较私募基金和公募基金两个行业在超越大盘指数比例方面的差异，我们在图 2-12 中也给出了每年公募基金的相应指标。

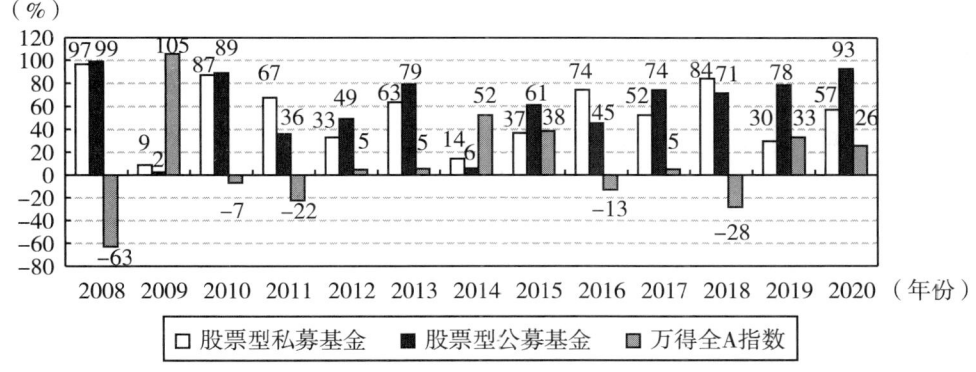

图 2-12 股票型私募基金、公募基金分别超越大盘指数收益率的比例：2008~2020 年

首先，我们来观察私募基金超越大盘指数的比例情况。在 2008~2020 年间，有 7 年私募基金收益率超越大盘指数收益率的数量占比在 52% 以上，甚至在股市剧烈波动的 2015 年，仍有 37% 的私募基金跑赢大盘指数。其次，私募基金的整体业绩大比例超越万得全 A 指数的年份往往出现在指数上涨较少或下跌较多的时候。例如，2008 年、2010 年、2011 年、2016 年和 2018 年，股市表现十分惨淡，而在私募基金行业中收益超越大盘的基金占比最低为 67%；然而在牛市年份中，私募基金行业内能够超越大盘指数收益的比例普遍较低。例如，在 2009 年和 2014 年，万得全 A 指数分别上涨 105% 和 52%，而超越指数收益的私募基金数量占比仅为 9% 和 14%。也就是说，在牛市行情中，只有少部分私募基金的收益可以超过大盘，而私募基金行业整体上并没有超过指数。虽然在牛市中绝大部分比例的基金可能都在盈利，但此时私募基金行业内部的业绩差距却在拉大，只是极少数基金经理能够准确把握进出市场的时机，通过仓位控制和组合变换获取超越大盘指数的收益，从而站在市场涨势的最高处，而大部分私募基金经理此时都无法追赶上大盘指数上涨的步伐。最后，我们对私募基金和公募基金两个行业超越大盘指数的比例进行比较。可以发现，两者的共同点在于，在熊市年份中，基金超越指数收益的比例都较高，而在牛市年份中，基金超越指数的比例都偏低。由此看来，这是基金行业运作的共性。不同的是，在这 13 年中有 6 年私募基金收益超越指数收益的比例高于公募基金收益超越指数收益的比例，分别是 2008 年、2009 年、2011 年、2014 年、2016 年和 2018 年，其余 7 年则是公募基金的收益表现更好。

（四）累计收益率的比较

投资者常常关心的另一个问题是，自己投资的基金能否长期取得比较不错的收益？本节我们将从投资者的角度出发，来探究一下长期投资于私募基金的收益究竟如何？如果能够超越指数，其超越指数的幅度是多少？假设私募基金的业绩可以超过指数的业绩，那么它是否也能超越公募基金的业绩？超越公募基金的幅度又是多少？为了回答上述问题，我们首先选取近三年（2018~2020 年）和近五年（2016~2020 年）这两个区间作为样本观察期，计算并比较私募基金和万得全 A 指数、公募基金年均收益率的高低，随后对 2008~2020 年私募基金和万得全 A 指数、公募基金的累计收益率进行比较。在选取基金样本时，我们要求私募基金样本在 2018~2020 年或 2016~2020 年具有完整三年或五年基金复权净值数据。

图 2-13 给出近三年（2018~2020 年）和近五年（2016~2020 年）股票型私募基金年化收益率和万得全 A 指数、股票型公募基金年化收益率的比较结果。据图 2-13 可知，近三年股票型私募基金的年化收益率为 12.80%，低于股票型公募基金的年化收益率（21.33%），但高于万得全 A 指数的年化收益率（6.23%）；近五年股票型私募基金的年化收益率为 10.44%，略低于股票型公募基金的年化收益率（11.71%），但高于万得全 A 指数的收益率（1.84%）。从上一节的分析中不难发现，私募基金比公募基金将风险控制在更低的水平。例如，2015 年下半年和 2016 年接连出现股灾，市场表现跌宕起伏，并伴随着严重的系统性风险，随后在 2018 年中国股市再次处于熊市。虽然在 2016 年和 2018 年私募基金收益率的下挫幅度（-5%和-14%）均小于公募基金的收益跌幅（-14%和-24%），但仍无济于弥补其在 2017 年、2019 年与公募基金收益产生的较大差距，故而在图 2-13 中，无论是从近三年还是近五年结果来看，公募基金的年化收益率都高于私募基金的年化收益率。总体来看，私募基金保持了相对于大盘指数的业绩优势，但与公募基金相比，在近三年和近五年都未表现出业绩优势。

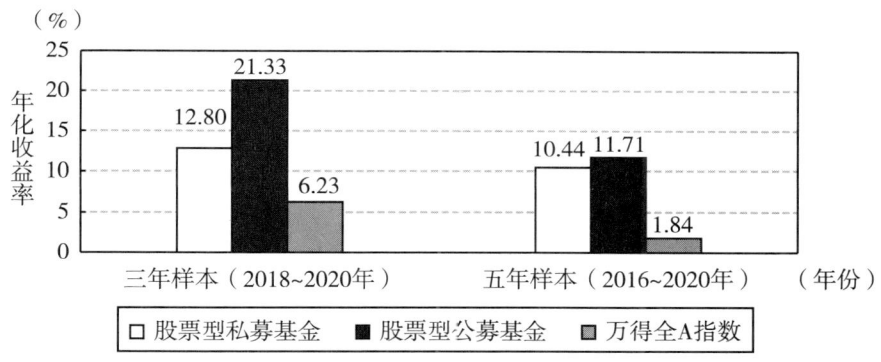

图 2-13 近三年（2018~2020 年）和近五年（2016~2020 年）股票型私募基金、公募基金和万得全 A 指数的年化收益率比较

我们将考察期间延长至整个样本期间，对 2008~2020 年股票型私募基金和万得全 A 指数、股票型公募基金的累计收益率进行比较，结果展示在图 2-14 中。我们将三者在 2007 年最后一天的初始价值都设定为 100 元，即如果投资者在 2007 年底以同样的 100 元分别投资于股票型私募基金和万得全 A 指数、股票型公募基金，到 2020 年底，投资股票型私募基金和股票型公募基金的价值都变为 258 元，累计收益率为 158%，投资于万得全 A 指数的价值变为 141 元，即累计收益率仅为 41%。可见，在不考虑风险因素的情况下，与指数相比，长期投资私募基金将会获得更高的回报，但与公募基金持平。

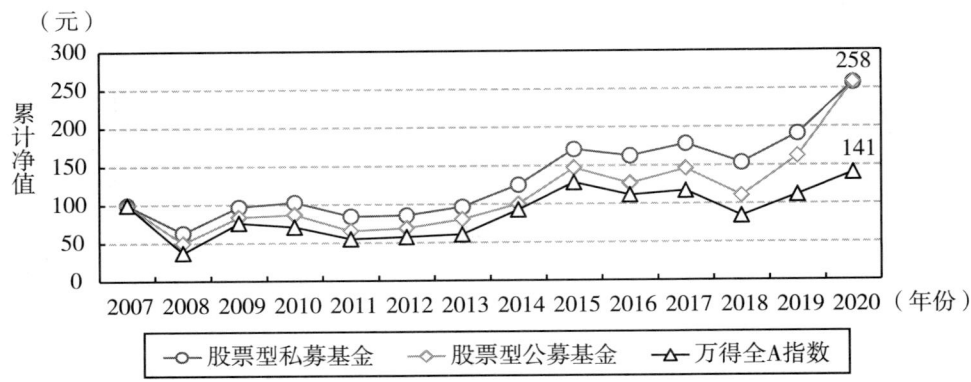

图 2-14　股票型私募基金、公募基金与万得全 A 指数的累计净值：2008~2020 年

基于上述三个方面的分析，我们可以得到，在不考虑风险因素的情况下，无论是分年度看，还是从中长期看，2008~2020 年间投资于股票型私募基金的收益会高于投资于万得全 A 指数的收益。但是，从私募基金和公募基金的诸方面比较来看，私募基金的优势表现得并不明显。造成这一结果的原因是私募基金收取近 20% 的业绩分成。虽然在提取 20% 的业绩分成之前，私募基金的整体平均业绩好于公募基金的业绩，但是在扣除了 20% 的业绩分成后，2008~2020 年间私募基金的业绩和公募基金的业绩接近。

二、风险调整后收益指标的比较

对私募基金和大盘指数、公募基金的比较，从投资者最易于获取的绝对收益信息分析入手是第一步。而若要深入了解私募基金的业绩状况，则应进一步分析风险调整后的收益指标。与绝对收益指标相比，风险调整后收益指标增加了对风险因素的考虑，更加科学、合理。在选择风险调整后收益指标时，我们选取衡量总风险的夏普比率，衡量下行风险的索丁诺比率，以及衡量一段时期内最大回撤风险的收益—最大回撤比率三个指标，从而使私募基金业绩与指数、公募基金业绩的比较结论更为准确和可靠。不同的投资组合面临的风险是不同的，而风险调整后的收益指标使我们可以回答以下问题：在承担相同风险的情况下，私募基金和大盘指数、公募基金的收益是否存在差异？在接下来的内容中，我们开始对四类策略基金组成的股票型私募基金整体样本作出分析。在本节中，我们以近三年和近五年作为研究的期间，从多个层次、多个角度对私募基金和大盘指数、公募基金的相关风险调整后收益指标展开比较和分析。在选取基金样本时，我们同样要求基金在 2018~2020

年或 2016~2020 年具有完整三年或五年的基金复权净值数据。从表 2-3 看到，近三年私募基金的样本量为 1 096 只，近五年私募基金的样本量为 534 只。我们在附录一汇报了股票型私募基金近五年（2016~2020 年）业绩的描述性统计，详细展示了每只基金的收益和风险指标。

（一）夏普比率

夏普比率的含义为基金每承担一个单位的风险所获得的超额收益。在计算这一指标时，用某一时期内基金的平均超额收益率除以这个时期超额收益率的标准差来衡量基金风险调整后的回报，该比例越高，表明基金在风险相同的情况下获得的超额收益越高。其公式如下：

$$Sharpe_M = \frac{MAEX}{\sigma_{ex}} \tag{2.1}$$

$$Sharpe_A = Sharpe_M \times \sqrt{12} \tag{2.2}$$

其中，$Sharpe_M$ 为月度夏普比率，$Sharpe_A$ 为年化夏普比率，$MAEX$ 为月度超额收益率的平均值（monthly average excess return），σ_{ex} 为月度超额收益率的标准差（standard deviation）。基金的月度超额收益率为基金的月度收益率减去市场月度无风险收益率，市场无风险收益率采用整存整取的一年期基准定期存款利率。

图 2-15 展示了近三年（2018~2020 年）和近五年（2016~2020 年）股票型私募基金与万得全 A 指数、股票型公募基金的年化夏普比率的比较结果。据图 2-15 可知，近三年股票型私募基金的年化夏普比率为 0.63，低于股票型公募基金年化夏普比率 0.89，二者均高于指数的年化夏普比率 0.32；近五年股票型私募基金的年化夏普比率为 0.58，略高于股票型公募基金的年化夏普比率 0.54，二者均高于万得全 A 指数的年化夏普比率 0.13。因此，从夏普比率的比较来看，

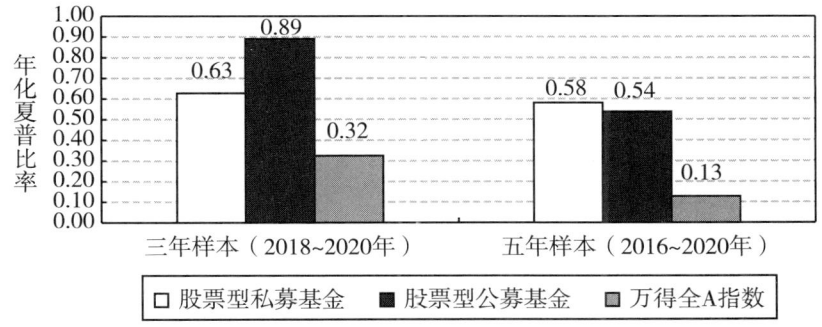

图 2-15　近三年（2018~2020 年）和近五年（2016~2020 年）股票型私募基金、公募基金和万得全 A 指数的年化夏普比率比较

无论是过去三年还是过去五年，私募基金都超越了万得全 A 指数，说明在承担相同风险的情况下，股票型私募基金能获取更高的收益，但私募基金并未在近三年超越同期公募基金。总体而言，无论是短期还是中长期，私募基金风险调整后收益的表现皆强于大盘指数，短期表现弱于公募基金，长期来看比公募基金的表现略好。

我们将 2016~2020 年股票型私募基金夏普比率由低到高分为 10 个区间，在直方图中将私募基金的夏普比率与万得全 A 指数的夏普比率进行更直观的比较，每个区间直方图代表属于该区间的基金数量占比，结果如图 2-16 所示。私募基金年化夏普比率在［0.4，0.8）区间内数量最多，占比为 30.52%；分布第二密集的区间为［0.8，1.2），占比为 23.78%。在 534 只基金中，近五年年化夏普比率的最大值为 3.51，最小值为 -1.44，私募基金年化夏普比率两极差异较大，结合图中两侧区间分布数量较少的情况，可以看出大多数基金的夏普比率分布还是比较集中的。此外，这些私募基金年化夏普比率的中位数值为 0.60，高于万得全 A 指数的夏普比率（0.13），说明有超过半数的股票型私募基金的年化夏普比率高于万得全 A 指数的夏普比率。

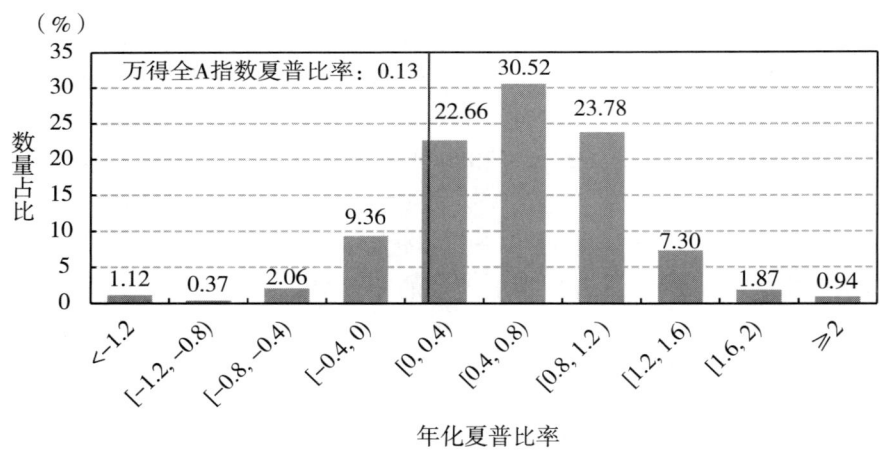

图 2-16　股票型私募基金年化夏普比率分布直方图：2016~2020 年

我们将私募基金与公募基金进行比较。通过《2020 年中国公募基金研究报告》可知，近五年公募基金年化夏普比率的最大值为 1.51，最小值为 -0.35。由此来看，似乎私募基金的年化夏普比率分布的差异程度要大一些，也就是说，在控制总风险方面，私募基金相互间的差距比公募基金相互间的差距要大。公募基金年化夏普比率的中位数值为 0.54，低于私募基金夏普比率的中位数值（0.60）。整体来看，私募基金行业对总风险的控制能力比公募基金行业更强。

我们将 2016~2020 年私募基金样本的夏普比率从高到低排列，如图 2-17 所示,横线代表万得全 A 指数的年化夏普比率(0.13),表示当承担每一单位风险,大盘指数可获得 0.13% 的收益。从图 2-17 可以看出,有 442 只股票型私募基金的年化夏普比率超过大盘指数的夏普比率(0.13),占比 83%,表明有八成股票型私募基金的夏普比率超越了万得全 A 指数的夏普比率。此外,我们也注意到有 122 只(23%)基金的年化夏普比率小于零,这些基金的收益都不如银行存款利率。

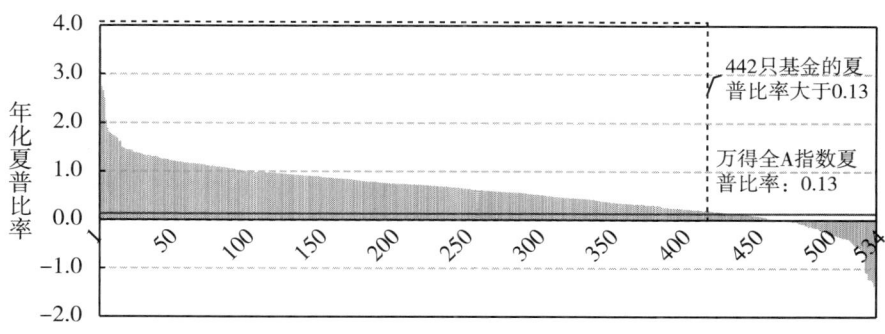

图 2-17　股票型私募基金年化夏普比率排列:2016~2020 年

图 2-18 为过去五年(2016~2020 年)中股票型私募基金年化夏普比率的散点分布图,显示了这 534 只股票型私募基金的夏普比率分布情况。其中,纵轴代表股票型私募基金的超额收益率,横轴代表股票型私募基金超额收益标准差(风险),每只基金的夏普比率是从原点到每一坐标点的斜率,斜率越大,基金的夏普比率越大,风险调整后的收益越高。为了展示得更加清晰,我们在制图时去掉一个异常值。其中,最大斜率为 3.51,最小斜率为 -1.44,二者分别为夏普比率最大值和最小值,所有基金的夏普比率都落入由原点射出、斜率分别为 3.51 和 -1.44 的射线所围成的扇形区间内。不难发现,股票型私募基金夏普比率的分布较为集中,这也验证了之前的分析。

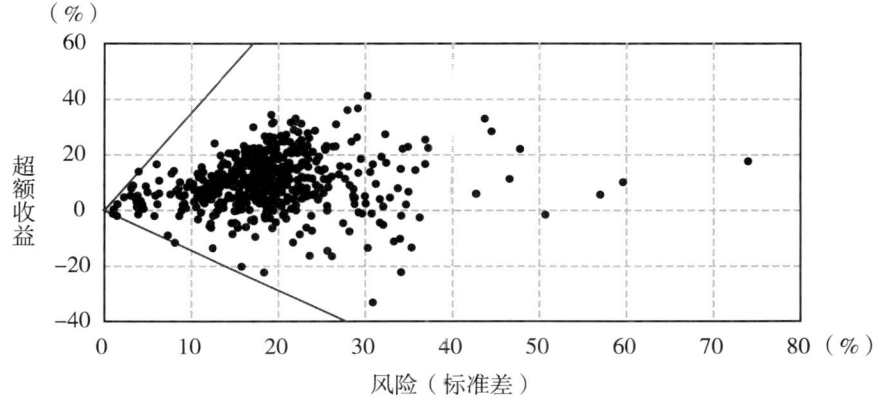

图 2-18　股票型私募基金年化夏普比率散点图:2016~2020 年

图 2-19（a）展示了 2016~2020 年股票型私募基金年化夏普比率排名在前 10 名的基金名称和对应的年化夏普比率。因为夏普比率是结合基金的超额收益与风险因素的考量指标，所以夏普比率高的基金并不一定是因为其年化超额收益率也高，同理，也不能说明它的风险水平很低。从图 2-19（a）中观察前 10 名基金，不难发现，不同的基金产生高夏普比率的原因各有不同。有些是因为能将风险控制在相对较低的水平，如"金锝 6 号"和"资舟观复"基金，均能将风险控制在 3.13% 以内，其中"金锝 6 号"基金的超额收益率为 7.87%，风险水平为 3.13%，它的年化夏普比率为 2.51；而有些私募基金则是通过高人一筹的超额收益来获得较高的年化夏普比率的，如"汉和资本—私募学院菁英 7 号"和"进化论复合策略 1 号"基金，均获得了 29% 以上的超额收益，且它们的风险水平也都在 17% 以上，其中"汉和资本—私募学院菁英 7 号"基金更是获得了超过 34% 的超额收益，其风险水平为 19.19%，年化夏普比率（1.79）在所有基金中排名第八位。因此，单独评估基金的超额收益或风险都不足以判断基金的优劣，只有综合考量这两种因素，才能对基金业绩有更深入、全面的了解。

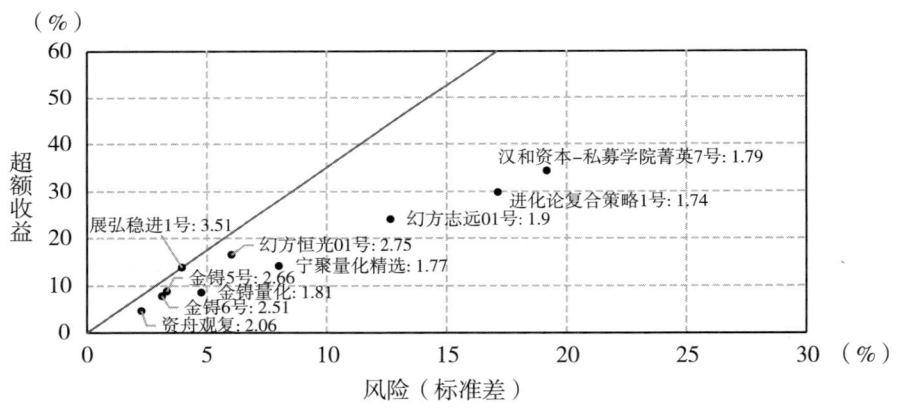

图 2-19（a） 股票型私募基金年化夏普比率散点图（前 10 名）：2016~2020 年

图 2-19（b）展示了 2016~2020 年年化夏普比率排名在后 10 位的基金名称和对应的年化夏普比率。举例来讲，"龙票 1 期（华润）"和"申毅对冲 1 号"基金，二者的年化夏普比率均为 -1.23，"龙票 1 期（华润）"基金的年化超额收益及风险分别为 -8.98% 和 7.31%，而"申毅对冲 1 号"基金的年化超额收益及风险分别为 -1.26% 和 1.02%。当在这两只基金中进行选择时，毫无疑问"申毅对冲 1 号"基金胜出，因为在夏普比率相差不大时，该基金在将风险控制得相对较低的同时取得了相对较高的超额收益。还可以看出，通常收益率越差的基金，其夏普比率也越低，而对于这些年化夏普比率为负的基金，夏普比率大小的决定性因素更侧重于超额收益率指标。总体而言，如果基金的夏普比率为零或为负值，说明基金经

理所贡献的收益连银行存款利息都赶不上，投资者应该避免投资夏普比率小于零的基金。

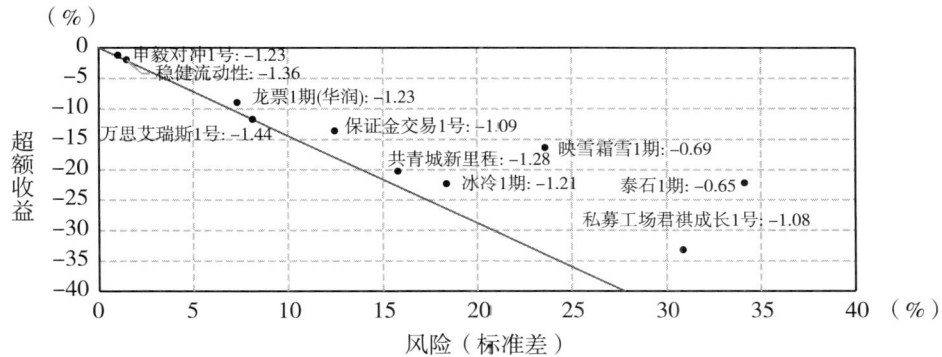

图2-19（b） 股票型私募基金年化夏普比率散点图（后10名）：2016~2020年

我们将2016~2020年期间按照年化夏普比率排名在前5%和排名在后5%的私募基金单独挑出，分别与万得全A指数进行比较，综合超额收益和风险，进一步观察较优秀和较差的股票型私募基金与大盘指数表现上的显著差异。表2-4列出了2016~2020年按照年化夏普比率排名在前5%（共26只）的基金。如果用万得全A指数作为比较基准的话，其近五年的年化夏普比率为0.13，假设指数的风险（年化超额收益率的标准差）为11.94%，那么可以计算得出它的年化超额收益率为1.55%（11.94%×0.13）。据表2-4可知，夏普比率排名位于前5%的基金年化超额收益率标准差的平均值为11.94%，年化超额收益率的平均值为19.48%，远高于以万得全A指数的夏普比率（0.13）和这26只基金的年化超额收益率标准差的平均值（11.94%）计算得到的年化超额收益率（1.55%）。此外，我们可以通过表2-4的数据验证之前的观点，即不同基金产生较高夏普比率的原因各不相同，决定夏普比率大小的，主要是年化超额收益率和年化超额收益率的标准差这两个指标。由于优异的风险控掌控能力获得高夏普比率的基金有"坤元TOT"（风险：1.53%）、"资舟观复"（风险：2.28%）和"珠池量化稳健投资母基金1号"（风险：3.05%）等，但它们的年化超额收益率普遍不高，分别为2.23%、4.69%和5.27%，都没能超过6%；由于强劲的盈利能力产生高夏普比率的基金有"汉和资本—私募学院菁英7号"（超额收益率：34.39%）、"景林创新成长"（超额收益率：33.08%）和"林园"（超额收益率：31.89%）等，都取得了超过31%的超额收益，与此同时它们的风险普遍偏高，都超过了19%。所以我们看到，这些基金通过降低风险和提高超额收益这些手段，都取得了闪耀的年化夏普比率业绩。

表 2-4　年化夏普比率排名在前 5% 的股票型私募基金：2016~2020 年

编号	基金名称	年化超额收益率（%）	年化超额收益率标准差（%）	年化夏普比率
1	展弘稳进 1 号	13.90	3.96	3.51
2	幻方恒光 01 号	16.57	6.03	2.75
3	金锝 5 号	8.87	3.34	2.66
4	金锝 6 号	7.87	3.13	2.51
5	资舟观复	4.69	2.28	2.06
6	幻方志远 01 号	24.05	12.67	1.90
7	金锝量化	8.64	4.78	1.81
8	汉和资本—私募学院菁英 7 号	34.39	19.19	1.79
9	宁聚量化精选	14.21	8.01	1.77
10	进化论复合策略 1 号	29.86	17.14	1.74
11	珠池量化稳健投资母基金 1 号	5.27	3.05	1.73
12	幻方欣荣 01 号	13.20	7.74	1.71
13	保银中国价值	10.67	6.33	1.69
14	睿璞投资—睿洪 1 号	31.68	19.46	1.63
15	同望 1 期 1 号	31.22	19.29	1.62
16	景林创新成长	33.08	21.98	1.51
17	元达信资本—安易持兴国 2 号	31.67	21.44	1.48
18	易同精选 3 期	19.74	13.37	1.48
19	坤元 TOT	2.23	1.53	1.45
20	林园	31.89	22.05	1.45
21	恒天泰旸 1 期	23.21	16.05	1.45
22	东方先进制造优选	26.61	18.44	1.44
23	相聚芒格 1 期	20.51	14.32	1.43
24	远望角容远 1 号	20.43	14.60	1.40
25	汉和恒聚	26.52	19.01	1.39
26	旭鑫价值成长 1 期	15.57	11.19	1.39
	指标平均值	**19.48**	**11.94**	**1.80**

在分析了年化夏普比率表现最好（前5%）的股票型私募基金数据后，我们再来分析夏普比率排名在后5%的基金表现。表2-5列出了2016~2020年按照年化夏普比率排名在后5%的股票型私募基金。从中我们发现，夏普比率排名在后5%的26只基金的风险（年化超额收益率标准差）的平均值为17.62%。其中，年化超额收益率最高的基金为"申毅对冲1号"，其年化超额收益率为-1.26%，但仍低于以万得全A指数的夏普比率（0.13）和这26只基金的年化超额收益率标准差的平均值（17.62%）计算得到的年化超额收益率2.29%（17.62%×0.13）。据表2-5可知，这26只基金的年化超额收益率的平均值为-11.23%，年化超额收益率标准差的平均值为17.62%，年化夏普比率的平均值为-0.71，并且这26只基金的超额收益率和夏普比率均为负数。正如前面提到的，影响这些基金业绩的主要因素是它们的超额收益率，表2-5中的数据也支持这一观点，这些基金的年化夏普比率大幅落后于大盘指数的夏普比率（0.13）。年化超额收益率越小的基金，它们的年化夏普比率也偏小。例如，夏普比率最小的"万思艾瑞斯1号"基金，它的风险为8.13%，在表2-5中并不是最大的，但是其过低的年化超额收益率（-11.70%）使其成为"吊车尾"的角色，夏普比率排名在倒数第一位。在表2-5中，基金的年化夏普比率皆为负数，它们的特点是在承担较大风险的同时取得的收益率水平普遍较低，因而夏普比率也很低。

表2-5　　年化夏普比率排名在后5%的股票型私募基金：2016~2020年

编号	基金名称	年化超额收益率（%）	年化超额收益率标准差（%）	年化夏普比率
1	海西晟乾7号	-11.26	33.28	-0.34
2	华润信托大岩绝对	-2.01	5.77	-0.35
3	乐正增长	-6.03	16.31	-0.37
4	德源安战略成长1号	-13.41	35.32	-0.38
5	神州牧1号	-8.62	22.48	-0.38
6	利得宝	-1.52	3.90	-0.39
7	温莎简毅策略成长10号	-4.79	12.29	-0.39
8	宝晟1期	-6.30	15.37	-0.41
9	浦江之星96号2期	-13.47	30.32	-0.44
10	私募工场盈沣睿信2期	-5.72	12.09	-0.47
11	金海1号	-6.24	12.25	-0.51

续表

编号	基金名称	年化超额收益率（%）	年化超额收益率标准差（%）	年化夏普比率
12	至信 40 号聚信 2 期	-11.57	21.68	-0.53
13	铀链大盘波段 1 号	-9.56	17.38	-0.55
14	新价值精选 2 期	-14.55	25.65	-0.57
15	睿源 1 号	-8.60	14.75	-0.58
16	新价值 11 号	-16.47	26.16	-0.63
17	泰石 1 期	-22.20	34.14	-0.65
18	映雪霜雪 1 期	-16.37	23.60	-0.69
19	私募工场君祺成长 1 号	-33.24	30.88	-1.08
20	保证金交易 1 号	-13.61	12.47	-1.09
21	冰冷 1 期	-22.33	18.38	-1.21
22	龙票 1 期（华润）	-8.98	7.31	-1.23
23	申毅对冲 1 号	-1.26	1.02	-1.23
24	共青城新里程	-20.23	15.80	-1.28
25	稳健流动性	-2.00	1.48	-1.36
26	万思艾瑞斯 1 号	-11.70	8.13	-1.44
	指标平均值	**-11.23**	**17.62**	**-0.71**

通过上述分析可知，在五年样本（2016~2020年）中，夏普比率表现最好（排名前5%）的股票型私募基金可以在与大盘指数相同的风险水平下获得更高的超额收益，而夏普比率表现最差（排名后5%）的私募基金的超额收益往往很低。同时，夏普比率表现最好（前5%）的股票型私募基金和夏普比率表现最差（后5%）的股票型私募基金的风险相差6%，而两组基金的年化超额收益率均值却相差31%。另外，与夏普比率表现最差（后5%）的股票型私募基金相比，最优秀（前5%）的股票型私募基金不仅能够获得更高的超额收益，而且能将风险控制在较低的水平。我们采用三年样本（2018~2020年）进行分析，所得结论与采用五年样本（2016~2020年）的结论一致，不再赘述。

（二）索丁诺比率

索丁诺比率是另一个经典的风险调整后收益指标，它与夏普比率的区别在于，夏普比率衡量的是投资组合的总风险，计算风险指标时采用的是超额收益率标准差。而索丁诺在考虑投资组合的风险时将其分为上行风险和下行风险，认为投资组合的正回报符合投资人的需求，因此只需衡量下行风险，计算风险指标时采用的是超额收益率的下行标准差。索丁诺比率和夏普比率一致，比率越高，表明基金净值回调的幅度小，盈利更加稳健。对于私募基金的投资者而言，索丁诺比率比夏普比率更重要。因为一般情况下，投资者在购买私募基金时，合同中都会对"清盘线"作出规定，市场上大多数私募基金的"清盘线"设置在净值下降到 0.7 元或 0.8 元处，这意味着投资者和基金经理们会更关注下行风险。其计算公式如下：

$$Sortino_M = \frac{MAEX}{D\sigma_{ex}} \quad (2.3)$$

$$Sortino_A = Sortino_M \times \sqrt{12} \quad (2.4)$$

其中，$Sortino_M$ 为月度索丁诺比率，$Sortino_A$ 为年化索丁诺比率，$MAEX$ 为超额收益率的月平均值，$D\sigma_{ex}$ 为月度超额收益率的下行风险标准差（downside standard deviation）。基金的月度超额收益率为基金的月度收益率减去月度市场无风险收益率，市场无风险收益率采用整存整取的一年期基准定期存款利率。

我们对过去三年（2018~2020 年）和过去五年（2016~2020 年）股票型私募基金与万得全 A 指数、股票型公募基金的年化索丁诺比率作了比较，结果如图 2-20 所示。可以看到，近三年股票型私募基金的年化索丁诺比率为 2.19，股票型公募基金的年化索丁诺比率为 2.06，而万得全 A 指数的年化索丁诺比率仅为 0.65，股票型私募基金的年化索丁诺比率最高。从近五年索丁诺比率的比较来看，股票型私募

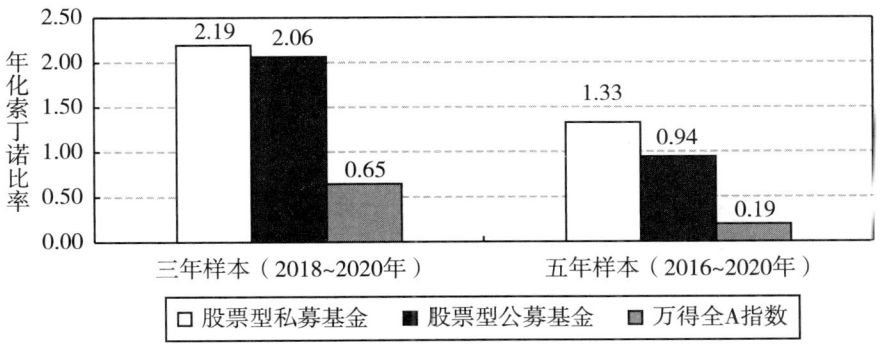

图 2-20　近三年（2018~2020 年）和近五年（2016~2020 年）股票型私募基金、公募基金和万得全 A 指数的年化索丁诺比率

基金的年化索丁诺比率为 1.33，股票型公募基金的年化索丁诺比率为 0.94，万得全 A 指数的年化索丁诺比率为 0.36，股票型私募基金的风险调整后收益再次大幅超越了万得全 A 指数和股票型公募基金，说明在承担相同的下行风险的情况下，私募基金取得了更高的收益。总而言之，无论是从短期还是中长期的年化索丁诺比率的比较来看，在相同的风险水平下，私募基金可以取得比大盘指数和公募基金都高的收益。可见，股票型私募基金是一类拥有强大的下行风险控制能力的基金。

图 2-21 为 2016~2020 年股票型私募基金年化索丁诺比率分组分布的直方图。我们将 2016~2020 年股票型私募基金按年化索丁诺比率的大小划分为 10 个区间。在这 534 只私募基金中，年化索丁诺比率的最大值为 15.05，最小值为 -2.65。我们认为导致股票型私募基金年化索丁诺比率分化严重的原因不是其净值的波动幅度（总风险），而是其净值向下波动的幅度（下行风险）。图 2-21 中，股票型私募基金年化索丁诺比率的分布峰值出现在区间 [0.5，1.5)，占比为 33.71%；其次是区间 [1.5，2.5)，占比为 23.97%；再次是区间 [-0.5，0.5)，占比为 23.22%，年化索丁诺比率大致服从正态分布。另外，我们得到股票型私募基金年化索丁诺比率的中位数值为 1.15，高于万得全 A 指数的年化索丁诺比率（0.19），表明在近五年有超过半数的股票型私募基金的年化索丁诺比率超过了万得全 A 指数的年化索丁诺比率。

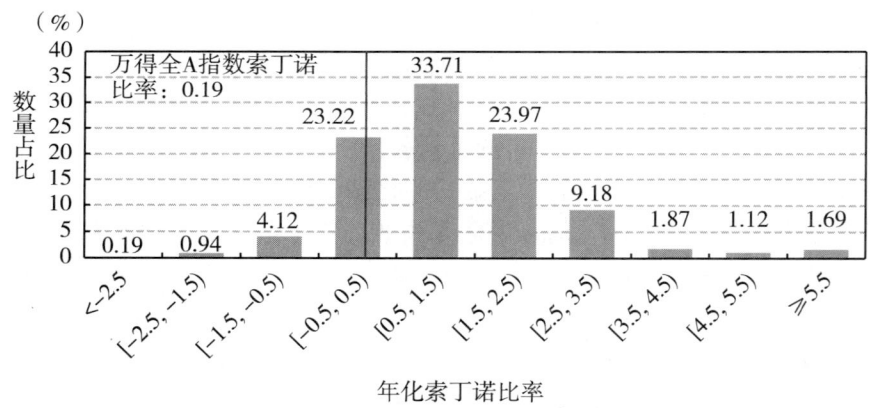

图 2-21　股票型私募基金年化索丁诺比率分布：2016~2020 年

图 2-22 为 2016~2020 年股票型私募基金的年化索丁诺比率由高到低的排列图，图中横线代表万得全 A 指数的索丁诺比率（0.19），具体含义为，在承担单位下行风险（由负收益的标准差计算）时，股指可以获得 0.19% 的超额收益。据图 2-22 可知，股票型私募基金年化索丁诺比率高于万得全 A 指数的私募基金为 442 只，占比为 83%，与之前夏普比率的比较结果相同（83%），表明这 442 只基金在承担相同年化下行风险的同时，可以获得高于万得全 A 指数的年化超额收益。

另有 67 只基金近五年的索丁诺比率小于零,占比为 13%。我们还可以观察到,大部分私募基金的索丁诺比率分布于区间 [0, 3.5) 内,有少数私募基金的索丁诺比率异常高,使得私募基金的索丁诺比率之间差异加大。可见,股票型私募基金索丁诺比率的分布呈明显的两极分化现象。

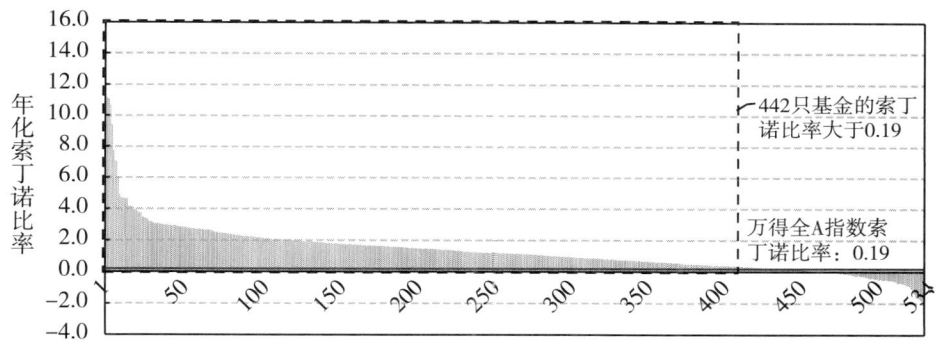

图 2-22　股票型私募基金年化索丁诺比率排列图:2016~2020 年

图 2-23 展示了 2016~2020 年的股票型私募基金年化索丁诺比率的散点分布情况,横轴代表私募基金年化超额收益下行标准差(风险),纵轴代表私募基金的年化超额收益率(超额收益),索丁诺比率即为从原点到每一只基金对应的由年化超额收益和下行风险所确定的点的斜率。为了展示得更加清晰,我们在制图时去掉一个异常值。从图 2-23 可以看出,近五年股票型私募基金年化索丁诺比率分布在斜率为-2.65 和 15.05 这两条射线所夹的扇形区间内。观察图形不难发现,除极少数点十分特殊外(如下行风险在 50%~60% 范围内),大多数基金年化索丁诺比率的散点分布较为集中。

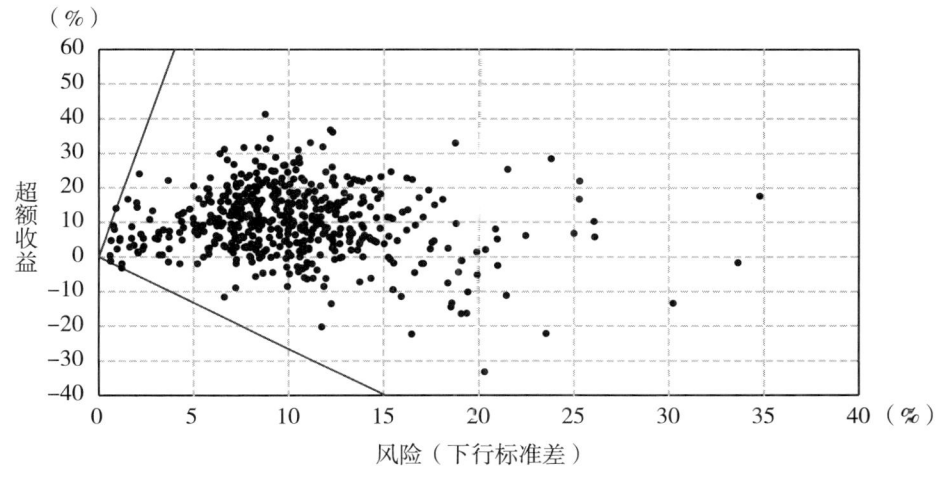

图 2-23　股票型私募基金年化索丁诺比率散点图:2016~2020 年

图 2-24（a）展示了年化索丁诺比率排名前 10 位的基金名称和对应的年化索丁诺比率。索丁诺比率综合了基金的年化超额收益率和年化下行标准差来对基金的业绩进行考量，也就是说，这两个因素共同影响着年化索丁诺比率。即年化索丁诺比率高的基金，其年化下行标准差也不一定小，而每只基金年化索丁诺比率较高的原因也不尽相同。如图 2-24（a）所示，如"资舟观复""金锝 5 号""金锝 6 号""展弘稳进 1 号"基金，凭借着 1% 以下的下行标准差获得了优异的索丁诺比率；而其他一些基金则靠着较高的年化超额收益率获得了出色的年化索丁诺比率，如"幻方志远 01 号"和"幻方鼎立 01 号"基金，它们皆取得了超过 22% 的年化超额收益率，下行标准差皆在 4% 以下，它们凭借着高超的盈利能力而榜上有名。

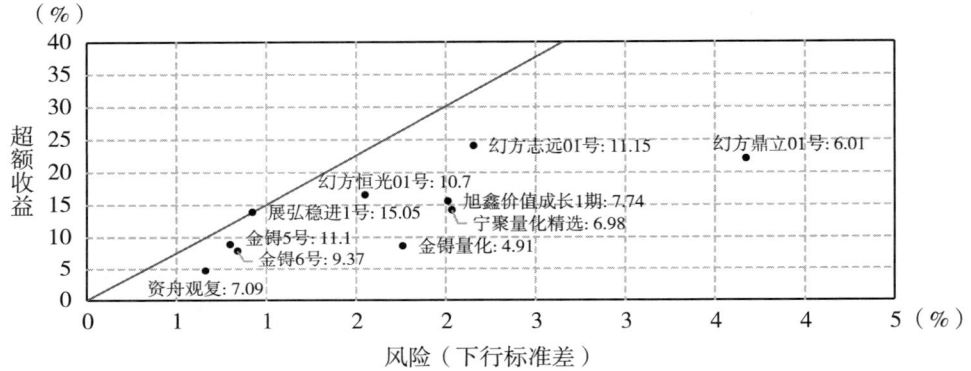

图 2-24（a） 股票型私募基金年化索丁诺比率散点图（前 10 名）：2016~2020 年

图 2-24（b）展示了年化索丁诺比率排名在后 10 位的股票型私募基金名称和对应的年化索丁诺比率。我们发现，这 10 只基金的年化超额收益均为负值。对于年化收益率为负的基金而言，年化超额收益率和年化索丁诺比率基本呈同向变化趋势。年化超额收益率越小的基金，它的年化索丁诺比率也越小。其中，"九鼎新三板 1 号"基金的索丁诺比率（-2.65）最小，其年化超额收益率为-3.24%，说明这些年化索丁诺比率为负的基金提升业绩的关键就是提升年化超额收益率。我们再来看一只基金"保证金交易 1 号"，它的年化超额收益率（-13.61%）并不是最低的，它的年化超额收益率的下行标准差（12.25%）控制在一个相对较低的水平，但它的年化索丁诺比率仍排在倒数，究其原因是年化索丁诺比率衡量的是单位下行风险下的收益能力，虽然"保证金交易 1 号"的下行风险相对较低，但它的收益为负，其承担单位风险时比其他基金损失掉更多的价值。因此，我们不能仅仅通过年化索丁诺比率去判断一只基金的年化超额收益率如何，以及它的下行风险水平如何，年化索丁诺比率差并不代表它的年化超额收益率低，同样也不能代表它的下行风险水平很高。

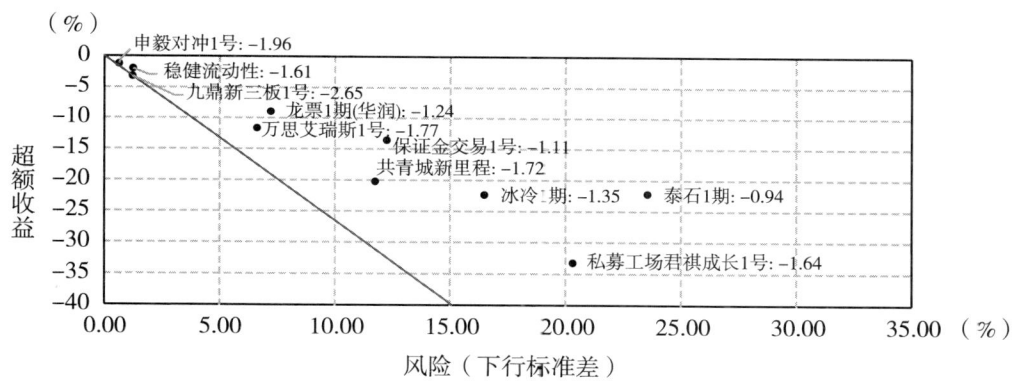

图 2-24（b） 股票型私募基金年化索丁诺比率散点图（后 10 名）：
2016～2020 年

我们将近五年（2016～2020 年）按照年化索丁诺比率排名在前 5% 和后 5% 的股票型私募基金单独挑出，分别与万得全 A 指数进行比较分析，进一步观察较优秀及较差的股票型私募基金与指数在年化超额收益率和下行风险综合作用下，年化索丁诺比率表现的显著差异，并在表 2-6 和表 2-7 中列示。表 2-6 展示了 2016～2020 年按照年化索丁诺比率排名在前 5% 的私募基金。如果用万得全 A 指数作为比较基准的话，取其近五年的年化索丁诺比率（0.19），假设指数的下行风险（年化下行标准差）为 4.24%，那么可以得到它的年化超额收益率为 0.81%（4.24%×0.19）。前 5% 基金的年化下行标准差均值为 4.24%，年化超额收益率均值为 19.98%，远远高于以万得全 A 指数的索丁诺比率（0.19）和这前 5% 基金的平均年化下行标准差（4.24%）计算而得的年化超额收益率（0.81%）。

此外，我们也可以通过表 2-6 的数据验证之前的观点，即不同的基金获得较高年化索丁诺比率的原因各不相同。例如，"展弘稳进 1 号"基金的年化超额收益率（13.90%）并不是最高的，但其年化超额收益率下行标准差仅为 0.92%，所以它凭借着高超的下行风险管理能力获得了最高的年化索丁诺比率，巧的是在之前年化夏普比率的比较中，该基金的年化夏普比率（3.51）也是最高的，说明这只基金的基金经理确实拥有非常出色的风险（全风险和下行风险）把控能力。还有另外一些基金则是凭借着可观的超额收益表现得以榜上有名，其中包括"东方点赞""汉和资本—私募学院菁英 7 号""睿璞投资—睿洪 1 号"基金，它们的年化超额收益率分别为 41.19%、34.39%、31.68%，同时它们的年化下行标准差相对较低，皆在 9% 以下。

表 2-6　年化索丁诺比率排名在前 5% 的股票型私募基金：2016~2020 年

编号	基金名称	年化超额收益率（%）	年化超额收益率下行标准差（%）	年化索丁诺比率
1	展弘稳进 1 号	13.90	0.92	15.05
2	幻方志远 01 号	24.05	2.16	11.15
3	金锝 5 号	8.87	0.80	11.10
4	幻方恒光 01 号	16.57	1.55	10.70
5	金锝 6 号	7.87	0.84	9.37
6	旭鑫价值成长 1 期	15.57	2.01	7.74
7	资舟观复	4.69	0.66	7.09
8	宁聚量化精选	14.21	2.03	6.98
9	幻方鼎立 01 号	22.09	3.67	6.01
10	金锝量化	8.64	1.76	4.91
11	同望 1 期 1 号	31.22	6.61	4.72
12	东方点赞	41.19	8.78	4.69
13	进化论复合策略 1 号	29.86	6.38	4.68
14	幻方欣荣 01 号	13.20	2.84	4.65
15	珠池量化稳健投资母基金 1 号	5.27	1.13	4.64
16	泛涵康元 1 号	4.69	1.12	4.18
17	幻方钱海 01 号	28.09	6.77	4.15
18	睿璞投资—睿洪 1 号	31.68	7.64	4.15
19	相聚芒格 1 期	20.51	5.01	4.10
20	保银中国价值	10.67	2.69	3.97
21	康曼德 003 号	22.95	5.88	3.90
22	汉和资本—私募学院菁英 7 号	34.39	9.02	3.81
23	同犇尊享 1 号	26.81	7.12	3.77
24	元达信资本—安易持兴国 2 号	31.67	8.41	3.77
25	石锋笃行一号	31.17	8.83	3.53
26	易同精选 3 期	19.74	5.70	3.47
	指标平均值	**19.98**	**4.24**	**6.01**

在分析了年化索丁诺比率排名在前5%（26只）的股票型私募基金的情况之后，我们再来看排名在后5%的基金的具体数据。表2-7列出了2016~2020年按照年化索丁诺比率排名在后5%的股票型私募基金。从中我们发现，后5%基金年化超额收益率下行标准差的平均值为12.39%，如果用万得全A指数作为比较基准的话，取其近五年的索丁诺比率（0.19），假设指数的下行风险（年化下行标准差）与后5%基金的平均年化下行标准差（12.39%）一致，那么它的年化超额收益率为2.35%（12.39%×0.19）。在年化索丁诺比率排名在后5%的基金中，年化超额收益率最大的基金为"申毅对冲1号"基金，其超额收益率为-1.26%，仍然低于万得全A指数的年化超额收益率（2.35%）。

表2-7　年化索丁诺比率排名在后5%的股票型私募基金：2016~2020年

编号	基金名称	年化超额收益率（%）	年化超额收益率下行标准差（%）	年化索丁诺比率
1	融珲6号	-10.24	19.43	-0.53
2	御峰1号	-7.30	13.74	-0.53
3	慧安财富5期	-4.64	8.66	-0.54
4	温莎简毅策略成长10号	-4.79	8.66	-0.55
5	金海1号	-6.24	11.29	-0.55
6	乐正增长	-6.03	10.83	-0.55
7	禾木1号	-6.49	10.97	-0.59
8	铀链大盘波段1号	-9.56	15.50	-0.62
9	私募工场盈沣睿信2期	-5.72	8.28	-0.69
10	德源安战略成长1号	-13.41	18.59	-0.72
11	至信40号聚信2期	-11.57	15.94	-0.73
12	神州牧1号	-8.62	11.86	-0.73
13	新价值精选2期	-14.55	18.55	-0.78
14	映雪霜雪1期	-16.37	19.38	-0.84
15	新价值11号	-16.47	19.08	-0.86
16	睿源1号	-8.60	9.95	-0.86
17	泰石1期	-22.20	23.56	-0.94
18	保证金交易1号	-13.61	12.25	-1.11
19	龙票1期（华润）	-3.98	7.22	-1.24

续表

编号	基金名称	年化超额收益率（%）	年化超额收益率下行标准差（%）	年化索丁诺比率
20	冰冷1期	-22.33	16.49	-1.35
21	稳健流动性	-2.00	1.25	-1.61
22	私募工场君祺成长1号	-33.24	20.31	-1.64
23	共青城新里程	-20.23	11.75	-1.72
24	万思艾瑞斯1号	-11.70	6.62	-1.77
25	申毅对冲1号	-1.26	0.64	-1.96
26	九鼎新三板1号	-3.24	1.22	-2.65
	指标平均值	**-11.13**	**12.39**	**-1.03**

不难发现，这部分基金的年化索丁诺比率均为负值，分析结果与之前的结论一致，即当年化超额收益率为负时，年化索丁诺比率的变动方向与超额收益率的变动方向一致。我们还发现，这些基金产生如此糟糕的年化索丁诺比率的原因各不相同。有些是因为年化超额收益率实在太差，如"私募工场君祺成长1号"和"冰冷1期"基金，它们的年化超额收益率分别只有-33.24%和-22.23%；有些则是因为在年化超额收益率为负的情况下风险保持在较低的水平，虽然风险较低对于获得正的年化超额收益的基金业绩会产生积极的影响，但对负收益的基金而言不是一个良好的信号，如"申毅对冲1号"和"稳健流动性"基金，它们的下行标准差分别为0.64%和1.25%，但由于索丁诺比率衡量的是单位下行风险下的收益率，并不是简单地对超额收益率和下行风险分开进行判断再给出结果，而是综合考虑了两者的关系，所以这两只基金在承担相同程度的下行风险时，将会比其他基金损失的价值更多。

通过上述分析可知，在五年样本（2016~2020年）中，当考虑的风险因素变为下行风险时，索丁诺比率表现最优秀（前5%）的股票型私募基金可以在与大盘指数相同的下行风险水平下，获得更高的超额收益，而索丁诺比率表现最差（后5%）的私募基金的超额收益往往远逊于大盘指数。同时，索丁诺比率表现最优秀（前5%）的股票型私募基金的超额收益均值要比表现最差（后5%）的私募基金的超额收益均值高出31%，而最优秀（前5%）的股票型私募基金的下行风险均值却比最差（后5%）的股票型私募基金的下行风险均值低了8个百分点，这说明相较于索丁诺比率表现最差（后5%）的股票型私募基金，最优秀（前5%）的股票型私募基金不但可以获得更高的超额收益，还可以将下行风险控制在较低水平。我们采用三年样本（2018~2020年）进行分析，所得结论与采用五年样本（2016~2020

年)的结论一致,不再赘述。

(三) 收益—最大回撤比率

回撤是指在某一段时期内基金净值从高点开始回落到低点的幅度。最大回撤率是指在选定周期内的任一历史时点往后推,基金净值走到最低点时的收益率回撤幅度的最大值,它用来衡量一段时期内基金净值的最大损失,是下行风险的最大值。因此,对于私募基金而言,最大回撤率是一个重要的风险指标。由于我们对私募基金的研究是基于月度单位的,因此采用离散型公式。离散型最大回撤率的定义为,如果 $X(t)$ 是一个在 $[t_1, t_2, \cdots, t_n]$ 上资产价格的月度时间序列,那么在 t_n 时刻该资产的最大回撤率 $DR(t_n)$ 的公式为:

$$DR(t_n) = \max_{s>t; s,t \in t_1, t_2, \cdots, t_n} \left(\frac{X(s)-X(t)}{X(t)}, 0 \right) \quad (2.5)$$

最大回撤率可以很好地揭示基金在历史上表现不好的时期净值回撤的最大幅度。通过计算最大回撤率,投资者可以了解基金过去一段时期内净值的最大跌幅,因此这一指标在近些年越来越受到私募基金投资者和基金经理们的重视。但仅仅考虑最大回撤率是不够的,当基金的收益率很低时,即使最大回撤率非常小,也难以被评价为优秀的基金。这一问题可以通过计算私募基金的收益率与最大回撤率的比率来解决。公式如下:

$$AR/DR_Y = \frac{AnnualizedReturn}{DR_Y} \quad (2.6)$$

其中, DR_Y 表示每年的资产价格的最大回撤率, AR 表示资产的年化收益率。收益—最大回撤比率包含对下行风险的衡量。在投资时,投资者往往担心资产出现大幅缩水,无法控制最大损失。收益—最大回撤比率指标越高,说明基金在承受较大下行风险的同时,可以获得较高的回报。以下我们所汇报的均为年化收益—最大回撤比率的分析结果。

图 2-25 展示了近三年(2018~2020 年)和近五年(2016~2020 年)股票型私募基金与万得全 A 指数的收益—最大回撤比率的比较结果。如图 2-25 所示,近三年股票型私募基金的收益—最大回撤比率为 5.41,如果股票型私募基金平均最大回撤为 10% 的话,那么私募基金的平均年化收益为 54.1%,近三年万得全 A 指数的收益—最大回撤比率仅为 0.67。从近三年收益—最大回撤比率的比较来看,股票型私募基金在很大程度上超越了万得全 A 指数,说明相较于大盘指数,短期内股票型私募基金在承受较大下行风险的同时,可以获得更高的回报。从近五年收益—最大回撤比率的比较结果来看,股票型私募基金的收益—最大回撤比率(5.04)是万得全 A 指数的收益—最大回撤比率(0.28)的 18 倍,可见,从中长

期来看，私募基金的表现也强于指数。综上所述，在控制单位最大下行风险获利的能力上，无论是过去三年（2018~2020年）还是过去五年（2016~2020年），股票型私募基金的整体表现都远远强于指数。

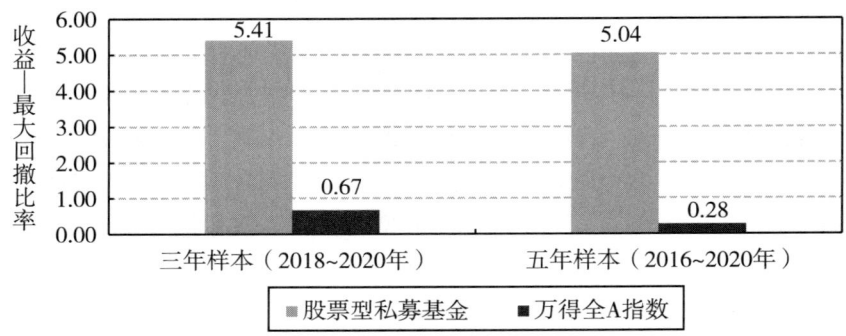

图 2-25　近三年（2018~2020年）和近五年（2016~2020年）股票型私募基金与万得全A指数的收益—最大回撤比率比较

我们继续对股票型私募基金和大盘指数的收益—最大回撤比率进行更加深入的分析。图 2-26 是 2016~2020 年股票型私募基金收益—最大回撤比率分组分布的直方图。我们将这些基金的收益—最大回撤比率均分为 10 组展示。可以看出，与同样关注下行风险的年化索丁诺比率的分布相比，私募基金的收益—最大回撤比率的分布并未呈现标准的正态分布，并且有较大比例的私募基金收益—最大回撤比率分布在［-0.5，4.5）之间。统计得到股票型私募基金收益—最大回撤比率的最大值为 72.65，最小值为 -1.00，中位数为 3.30，平均数是 5.04。不难看出，股票型私募基金收益—最大回撤比率的两极差异比较显著。我们还发现，虽然有半数（267只）样本基金的收益—最大回撤比率小于该比率的中位数（3.30），但由于部分（1.12%）基金的收益—最大回撤比率异常高，使得股票型私募基金整体的收益—最大回撤比率的均值为 5.04。我们将私募基金收益—最大回撤比率的中位数（3.30）和万得全A指数的收益—最大回撤比率（0.28）进行对比可得，至少有 50% 的私募基金跑赢了万得全A指数。因此，从单位最大回撤风险的收益能力上看，股票型私募基金在整体上超越了大盘指数。

图 2-27 是 2016~2020 年股票型私募基金的收益—最大回撤比率从高到低的排列图，水平线代表万得全A指数的收益—最大回撤比率（0.28）。由于私募基金的收益—最大回撤比率的两极分化十分严重，有少数私募基金的收益—最大回撤比率非常高，为了不影响大多数基金的显示效果，我们将收益—最大回撤比率大于 15.00 的基金的相应比率设定为 15.00（共涉及 28 只基金）。据图 2-27 可知，有 440 只（82%）股票型私募基金的收益—最大回撤比率超过万得全A指数（0.28），该比率略低于之前夏普比率（83%）以及索丁诺比率（83%）的对比结

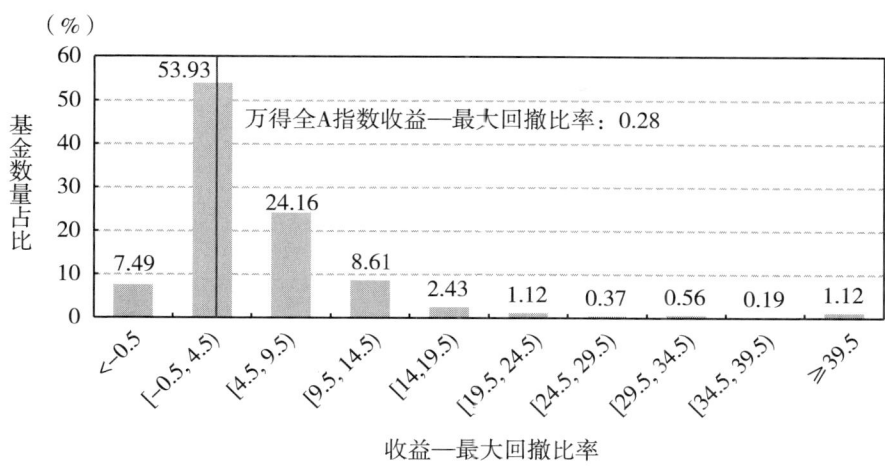

图2-26 股票型私募基金收益—最大回撤比率分布：2016~2020年

果。从收益—最大回撤比率来看，股票型私募基金的整体表现优于大盘指数的表现。我们还观察到，股票型私募基金的收益—最大回撤比率主要集中分布于0~15之间，但由于有少部分私募基金的收益—最大回撤比率异常高，导致私募基金的收益—最大回撤比率的两极差异显著。

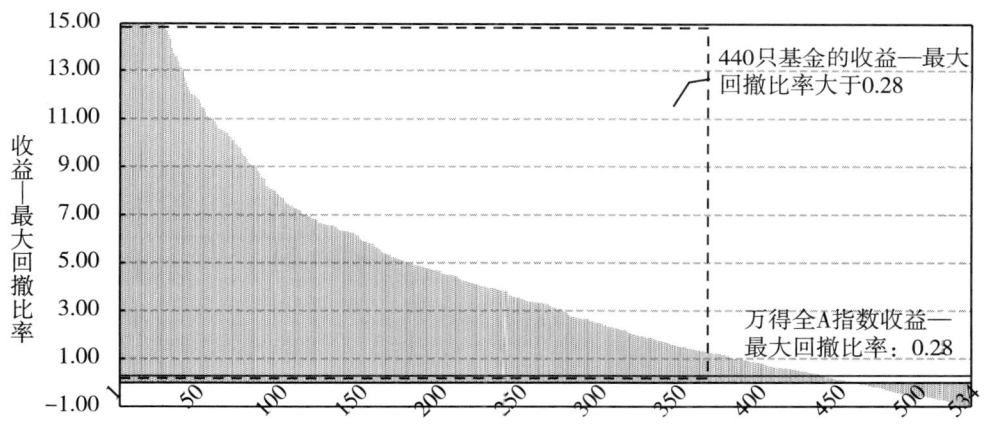

图2-27 股票型私募基金收益—最大回撤比率分布：2016~2020年

图2-28展示了2016~2020年的股票型私募基金收益—最大回撤比率的散点分布情况，横坐标代表基金的最大回撤率，纵坐标代表私募基金的收益率，每只基金的收益—最大回撤比率即为从原点到坐标点的斜率，斜率越大，代表该基金的收益—最大回撤比率越大，最大斜率为72.65，最小斜率为-1.00。不难看出，私募基金的收益—最大回撤比率的横向分布相对分散，说明私募基金间的最大回撤率差异很大。

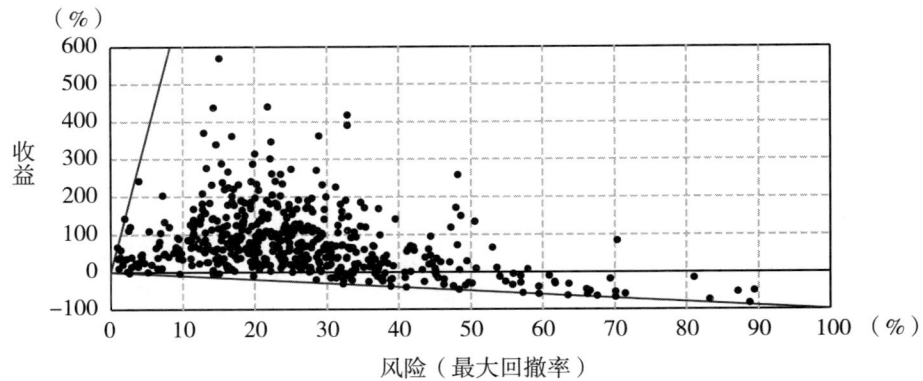

图 2-28　股票型私募基金收益—最大回撤比率散点图：2016~2020 年

图 2-29（a）展示了 2016~2020 年收益—最大回撤比率排名在前 10 位的股票型私募基金的分布情况，纵轴代表基金的收益率，横轴代表基金的最大回撤率，图中标注了基金名称和对应的收益—最大回撤比率的数值。与之前年化索丁诺比率分析的情况类似，我们发现前 10 只基金获得优异的收益—最大回撤比率的原因各不相同。例如，"金铎 5 号"基金凭借着小于 1% 的最大回撤率（0.96%）获得了较高的收益—最大回撤比率（69.72），然而它的收益率（67.14%）相对其他 9 只基金而言并不是最高的。相比之下，"东方点赞"和"汉和资本—私募学院菁英 7 号"基金则凭借着超过 430% 的收益率（569.13% 和 437.21%）获得了较高的收益—最大回撤比率（37.74 和 30.60），说明使其榜上有名的主要原因是其出色的盈利能力。

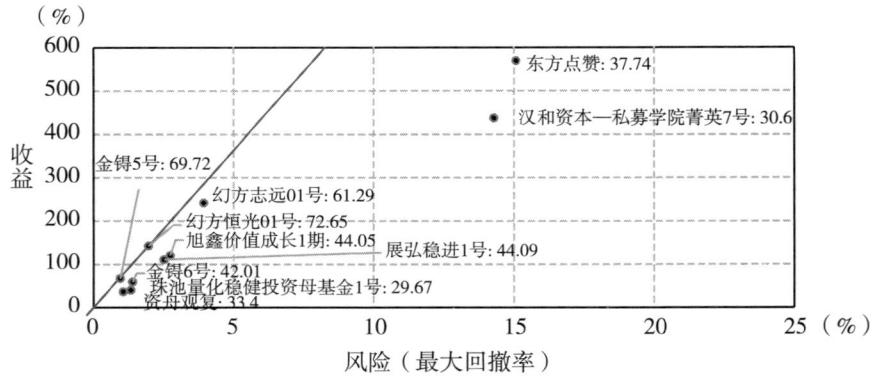

**图 2-29（a）　股票型私募基金收益—最大回撤比率散点图（前 10 名）：
2016~2020 年**

图 2-29（b）展示了 2016~2020 年收益—最大回撤比率排名在后 10 位的股票

型私募基金的分布情况，纵轴代表基金的收益率，横轴代表基金的最大回撤率，图中标注了基金名称和对应的收益—最大回撤比率的数值。不难看出，这些基金的收益—最大回撤比率的分布并不集中，这些基金获得较为糟糕的收益—最大回撤比率的原因并不一样。例如，"共青城新里程"基金的收益—最大回撤比率（-1.00）最低，它的最大回撤风险达到63.54%，而它的收益率（-63.54%）也处于排名末位，那么决定它收益—最大回撤比率的最重要的原因是什么呢？回顾之前我们在索丁诺比率分析时的讨论，当收益为负的时候，风险越大的基金，其收益—最大回撤比率反而越大。所以，决定"共青城新里程"基金的收益—最大回撤比率如此不好的重要因素是它的收益率，而这与最大回撤率常常又是相关的，因为当基金净值跌去63.54%以上之后，要把收益率再做回来是非常困难的。因此，我们发现，往往那些收益率越差且最大回撤率越高的基金，所对应的收益—最大回撤比率也越差。

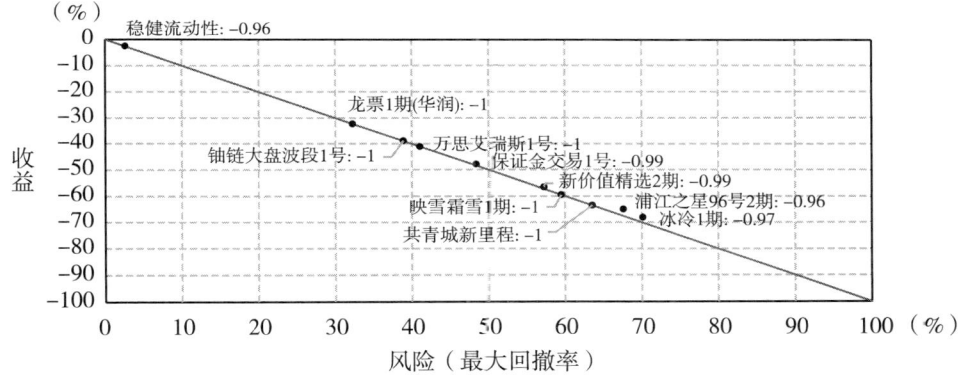

图2-29（b） 股票型私募基金收益—最大回撤比率散点图（后10名）：
2016~2020年

为了让读者更清晰地了解收益—最大回撤比率表现优秀的基金和表现不好的基金与大盘指数的差异，我们将近五年（2016~2020年）按照收益—最大回撤比率排列在前5%和后5%的基金单独挑出，并列出相应数据，如表2-8和表2-9所示。当考虑的风险因素变为最大回撤率时，在相同的最大回撤率水平下，表现优秀的私募基金与万得全A指数相比孰好孰坏？为了回答这一问题，我们在表2-8中展示了2016~2020年间股票型私募基金收益—最大回撤比率排名在前5%（26只）的基金及相关指标。可以看到，这些基金累计收益率的平均值为234.15%，最大回撤率的平均值为10.09%，收益—最大回撤比率的平均值为30.17。如果用万得全A指数作为比较基准的话，我们知道其近五年收益—最大回撤比率为0.28，在10.09%的下行风险水平下，它的年化收益率应为2.83%（10.09%×0.28），可见，这26只基金累计收益率的平均值（234.15%）远高于万得全A指数的假设收益水平（2.83%）。在这些基金中，虽然"泛涵康元1号"基金的累计收益率（35.73%）最小，但仍远高于指数的假设收益水平（2.83%）。综合来看，近五年收益—最大回撤比率表现最好的（前5%）股票型私募基金，在与大盘指数相同的风险水平下，整体上的收益表现超越了同期大盘指数的表现。

由于收益—最大回撤比率是一个综合了绝对收益率和最大回撤率考量的指标，不同基金的这两个参数对收益—最大回撤比率的形成所贡献的程度也不一样。在这些基金中，一部分基金的收益率很高而其最大回撤率很小，使得收益—最大回撤比率表现很好，如"金锝5号"和"资舟观复"基金，这两只基金的收益率并不是最高的，分别为67.14%和36.01%，但它们的最大回撤率分别仅为0.96%和1.08%；另一部分基金则是由于收益率较高而其最大回撤率相对较低使其收益—最大回撤比率榜上有名，例如，收益—最大回撤比率（37.74）排名第7位的"东方点赞"基金，收益率高达5693.13%，而最大回撤率为15.08%，较高的收益—最大回撤比率得益于它超强的盈利能力。

表2-8　　　收益—最大回撤比率排名在前5%的股票型基金：2016~2020年

编号	基金名称	累计收益率（%）	最大回撤率（%）	收益—最大回撤比率
1	幻方恒光01号	143.05	1.97	72.65
2	金锝5号	67.14	0.96	69.72
3	幻方志远01号	241.60	3.94	61.29
4	展弘稳进1号	111.42	2.53	44.09
5	旭鑫价值成长1期	120.69	2.74	44.05
6	金锝6号	59.11	1.41	42.01
7	东方点赞	569.13	15.08	37.74
8	资舟观复	36.01	1.08	33.40
9	汉和资本—私募学院菁英7号	437.21	14.29	30.60
10	珠池量化稳健投资母基金1号	39.82	1.34	29.67
11	睿璞投资—睿洪1号	370.43	12.95	28.61
12	幻方鼎立01号	203.43	7.22	28.17
13	元达信资本—安易持兴国2号	339.10	14.60	23.22

续表

编号	基金名称	累计收益率（%）	最大回撤率（%）	收益—最大回撤比率
14	进化论复合策略1号	339.00	14.64	23.16
15	同望1期1号	361.20	16.84	21.45
16	细水醍醐	275.65	13.29	20.74
17	宁聚量化精选	109.51	5.33	20.56
18	璟恒5期	439.42	21.84	20.12
19	幻方钱海01号	287.95	15.37	18.73
20	雅柏宝量化5号	134.03	7.45	17.99
21	盈阳22号	231.50	14.02	16.51
22	康曼德003号	209.42	12.70	16.49
23	汉和恒聚	266.24	16.28	16.36
24	泛涵康元1号	35.73	2.24	15.96
25	无量1期	314.05	20.06	15.66
26	石锋笃行一号	345.95	22.30	15.52
指标平均值		**234.15**	**10.09**	**30.17**

在相同的风险水平下（最大回撤率相同的情况下），收益—最大回撤比率表现较差的私募基金与万得全A指数相比是否也存在一些差距呢？若有，这一差距会是多大？为了回答这些问题，我们选择2016~2020年按照收益—最大回撤比率排名在后5%（26只）的基金，与万得全A指数的收益进行比较分析。表2-9列出了2016~2020年按照收益—最大回撤比率排名在后5%的私募基金。据表2-9可知，这些基金累计收益率的平均值为-45.44%，最大回撤率的平均值为53.39%，收益—最大回撤比率的平均值为-0.85。如果用万得全A指数作为比较基准的话，我们知道大盘指数近五年收益—最大回撤比率为0.28，在53.39%的下行风险水平下，大盘指数的收益率应为14.95%（53.39%×0.28）。从表2-9中数据可以看出，在这些基金中，没有一只基金的收益率大于零，而这些基金的平均收益率为-45.44%，更是远远低于指数的假设收益水平（14.95%）。再者，股票型私募基金的收益—最大回撤比率的平均值为-0.85，同样小于指数的收益—最大回撤比率（0.28）。可见，在相同的下行风险水平（最大回撤）下，收益—最大回撤比率表现较差（后5%）的股票型私募基金在整体上的表现远不如大盘指数。例如，在这些基金中，收益—最大回撤比率排名倒数第9位的"稳健流动性"基金的收益

率最高（-2.54%），而该基金的最大回撤率为 2.64%，其收益—最大回撤比率（-0.96）小于指数的收益—最大回撤比率（0.28）。

表 2-9　　收益—最大回撤比率排名在后 5% 的股票型基金：2016~2020 年

编号	基金名称	累计收益率（%）	最大回撤率（%）	收益—最大回撤比率
1	御峰 1 号	-34.89	55.81	-0.63
2	金海 1 号	-24.37	37.79	-0.64
3	私募工场盈沣睿信 2 期	-21.92	33.51	-0.65
4	投资精英之云程泰（A）	-39.87	59.48	-0.67
5	至信 40 号聚信 2 期	-46.83	66.10	-0.71
6	乐正增长	-25.47	35.84	-0.71
7	睿信成长 1 期	-20.63	28.54	-0.72
8	睿源 1 号	-33.67	46.30	-0.73
9	承泰淇 1 号	-36.42	49.30	-0.74
10	海西晟乾 7 号	-53.97	70.13	-0.77
11	融珲 6 号	-51.41	66.61	-0.77
12	神州牧 1 号	-38.02	47.60	-0.80
13	德源安战略成长 1 号	-59.14	71.49	-0.83
14	泰石 1 期	-74.45	83.26	-0.89
15	新价值 11 号	-60.72	66.24	-0.92
16	私募工场君祺成长 1 号	-84.33	88.78	-0.95
17	浦江之星 96 号 2 期	-65.01	67.59	-0.96
18	稳健流动性	-2.54	2.64	-0.96
19	冰冷 1 期	-68.14	70.12	-0.97
20	新价值精选 2 期	-56.54	57.27	-0.99
21	保证金交易 1 号	-47.92	48.42	-0.99
22	铀链大盘波段 1 号	-38.85	38.94	-1.00
23	映雪霜雪 1 期	-59.48	59.52	-1.00
24	龙票 1 期（华润）	-32.26	32.26	-1.00
25	万思艾瑞斯 1 号	-41.08	41.08	-1.00
26	共青城新里程	-63.54	63.54	-1.00
	指标平均值	**-45.44**	**53.39**	**-0.85**

通过上述分析可知，在五年样本（2016~2020年）中，当考虑的风险因素变为下行风险时，收益—最大回撤比率表现最优秀（前5%）的股票型私募基金可以在与大盘指数相同的下行风险水平下获得更高的收益，而表现最差（后5%）的私募基金在与大盘指数相同的下行风险水平下只能获得很低的收益。同时，收益—最大回撤比率表现最优秀（前5%）的股票型私募基金的累计收益均值要比表现最差（后5%）的私募基金的累计收益均值高出280%，而最优秀（前5%）的股票型私募基金下行风险均值却比最差（后5%）的股票型私募基金的下行风险均值低了43个百分点，这说明与表现最差（后5%）的股票型私募基金相比，收益—最大回撤比率表现最优秀（前5%）的股票型私募基金不仅可以获得更高的收益，而且能将最大回撤控制在较低的水平。我们采用三年样本（2018~2020年）进行分析，所得结论与使用五年样本（2016~2020年）的结论一致，不再赘述。

三、四个收益指标的相关性分析

在对股票型私募基金和大盘指数的业绩按照各种收益指标进行了充分的对比分析之后，我们需要思考这样的问题，即在评价私募基金的业绩时，哪一个收益指标更为恰当？本节将通过分析收益率、夏普比率和索丁诺比率、收益—最大回撤比率之间的关系，选出一个既能普遍代表各指标的分析效果（相关系数较高），又符合股票型私募基金管理风格的指标，作为私募基金业绩的度量。我们对2008~2020年中每五年的股票型私募基金四个收益指标的相关性进行分析，要求每只基金在各样本区间内都有完整的历史净值数据。

表2-10展示了2008~2020年中每五年股票型私募基金的四个收益指标间的相关性系数。研究结果显示，收益率与三个风险调整后收益指标（夏普比率、索丁诺比率、收益—最大回撤比率）的相关性存在一定差异，各时期指标间的相关系数也不稳定。例如，在2010~2014年这一周期内，收益率与夏普比率、索丁诺比率、收益—最大回撤比率的相关性分别为98%、96%、97%，这三个相关系数差异不大，但在2011~2015年这一周期内三个相关系数（91%、83%、54%）差异巨大；再如，在2011~2015年这一周期内，收益率与收益—最大回撤比率的相关性为54%，而在2012~2016年这一周期内的相关性变为91%，相邻两段时期的相关性系数差异较大。总体来看，收益率和收益—最大回撤比率的相关性相对较小，收益率和夏普比率或和索丁诺比率的相关性相对较高；多数周期内，收益率和夏普比率的相关性要普遍高于收益率和索丁诺比率的相关性。我们对三个风险调整后收益指标间的相关性进行分析，研究结果显示，夏普比率和收益—最大回撤比率的相关性最小，而夏普比率和索丁诺比率的相关性与索丁诺比率和收益—最大回撤比率的

相关性则互有高低。

表 2-10　每五年中股票型基金的四个收益指标的相关性：2008~2020 年　　单位：%

年份	收益率与夏普比率	收益率与索丁诺比率	收益率与收益—最大回撤比率	夏普比率与索丁诺比率	夏普比率与收益—最大回撤比率	索丁诺比率与收益—最大回撤比率
2008~2012	82	83	80	100	91	93
2009~2013	98	99	96	98	96	99
2010~2014	98	96	97	98	93	95
2011~2015	91	83	54	96	76	87
2012~2016	97	95	91	99	97	98
2013~2017	95	90	81	87	77	97
2014~2018	83	68	57	91	83	95
2015~2019	85	75	75	86	84	96
2016~2020	77	56	42	93	84	96

整体而言，首先，虽然收益率与风险调整后收益指标间的相关性较高，但缺少对私募基金风险的衡量，而风险调整后收益指标考虑了对风险的度量，能够更好地反映出私募基金的真实业绩。因此，我们认为选择风险调整后收益指标作为评估基金业绩的指标较为合适。其次，在对风险调整后收益指标进行选取时，虽然不同时期内三者的相关性出现一定差异，但可以看到采用索丁诺比率和收益—最大回撤比率所得到的结论相差不大。同时，作为考虑下行风险的指标，收益—最大回撤比率更加直观、有区分度，同时也比考虑总风险的夏普比率更为谨慎，在实际应用中也更加符合私募基金投资者关注的"清盘线"的现实情况。因此，我们建议首选收益—最大回撤比率作为评价私募基金业绩的风险调整后收益指标。

四、小结

对于追求绝对收益的私募基金投资者来讲，如何判断私募基金业绩的高低呢？易于获取的大盘指数收益信息往往被用作与私募基金业绩比较的基准。那么，我国的私募基金行业能否战胜大盘指数呢？如果能够战胜大盘指数，那么私募基金是否也能超过公募基金的业绩？为了回答上述问题，我们从收益率和风险调整后收益两个角度分别对股票型私募基金、万得全A指数、股票型公募基金进行深入分析。

首先，在进行收益率比较时，我们将股票型私募基金、股票型公募基金和万得全A指数的收益率分别进行年度和某段时期对比。结果显示，在2008~2020年的13年里，有8个年份（2008年、2010年、2011年、2013年、2016~2018年和2020年）股票型私募基金的年度收益率战胜了万得全A指数，但与公募基金相比则互有高低，并且私募基金收益率的波动率最小，说明私募基金具有更加优秀的风险掌控能力。在此期间，股票型私募基金和股票型公募基金的累计收益率都为158%，万得全A指数的累计收益率仅为41%，说明在不考虑风险因素的情况下，与大盘指数相比，长期投资私募基金将会获得更高的回报，但与公募基金持平。

其次，从风险调整后收益的角度出发，在考虑风险因素的情况下，我们分别对过去三年（2018~2020年）和过去五年（2016~2020年）的股票型私募基金、股票型公募基金和万得全A指数的风险调整后收益进行比较，综合评估股票型私募基金能否战胜股票型公募基金及大盘指数的表现。研究结果显示，从夏普比率的分析结果来看，股票型私募基金在承担单位整体风险水平下，可以取得高于大盘指数的风险调整后收益；从索丁诺比率和收益—最大回撤比率的分析结果来看，在相同的下行风险水平下，股票型私募基金能够取得高于大盘指数的风险调整后收益。无论样本期是过去三年还是过去五年，股票型私募基金的索丁诺比率的表现都好于股票型公募基金。当样本期是过去三年时，股票型私募基金的夏普比率的表现略低于股票型公募基金，当样本期是过去五年时，股票型私募基金的夏普比率的表现好于股票型公募基金。因此，从中长期来看，相对于股票型公募基金和大盘指数而言，无论是在单位风险还是单位下行风险或是单位最大回撤风险下，股票型私募基金都具有更强的盈利能力，间接证明私募基金是一种具有更强风险把控能力的投资方式，但从短期来看并不一定。综合来看，对高净值人群而言，私募基金是一种较好的投资方式。

最后，我们对比分析基金的收益率、夏普比率、索丁诺比率以及收益—最大回撤比率间的关系。研究结果显示，收益—最大回撤比率与其他指标间的相关性都较高，能够普遍代表各指标的分析效果，符合股票型私募基金的管理风格，能够直观反映私募基金的业绩。因此，我们认为采用收益—最大回撤比率来评估私募基金的业绩较为恰当。

私募基金经理是否具有选股能力与择时能力

基金经理可以通过两种方式为投资者获得超额收益——选股能力和择时能力。王海雄曾经是一位明星级的公募基金经理，在掌管公募基金时投资业绩出众。王海雄从2010年12月加入华夏基金，到2015年2月"奔私"，仅4年多的时间内，从管理一只基金到同时管理四只基金，管理的基金规模也从20亿元达到280亿元之巨，期间曾荣获金牛基金经理奖，显示出他具有获得超额收益的能力，但当他转战私募基金后却业绩平平，2015年单年旗下的7只私募基金有6只净值跌至提前清盘。例如，"百毅长青1号"在6个月的寿命中净值跌幅达-13%，"百毅雄鹰1号A"在6个月的寿命中净值跌幅达-33%。类似的基金经理还有很多。如果他们具有不同常人的洞察力，能够有效地辨别那些价值被低估的股票，或是精确地预知市场的走向，那么当他们转战私募基金后，为何他们所管理的私募基金的投资业绩却较为一般？为何他们的选股能力或择时能力到了私募行业后却消失了？

截至2020年12月底，据我们从万得资讯数据库搜集的数据显示，我国有超过10万只私募基金。随着私募基金品种的丰富、数量的增加，其业绩表现成为广大投资者关心的首要问题，如何评价私募基金产品的业绩表现、评估私募基金经理的投资能力显得愈发重要。尽管目前我国私募基金的类型和策略有很多种，但是最引人关注的私募基金仍是主动管理的股票型私募基金，因此选股能力和择时能力在评价私募基金的业绩表现时占据了绝对重要的地位。在众多的私募基金中，部分基金很有可能只是因为运气而跑赢大盘，而不是由于基金经理真正具有能力。那么，中国有多少私募基金经理具有选股能力和择时能力呢？这些业绩优秀的基金经理的投资能力是来自他们自身的能力，还是来自运气？

本章从选股能力和择时能力两个方面，对我国主动管理的股票型私募基金进行研究，力图剖析基金的业绩与基金经理的选股能力和择时能力之间的关系。本章的研究，一方面可以为那些有意向投资于私募基金的机构投资者和高净值群体提供有价值的投资参考；另一方面也可以对进一步完善目前学术界对私募基金这一资本市场重要领域的研究作出贡献。

本章采用 Treynor-Mazuy 四因子模型，对我国非结构化的股票型私募基金，从 2014 年 1 月至 2020 年 12 月的月度收益数据进行了选股能力和择时能力两个方面的实证研究。我们的研究结果显示，在 2016~2020 年的五年样本期内，在 534 只具有五年完整数据的股票型私募基金样本中，有 232 只基金（占比 43%）的经理具有显著的选股能力，经自助法检验，我们发现这 232 只基金中，有 190 只基金（占 534 只基金的 36%）的基金经理是靠自身能力取得了优秀的业绩，其他基金经理所表现出来的选股能力是运气因素造成的。我们还发现，有 54 只基金（占比 10%）的基金经理具有显著的择时能力，经自助法检验，我们发现有 36 只基金（占 534 只基金的 7%）的基金经理具有真正的择时能力。总体来看，2016~2020 年，在我国股票型私募基金经理中，只有约 1/3 的私募基金经理具有真正的选股能力（占比 36%，使用最近五年的样本），超过六成私募基金经理并没有选股能力。我们还发现，只有 7% 的私募基金经理具有择时能力，绝大多数基金经理没有择时能力。

本章接下来的主要内容分为四部分。第一部分，利用 Treynor-Mazuy 模型考察哪些基金经理具有选股能力；第二部分，利用 Treynor-Mazuy 模型探讨哪些基金经理具有择时能力；第三、第四部分在上述两部分回归结果的基础上，对不同样本区间内的股票型基金的选股和择时能力进行稳健性检验，运用自助法验证那些显示出显著选股或择时能力的基金经理，其业绩是来自他们的能力还是来自他们的运气。

一、回归模型及样本

在 Fama-French 三因子模型（1992）基础上，Carhart（1997）在模型中加入一年期收益的动量因子，构建出四因子模型。Carhart 四因子模型综合考虑了系统风险、账面市值比、市值规模和动量因素对投资组合业绩的影响，因其强大的解释力而得到国内外基金业界的广泛认可。例如，Cao、Simin 和 Wang（2013）等在分析相关问题时就使用了该模型。Carhart 四因子模型如下：

$$R_{i,t}-R_{f,t}=\alpha_i+\beta_{i,mkt}\times(R_{mkt,t}-R_{f,t})+\beta_{i,smb}\times SMB_t+\beta_{i,hml}\times HML_t+\beta_{i,mom}\times MOM_t+\varepsilon_{i,t}$$

(3.1)

其中，i 指第 i 只基金，$R_{i,t}-R_{f,t}$ 为 t 月基金 i 的超额收益率；$R_{mkt,t}-R_{f,t}$ 为 t 月大盘指数（万得全 A 指数）的超额收益率；$R_{f,t}$ 为 t 月无风险收益率；SMB_t 为规模因子，代表小盘股与大盘股之间的溢价，为 t 月小公司的收益率与大公司的收益率之差；

HML_t 为价值因子，代表价值股与成长股之间的溢价，为 t 月价值股（高账面市值比公司）与成长股（低账面市值比公司）收益率之差；MOM_t 为动量因子，代表过去一年内收益率最高的股票与收益率最低的股票之间的溢价，为过去一年（$t-1$ 个月到 $t-11$ 个月）收益率最高的 30% 的股票与过去一年（$t-1$ 个月到 $t-11$ 个月）收益率最低的 30% 的股票在 t 个月的收益率之差。我们用 A 股所有上市公司的数据自行计算规模因子、价值因子和动量因子。α_i 代表基金经理 i 因具有选股能力而给投资者带来的超额收益，它可以表示为：

$$\alpha_i \approx (\bar{R}_{i,t} - \bar{R}_{f,t}) - \hat{\beta}_{i,mkt} \times (\bar{R}_{mkt,t} - \bar{R}_{f,t}) - \hat{\beta}_{i,smb} \times \overline{SMB_t} - \hat{\beta}_{i,hml} \times \overline{HML_t} - \hat{\beta}_{i,mom} \times \overline{MOM_t} \tag{3.2}$$

具体来讲，当 α_i 显著大于零时，说明基金经理 i 为投资者带来了统计上显著的超额收益，表明基金经理 i 具有正向的选股能力；当 α_i 显著小于零时，说明基金经理 i 为投资者带来的是负的超额收益，表明基金经理 i 具有错误的选股能力；当 α_i 接近于零时，表明基金经理 i 没有明显的选股能力。

择时能力也可以给投资者带来超额收益。择时能力是指基金经理根据对市场的预测，主动改变基金的风险暴露以谋求更高收益的能力。如果基金经理预测未来市场会上涨，那么他会加大对高风险资产的投资比例；相反，如果他预测未来市场会下降，则会降低对高风险资产投资的比例。一些文献也对此问题进行了研究，如 Chen 和 Liang（2007）、Chen（2007）等。Treynor 和 Mazuy（1966）提出在传统的单因子 CAPM 模型中引入一个平方项，用来检验基金经理的择时能力。我们将 Treynor-Mazuy 模型里的平方项加入 Carhart 四因子模型中，构建出一个基于四因子模型的 Treynor-Mazuy 模型：

$$\begin{aligned} R_{i,t} - R_{f,t} = &\alpha_i + \beta_{i,mkt} \times (R_{mkt,t} - R_{f,t}) + \gamma_i \times (R_{mkt,t} - R_{f,t})^2 + \beta_{i,smb} \times SMB_t + \beta_{i,hml} \times HML_t \\ &+ \beta_{i,mom} \times MOM_t + \varepsilon_{i,t} \end{aligned} \tag{3.3}$$

其中，γ_i 代表基金经理 i 的择时能力，其他变量和式（3.1）中的定义一样。如果 γ_i 显著大于 0，说明基金经理 i 具有择时能力，具备择时能力的基金经理应当能随着市场的上涨（下跌）而提升（降低）其投资组合的系统风险。

我们使用基于 Carhart 四因子模型的 Treynor-Mazuy 四因子模型来评估基金经理的选股能力和择时能力。我们将全区间（2014~2020 年）划分为三个样本区间，分别为过去三年（2018~2020 年）、过去五年（2016~2020 年）和过去七年（2014~2020 年），并以万得全 A 指数作为基金业绩的比较对象。为避免因基金运行时间不一致对研究结果造成的影响，基金的历史业绩就要足够长，故而我们要求每只基金在各样本区间（三年、五年、七年）内都要有完整的复权净值数据。[①]

[①] 在后续的研究中，我们可能会根据具体情况对样本进行修改。

我们定义万得数据私募基金二级分类中的普通股票型、股票多空型、相对价值型和事件驱动型私募基金为股票型私募基金,研究对象没有包括债券型、宏观对冲型、混合型、QDII 型、货币市场型等非主要投资于国内股票市场的私募基金。由于分级基金在基金净值的统计上存在不统一的现象,我们在样本中排除了分级基金。如第二章所述,万得资讯在收集私募基金净值的时候,如果某个月它没有获取到某只基金的净值数据,则它会自动填充其上一个月的净值数据,因此会存在基金净值重复出现的情况。图 3-1 再次展示了 2003~2020 年期间股票型私募基金净值重复的比例。不难看出,2003~2020 年,基金净值重复率小于 10% 的基金占比为 90.7%,其他区间内股票型私募基金占比都很小。基金净值重复率过高通常是由数据收集问题所致,若将此类基金纳入样本会使分析结果不准确。因此,我们在样本中删除了在分析期间内净值重复率大于 10% 的基金。①

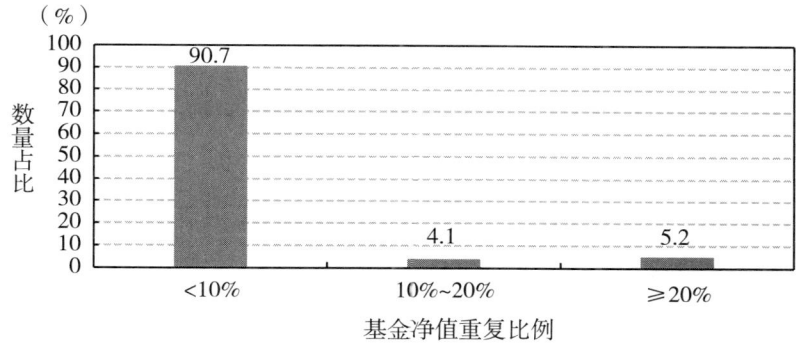

图 3-1 股票型私募基金净值重复率的分布:2003~2020 年

由于估计模型需要较长的时间序列数据,我们要求每只基金在分析的样本期间内都有完整的复权净值数据。我们主要使用基金近五年(2016~2020 年)的月度数据进行分析,在后面的分析中也会对比三年数据和七年数据的结果。表 3-1 展示了近三年、五年和七年股票型私募基金的样本分布,从中可见,近三年(2018~2020 年)、近五年(2016~2020 年)和近七年(2014~2020 年)的股票型私募基金的样本数分别为 1 096 只、534 只和 171 只。因为私募基金行业到目前为止基金经理的轮换不是很频繁,我们将一只基金与这只基金的基金经理同等对待,不考虑基金经理的更迭问题。我们用最小二乘法(OLS)估计基金经理的选股能力,模型中的选股能力 α 以月为单位。为方便解释其经济含义,后面汇报的 α 都为年化 α。

---

① 我们在 2021 年 2 月 5 日下载数据时,有极小部分基金净值未更新完全,因此在本步骤被删除,没有进入本书研究样本。

表 3-1　　　　　　　　不同分析区间内涵盖的样本数量　　　　　　　单位：只

基金策略	过去三年 （2018~2020 年）	过去五年 （2016~2020 年）	过去七年 （2014~2020 年）
普通股票型基金	1 026	486	158
股票多空型基金	27	23	4
相对价值型基金	41	23	8
事件驱动型基金	2	2	1
总计	1 096	534	171

注：股票型私募基金是指万得数据私募基金二级分类中普通股票型、股票多空型、相对价值型和事件驱动型私募基金的总称。

二、选股能力分析

表 3-2 展示了过去五年（2016~2020 年）股票型基金选股能力 α 的显著性的估计结果。图 3-2 给出了 534 只股票型基金 α 的 t 值（显著性）由大到小的排列。由于我们主要关心基金经理是否具有正确的选股能力，因此我们使用单边的假设检验，检验 α 是否为正，并且显著大于 0。据表 3-2 可知，在 5% 的显著性水平下，有 232 只基金的 α 呈正显著性，其 t 值大于 1.64，说明这 232 只基金（占比 43%）的基金经理表现出了显著的选股能力。有 291 只基金（占比为 55%）α 的 t 值是不显著的。同时我们还看到，有 11 只基金（占比 2%）的 α 为负显著，其 t 值小于 -1.64，说明这 11 只基金的基金经理具有明显错误的选股能力。总体来看，在过去五年内，有 43% 的基金经理具备选股能力，有近 60% 的基金经理不具备选股能力。

表 3-2　　　股票型私募基金的选股能力 α 显著性的估计结果：2016~2020 年

显著性	样本数量	数量占比（%）
正显著	232	43
不显著	291	55
负显著	11	2
总计	534	100

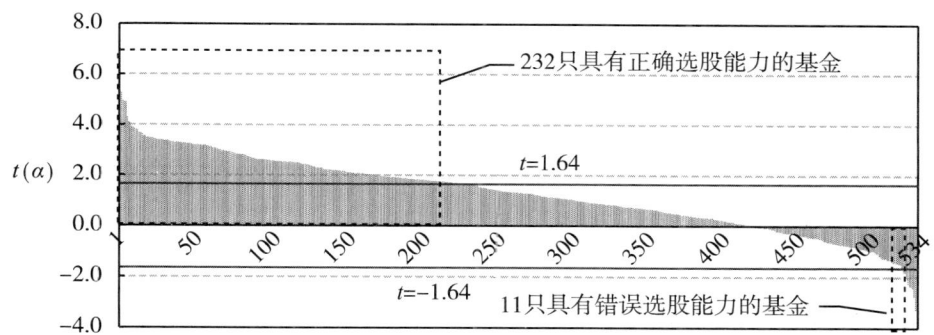

图 3-2　股票型私募基金的选股能力 α 的 t 值（显著性）排列：2016~2020 年

注：正确选股能力代表 $t(\alpha)>1.64$；错误选股能力代表 $t(\alpha)<-1.64$；未表现出选股能力代表 $-1.64 \leqslant t(\alpha) \leqslant 1.64$。基金具有选股能力是指基金表现出正确的选股能力，基金不具有选股能力代表基金表现出错误的或未表现出选股能力。

在分析选股能力时，我们除了需要考虑选股能力 α 的显著性来判断 α 值是否显著为零外，还需要观察 α 的大小。我们采用 Treynor-Mazuy 模型对拥有五年历史业绩的 534 只股票型私募基金的选股能力进行讨论。图 3-3 和表 3-3 展现的是 Treynor-Mazuy 四因子模型的回归结果。我们按照选股能力 α 把基金等分为 10 组。第 1 组为 α 最高的组，第 10 组为 α 最低的组。表 3-3 汇报的是每组基金的选股能力（年化 α）、择时能力（γ）、市场因子（β_{mkt}）、规模因子（β_{smb}）、价值因子（β_{hml}）、动量因子（β_{mom}）和反映模型拟合好坏的调整后 R^2 的平均值，按照每组基金选股能力（年化 α）由大到小展示。

从图 3-3 和表 3-3 可以看出，Treynor-Mazuy 四因子模型的年化 α 的变化范围为 -10%~25%，其中最后两组基金的平均选股能力皆为负数。还可以看出，无论年化 α 是高还是低，β_{mkt} 都在 0.50 上下浮动。各组基金的规模因子对应的敏感系数 β_{smb} 的变化范围为 -0.10~0.17，并且随着每组基金经理选股能力的降低，规模因子的风险暴露（β_{smb}）从第 1 组到第 10 组有一定增大的趋势，这说明基金经理所持小盘股或大盘股股票的仓位与其选股能力大致成反比例关系，那些具有较高年化 α 的基金往往重仓大盘股，而那些不具有选股能力的、年化 α 较低的基金往往重仓小盘股。各组基金的价值因子对立的敏感系数 β_{hml} 的变化范围为 -0.21~0.02，不同组别的基金对价值因子 β_{hml} 的风险暴露与选股能力间并没有明显规律，这说明各基金经理所持价值股和成长股的仓位与选股能力并无明显关系。各组基金的动量因子对应的敏感系数 β_{mom} 的变化范围为 0.01~0.13，不同组别的基金对动量因子 β_{mom} 的风险暴露与选股能力间没有明显规律，但有五组基金的动量因子 β_{mom} 大于 0.1，我们认为这些基金经理存在追涨杀跌的证据。最后，可以看到不同组别的基金用四因子模型的拟合优度在 46% 上下浮动，说明 Treynor-Mazuy 四因子模型可以解释私募基金超额收益率的方差的 46%。

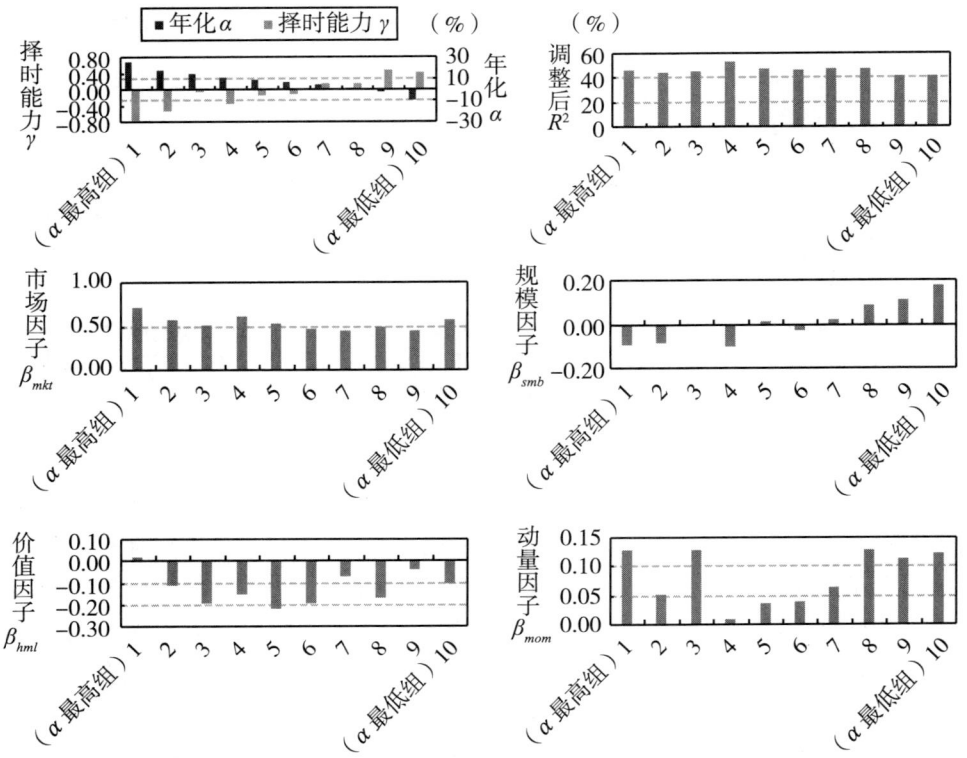

图 3-3 Treynor-Mazuy 四因子模型的回归结果（按选股能力年化 α 分组）：
2016~2020 年

表 3-3　　　　　　　Treynor-Mazuy 四因子模型的回归结果
（按选股能力年化 α 分组）：2016~2020 年

组别	年化 α（%）	γ	β_{mkt}	β_{smb}	β_{hml}	β_{mom}	调整后 R^2（%）
1（α 最高组）	25.38	-0.77	0.71	-0.09	0.02	0.13	46
2	17.75	-0.54	0.58	-0.09	-0.11	0.05	45
3	14.27	-0.06	0.52	0.00	-0.19	0.13	46
4	11.61	-0.36	0.61	-0.10	-0.15	0.01	53
5	9.10	-0.15	0.53	0.01	-0.21	0.04	47
6	6.60	-0.13	0.47	-0.03	-0.19	0.04	47
7	3.94	0.13	0.45	0.02	-0.07	0.06	48
8	1.37	0.16	0.48	0.08	-0.17	0.13	48
9	-2.37	0.48	0.44	0.11	-0.04	0.11	42
10（α 最低组）	-9.86	0.40	0.58	0.17	-0.10	0.12	42

注：此表汇报每组基金所对应的 α、γ、β_{mkt}、β_{smb}、β_{hml}、β_{mom} 和调整后 R^2 的平均值。

下面我们具体分析在过去五年中呈正显著选股能力的 232 只基金。表 3-4 展示了过去五年（2016~2020 年）在 Treynor-Mazuy 四因子模型中 α 为正显著的股票型基金的检验结果。我们同时也给出了这些基金在过去三年（2018~2020 年）的年化 α 及显著性检验结果。这些基金的近五年年化 α 在 2%~43% 之间，其中有 179 只基金在过去三年和过去五年中都表现出显著的选股能力，占 534 只基金的 34%。在本书的附录二中，我们给出过去五年（2016~2020 年）每只基金的选股能力、择时能力的估计值及对四个风险因子的风险暴露程度，供读者参考。

表 3-4　过去五年具有选股能力的股票型私募基金：2016~2020 年

编号	基金名称	过去五年 (2016~2020 年)		过去三年 (2018~2020 年)		过去三年、五年都具有选股能力
		α (%)	$t(\alpha)$	α (%)	$t(\alpha)$	
1	盘古 1 号	43.13	3.19	4.75	0.60	
2	东方点赞	38.38	3.21	44.74	3.22	√
3	璟恒 5 期	38.38	3.40	41.23	2.76	√
4	卓铸卓越 1 号	37.09	3.83	46.31	3.28	√
5	汉和资本—私募学院菁英 7 号	32.68	4.94	40.67	4.83	√
6	朴信 3 号	31.41	1.97	35.71	1.46	
7	景林创新成长	30.69	3.38	47.33	4.72	√
8	元达信资本—安易持兴国 2 号	28.73	3.19	30.38	2.16	√
9	鸿道创新改革	28.32	3.38	31.06	2.48	√
10	新里程超越梦想	27.93	1.82	86.65	4.03	√
11	林园	27.57	2.97	24.74	1.52	
12	同犇尊享 1 号	27.54	3.16	25.32	1.87	√
13	石锋笃行一号	26.31	3.17	31.77	2.61	√
14	东方先进制造优选	26.03	3.49	31.88	2.89	√
15	睿璞投资—睿洪 1 号	25.81	3.19	41.11	3.60	√
16	利得汉景 1 期	25.73	2.81	37.13	2.68	√
17	进化论复合策略 1 号	25.53	3.15	26.42	2.90	√
18	无量 1 期	25.48	2.82	28.91	2.10	√
19	坤德永盛 1 期	25.25	4.11	29.67	3.25	√
20	泰和长兴 1 期	24.99	4.06	27.91	3.12	√

续表

编号	基金名称	过去五年 （2016~2020年）		过去三年 （2018~2020年）		过去三年、 五年都具有 选股能力
		α（%）	$t(\alpha)$	α（%）	$t(\alpha)$	
21	景林价值B类	24.69	3.40	27.07	2.56	√
22	汉和恒聚	24.29	3.68	34.04	3.86	√
23	同望1期1号	24.17	3.51	31.30	3.42	√
24	盈阳22号	24.14	1.72	19.23	1.50	
25	果实长期成长1号	23.90	3.69	31.03	3.62	√
26	彤源7号（B）	23.63	3.47	31.71	3.37	√
27	鸿道创新改革尊享1号	23.46	3.15	26.48	2.28	√
28	东方消费服务优选	23.10	3.05	26.81	2.33	√
29	金广资产—鑫1号	23.09	3.02	18.77	1.63	
30	九霄投资稳健成长2号	22.90	2.95	20.75	2.21	√
31	格雷成长3号	22.76	2.45	34.51	2.48	√
32	康曼德003号	22.62	2.56	39.05	2.50	√
33	红筹平衡选择	22.42	3.20	26.33	2.31	√
34	榕树文明复兴3期	22.36	2.74	37.59	3.23	√
35	汉和资本1期	22.20	3.28	29.43	3.16	√
36	奕金安1期	21.99	3.41	24.15	2.82	√
37	璟恒1期	21.87	3.27	27.38	2.79	√
38	同犇1期	21.62	2.82	25.39	2.08	√
39	雅柏宝量化5号	21.62	3.09	14.17	2.31	√
40	彤源7号（A）	21.16	3.29	27.18	3.22	√
41	鼎萨价值成长	20.97	2.24	26.33	2.58	√
42	金蕴99期（谷寒长线回报）	20.88	3.57	11.99	1.52	
43	新思哲1期	20.84	2.70	34.92	3.10	√
44	远望角投资1期	20.66	3.27	30.40	3.12	√
45	恒天泰旸1期	20.62	3.28	30.79	3.21	√
46	同庆2期	20.50	3.33	28.00	3.20	√
47	万利富达	20.43	2.54	16.64	1.22	

续表

编号	基金名称	过去五年（2016~2020年）		过去三年（2018~2020年）		过去三年、五年都具有选股能力
		α（%）	t(α)	α（%）	t(α)	
48	私享-蓝筹1期	20.39	1.68	38.23	2.23	√
49	新思哲成长	20.17	2.60	40.73	3.92	√
50	景林丰收	20.03	3.09	28.09	2.95	√
51	浦慧系列1号	19.98	3.08	28.05	2.95	√
52	彤源6号	19.96	3.51	24.53	2.94	√
53	91金融东方港湾价值1号	19.92	2.00	26.13	1.65	√
54	高信百诺1期	19.17	3.31	17.40	2.20	√
55	利檀3期	19.14	3.44	18.47	2.58	√
56	泓澄投资	19.13	3.48	27.42	4.83	√
57	红筹1号	18.97	2.53	27.57	2.44	√
58	溪牛长期回报	18.91	2.06	31.89	2.35	√
59	东方港湾3号	18.88	1.89	26.78	1.76	√
60	宽远价值成长2期	18.85	3.57	22.82	3.10	√
61	宽远沪港深精选	18.76	3.41	21.80	2.74	√
62	少数派7号	18.67	2.58	28.64	2.53	√
63	星石10期	18.64	1.93	10.89	0.72	
64	汇谷舒心1号	18.57	1.88	20.28	1.52	
65	金蕴90期（相生）	18.50	2.55	28.78	2.60	√
66	大朴多维度6号	18.43	3.88	32.38	4.35	√
67	相聚芒格1期	18.45	3.20	26.84	3.24	√
68	广金成长3期	18.44	3.21	23.77	2.69	√
69	宝源胜知1号	18.40	2.18	25.63	1.81	√
70	海洋之星1号	18.38	3.45	13.97	1.93	√
71	投资精英之景林（A类）	18.22	2.60	26.71	3.02	√
72	清和泉成长2期	18.20	2.41	25.75	2.32	√
73	勤远动态平衡1号	18.15	2.83	20.53	1.86	√
74	果实资本仁心回报1号	18.02	2.41	31.79	3.37	√

续表

编号	基金名称	过去五年（2016~2020年）		过去三年（2018~2020年）		过去三年、五年都具有选股能力
		α（%）	t（α）	α（%）	t（α）	
75	淞银财富—清和泉优选1期	17.99	2.55	25.58	2.42	√
76	五岳归来量化贝塔	17.95	4.29	16.29	3.18	√
77	少数派5号	17.86	2.85	29.11	3.08	√
78	少数派8号	17.85	2.53	31.47	2.87	√
79	东方医疗平衡1期	17.68	2.17	22.08	1.81	√
80	远望角容远1号	17.53	2.80	28.55	3.19	√
81	执耳医药	17.46	2.53	23.46	2.34	√
82	泓澄尊享A期	17.44	3.89	20.19	3.94	√
83	融通资本汉景港湾2号	17.42	1.84	23.92	1.61	
84	泓澄锐进52期	17.33	3.80	20.19	3.94	√
85	天弓2号	17.25	1.83	19.03	1.42	
86	明达	17.19	2.58	23.59	2.25	√
87	鸿道国企改革	17.17	1.97	30.54	2.21	√
88	深积稳健成长1期	17.03	3.38	18.14	2.48	√
89	民森E号	16.92	2.85	26.74	2.85	√
90	私募工场18期第5期（深积稳健成长1号）	16.80	3.34	18.15	2.49	√
91	易同精选3期	16.63	3.22	24.63	3.18	√
92	中环港沪深对冲	16.57	2.18	37.88	3.62	√
93	金舆财富之车1号	16.55	1.75	14.12	0.98	
94	幻方鼎立01号	16.53	2.02	32.48	2.15	√
95	融通资本盈冠东方汉景1号	16.48	1.80	23.61	1.74	√
96	鸿道4期	16.46	1.67	22.77	1.42	
97	千合紫荆1号	16.37	2.30	4.98	0.61	
98	榕树陈氏	16.33	1.93	22.46	1.76	√
99	源乐晟策略创新1期	16.30	2.55	28.06	2.81	√
100	尚雅6期	16.22	1.69	11.13	0.79	

续表

编号	基金名称	过去五年（2016~2020年）		过去三年（2018~2020年）		过去三年、五年都具有选股能力
		α（%）	t（α）	α（%）	t（α）	
101	金舆宏观配置1号	16.07	1.88	12.30	1.18	
102	平石2n对冲基金	16.02	3.31	9.06	1.66	√
103	望正1号	16.00	1.89	-1.62	-0.12	
104	进化论稳进2号	15.70	1.91	19.55	1.70	√
105	紫晶1号	15.61	3.26	17.54	2.23	√
106	幻方志远01号	15.60	2.92	14.71	1.52	
107	国润一期	15.40	2.03	23.47	1.74	√
108	乐晟精选	15.23	2.30	19.57	1.98	√
109	投资精英（朱雀A）	15.15	2.88	14.73	1.83	√
110	兴聚财富1号	14.93	2.96	19.37	2.74	√
111	阳光宝1号	14.83	2.53	17.31	2.57	√
112	宁聚满天星	14.80	2.20	13.44	2.29	√
113	仙童1期	14.77	2.07	15.95	1.53	
114	易同优选	14.73	1.70	10.15	0.69	
115	盈阳19号	14.72	1.72	1.24	0.09	
116	展弘稳进1号	14.68	7.03	11.04	8.29	√
117	华夏养老金玉良辰	14.60	2.50	23.58	2.89	√
118	民森A号	14.58	2.12	21.37	1.92	√
119	望正鹏辉	14.56	1.70	-2.07	-0.15	
120	正则1期	14.55	3.31	16.14	2.08	√
121	智诚2期	14.25	1.83	31.89	2.51	√
122	盈阳15号	14.22	1.95	21.35	1.61	
123	涌鑫2号	14.05	1.99	23.77	1.82	√
124	康曼德106号	14.05	2.04	17.60	1.62	
125	朱雀10期	14.03	3.35	16.37	2.35	√
126	进化论FOF1号	14.02	2.08	16.65	2.13	√
127	私募工场丰收1号	14.01	2.17	20.62	1.84	√
128	长青藤3期	13.89	1.78	13.73	1.06	

续表

编号	基金名称	过去五年（2016~2020年）		过去三年（2018~2020年）		过去三年、五年都具有选股能力
		α（%）	t（α）	α（%）	t（α）	
129	智德持续增长	13.79	3.01	11.50	1.88	√
130	丰岭远航母基金	13.78	2.37	21.14	2.99	√
131	双隆—隆腾1号	13.72	2.50	21.03	2.79	√
132	晨燕2号	13.69	2.10	24.29	2.08	√
133	浦来德天天开心对冲1号	13.66	2.96	15.84	3.34	√
134	鸿道2期	13.65	1.84	27.43	2.30	√
135	资瑞兴1号	13.63	2.10	18.15	2.33	√
136	清和泉金牛山4期	13.58	1.85	24.00	2.18	√
137	幻方恒光01号	13.48	4.98	12.15	2.70	√
138	乐道成长优选1号A期	13.45	2.53	22.45	3.79	√
139	康曼德101A	13.29	1.69	14.00	1.12	
140	鸿道3期	13.26	1.75	24.94	1.95	√
141	观富价值1号	13.23	2.63	16.70	2.30	√
142	昭图2期	13.19	2.22	26.85	2.86	√
143	果实资本精英汇2号	13.16	3.25	23.38	4.58	√
144	富恩德1期	13.14	2.43	9.39	1.33	
145	鼎锋成长1期C号	13.14	1.78	27.82	2.42	√
146	幻方之江01号	13.02	2.44	13.94	1.36	
147	投资精英（星石A）	12.92	2.84	16.56	2.44	√
148	朴石1期	12.84	1.67	18.85	1.61	
149	拾贝锐进51期	12.80	3.26	15.59	3.29	√
150	明河成长2号	12.78	2.09	21.20	2.45	√
151	天勤1号	12.76	1.75	28.13	2.29	√
152	淡水泉2008	12.75	2.49	14.99	2.80	√
153	新方程清和泉1期	12.74	1.67	22.29	1.87	√
154	榜样多策略对冲	12.55	2.30	22.68	2.62	√
155	智德1期	12.50	2.53	14.83	2.33	√
156	米答资产管理1号	12.50	2.30	20.80	2.64	√

续表

编号	基金名称	过去五年 (2016~2020年)		过去三年 (2018~2020年)		过去三年、五年都具有选股能力
		α(%)	t(α)	α(%)	t(α)	
157	拾贝1号	12.27	1.90	16.99	2.24	√
158	渤源沣杨价值成长	12.25	3.21	13.77	2.43	√
159	道谊红杨	12.20	1.71	18.01	1.58	
160	兴聚财富3号	12.12	2.89	12.74	2.19	√
161	凤翔多利	11.96	2.16	2.96	0.51	
162	宁聚量化精选	11.82	2.97	12.09	2.68	√
163	久富1期	11.74	1.94	13.45	1.42	
164	明达6期	11.74	1.98	12.24	1.54	
165	弘尚资产中国机遇策略配置1号	11.64	2.08	24.85	3.66	√
166	卓越理财1号	11.51	3.64	15.14	3.19	√
167	睿远景泰复利回报第7期	11.50	2.64	7.99	1.51	
168	神农医药A—阿司匹林	11.50	1.77	15.17	1.49	
169	锐进41期	11.46	2.61	14.80	2.71	√
170	果实资本精英汇4A号	11.41	2.63	22.60	3.80	√
171	金蕴25期(淡水泉)	11.31	2.67	13.46	2.42	
172	智德精选5期	11.25	2.77	8.54	1.54	
173	彼立弗复利1期	11.22	2.63	21.54	3.57	√
174	华夏养老新动力1号	11.16	2.22	19.58	2.86	√
175	双隆稳盈1号	11.00	2.08	18.51	2.12	√
176	西藏隆源对冲1号	10.97	2.23	14.48	2.73	√
177	德丰华1期	10.94	2.35	9.54	1.80	√
178	弘酬永泰	10.86	2.63	15.37	3.14	√
179	悟空对冲量化5期	10.64	1.97	9.10	1.47	
180	润晖稳健增值	10.63	2.94	14.03	3.04	√
181	民生信托聚利1期	10.55	1.84	12.46	1.35	
182	金太阳—果实资本精英汇1号	10.40	2.57	21.65	4.19	√
183	投资精英(淡水泉A)	10.37	2.55	11.73	2.27	√
184	珺容5期	10.35	2.44	15.19	2.18	√

续表

编号	基金名称	过去五年（2016~2020年）		过去三年（2018~2020年）		过去三年、五年都具有选股能力
		α（%）	t（α）	α（%）	t（α）	
185	招商汇智之凤翔1号	10.32	1.93	3.42	0.56	
186	丰岭稳健成长1期	10.21	1.85	16.34	2.38	√
187	幻方欣荣01号	10.07	2.69	0.96	0.16	
188	锐进16期中欧瑞博尊享A期	9.76	2.24	15.40	2.51	√
189	观富策略1号	9.75	1.94	12.97	1.73	√
190	中国龙进取	9.72	2.46	15.57	2.72	√
191	惠正精选	9.70	1.80	16.27	2.18	√
192	大朴策略1号	9.70	2.34	19.13	3.23	
193	沣杨锦绣	9.67	2.32	15.20	2.59	√
194	七曜中信证券领奕1号	9.60	1.81	17.13	2.46	
195	景泰复利回报1期（国投）	9.52	2.09	5.75	1.11	
196	旭鑫价值成长1期	9.48	1.84	9.88	1.18	
197	中欧瑞博1期	9.41	1.74	20.27	3.43	√
198	观富丰悦	9.32	1.78	5.05	0.68	
199	新同方	9.31	1.73	17.82	2.09	√
200	保银中国价值	9.22	3.41	7.94	1.88	√
201	黑森6号	9.22	2.06	2.30	0.36	
202	逸杉1期	9.05	1.74	6.45	0.97	
203	凡宇证券A股1号	8.99	2.00	9.03	1.25	
204	悟空对冲量化4期	8.60	1.81	7.85	1.07	
205	华宝兴业—锐锋量化1号	8.60	1.85	14.82	2.19	√
206	弘酬集结号FOF	8.59	2.19	15.29	2.22	√
207	衍航1号	8.16	2.03	6.19	1.09	
208	观富价值1号—2	8.13	1.70	9.81	1.37	
209	毅木资产海阔天空1号	7.86	2.21	12.04	2.33	√
210	光大基金宝—均衡价值	7.63	2.17	15.44	4.12	√
211	朱雀20期之慧选10号	7.52	2.03	0.91	0.20	
212	诚盛2期	7.51	2.08	11.82	2.39	√

续表

编号	基金名称	过去五年（2016~2020年）		过去三年（2018~2020年）		过去三年、五年都具有选股能力
		α（%）	$t(\alpha)$	α（%）	$t(\alpha)$	
213	巨杉银信宝10期	7.50	2.21	12.75	2.19	√
214	兴聚1期	7.33	2.53	9.57	2.16	√
215	世诚投资6号	7.29	1.88	11.54	2.33	√
216	大朴进取1期	7.29	1.94	15.05	2.96	√
217	金锝5号	7.26	5.30	10.78	5.50	√
218	金锝量化	6.81	3.33	12.73	4.63	√
219	金锝6号	6.75	4.92	9.48	4.88	√
220	诚盛1期	6.71	2.07	9.61	2.26	√
221	TOP30对冲母基金1号	6.16	1.93	9.28	1.78	√
222	安进13期壹心1号	5.66	2.49	7.34	2.15	√
223	中国龙平衡对冲增强	5.42	1.91	7.99	1.86	√
224	弘酬开元	5.09	2.20	6.23	1.52	
225	申毅多策略量化套利3号	4.98	2.63	9.44	3.05	√
226	红宝石安心进取H—1003	4.84	1.78	8.04	1.91	√
227	珠池量化稳健投资母基金1号	4.45	3.30	4.46	2.14	√
228	资舟观复	4.34	3.93	1.42	1.04	
229	永兴量化对冲2号	3.76	2.73	4.87	2.78	√
230	稳进8期宽德对冲	3.67	1.75	-0.05	-0.02	
231	稳进5期博普对冲尊享C期	3.25	1.83	7.03	2.60	√
232	坤元TOT	1.91	2.61	3.31	6.26	√

我们选取"东方点赞"基金作为研究对象，分析其基金经理在近五年中的选股能力（见表3-5和图3-4）。"东方点赞"基金成立于2015年8月3日。从历史业绩来看，该基金自成立以来表现十分优秀。从表3-5和图3-4可以看出，该基金近五年累计收益为569%，远超万得全A指数的累计收益（10%），五年（2016~2020年）年化α高达38%。从长期表现来看，该基金的业绩表现也非常不错。在2016年的熊市中，万得全A指数下挫13%，而该基金逆市大涨22%。2017年股市跌宕起伏，万得全A指数仅上涨5%，而该基金取得了88%的巨幅收益。再如，2018年下半年，人民币持续贬值、股市资金紧缺，指数单边下跌，众多个股股价

持续下跌，不少公司大股东面临股权质押且有跌破平仓线的风险，市场上几乎是"无股不压"的状态，但该基金在2018年仍旧上涨了2%。在2019年和2020年两年，该基金净值依然保持极高的增速，涨幅再次远超大盘指数，取得了丰厚的回报，基金经理的选股能力得以体现。作为一位追求长期回报的基金经理，"东方点赞"基金的基金经理陈忠通过对个股基本面的深刻理解以及对标的公司细致的调研工作，获得了较高的超额收益。总体来看，通过该基金的投资收益表现足可看出，该基金在不同市场风格下均表现稳健优秀，该基金经理拥有自成一体的独到投资体系，投资管理水平十分优异，选股能力很强。

表3-5　　　　　"东方点赞"基金净值年度涨幅与阶段涨幅　　　　单位：%

名称	2016年度	2017年度	2018年度	2019年度	2020年度	近五年（2016~2020年）
东方点赞	22	88	2	57	81	569
万得全A指数	-13	5	-28	33	26	10

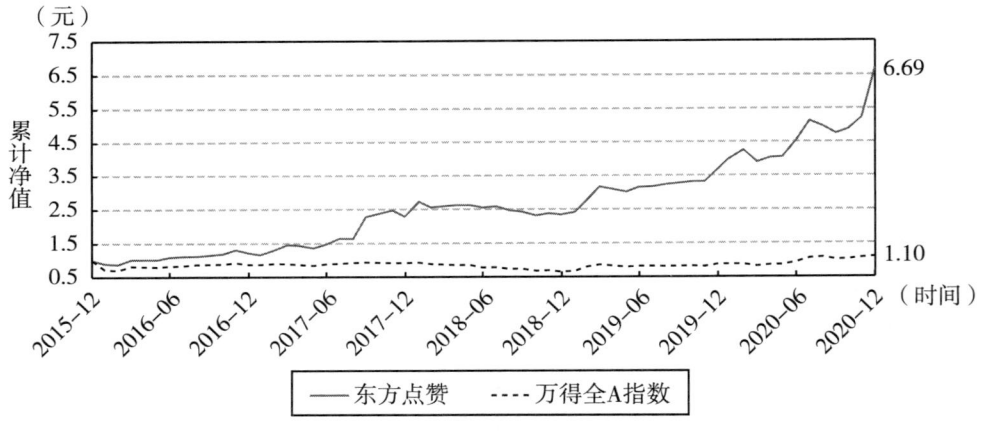

图3-4　"东方点赞"基金的累计净值：2016~2020年

虽然"东方点赞"基金没有公开其持仓数据，但其基金经理陈忠曾于2014年9月30日至2015年3月28日期间在中海基金管理过"中海能源策略"公募基金，在总共的两季度任职期间内，陈忠的任职回报高达44%，年化回报为109%。通过分析"中海能源策略"基金的2014年年度报告和2015年第一季度报告，我们能够对陈忠的持股风格有较为直观的理解。首先，陈忠的重仓股不存在明显的行业偏配，房地产、非银金融、计算机、有色金属等板块都有涉猎，展现了陈忠对周期型、成长型、价值型等不同股性股票策略的熟练应用；其次，陈忠任期内的高回报并不依赖于少数几只股票，2014年年度报告中的前十大重仓股只有两只出现在2015年第一季度报告中，说明陈忠的调仓十分彻底，对自身的选股能力极为自信，其选中的重仓股在持有期间的回报均十分惊人，大部分重仓股单季度收割了50%

以上的收益率，如2015年第一季度三六五网、腾邦国际、海信视像、豆神教育四只重仓股的单季度收益率超过了100%。"奔私"后的陈忠必然将其优秀的选股能力带入"东方点赞"，从而获取穿越牛熊的优秀业绩。

我们再选取"景林创新成长"基金作为研究对象，分析其基金经理在近五年中的选股能力（见表3-6和图3-5）。具体来看，该基金近五年涨幅为390%，万得全A指数同期上涨10%，这只基金的业绩远远超过了大盘指数，五年（2016~2020年）年化α高达31%。在这五年中，该基金涨势最好的是2017年、2019年和2020年。2017年第二季度，股市出现了巨幅下跌，下半年虽有所反弹，全年万得全A指数仅上涨5%，但该基金却获得了108%的收益，实现了翻倍，超过大盘指数103个百分点。2019年，该基金实现了巨幅上涨（60%），超过万得全A指数27个百分点。此外，该基金在2020年再创佳绩（74%），其上涨幅度远高于指数（26%）。综上所述，2016~2020年，"景林创新成长"基金通过对个股选择的整体把控，在近五年获得了杰出的业绩，并充分体现了该基金经理的选股能力。"景林创新成长"基金经理高云程信奉价值投资，擅长逆向投资，即在优质公司处于逆境之中时大举低价买入，以获取长期收益。例如，"景林创新成长"在贵州茅台为市场抛弃、股价跌至120元时大量买入，且此后坚持持有，这为该基金贡献了十分可观的回报。高云程公开表示自己很少做择时，而是把精力集中于寻找穿越牛熊的优质上市公司并深入进行调研，"投资一个时代中的伟大公司"。

表3-6　　　　"景林创新成长"基金净值年度涨幅与阶段涨幅　　　　单位：%

名称	2016年度	2017年度	2018年度	2019年度	2020年度	近五年（2016~2020年）
景林创新成长	11	108	-24	60	74	390
万得全A指数	-13	5	-28	33	26	10

图3-5　"景林创新成长"基金的累计净值：2016~2020年

三、择时能力分析

对于具有五年历史业绩的基金，表3-7展示了基金经理们择时能力的估计结果。图3-6展示了采用Treynor-Mazuy模型估计出来的534只股票型基金择时能力γ的t值。由于我们主要关心基金经理是否具有正的择时能力，因此我们使用单边假设检验。在5%的显著性水平下，有54只基金（占比10%）的γ为正显著，其t值大于1.64，说明这54只基金的基金经理表现出了显著的择时能力。有415只（占比78%）的基金经理没有显著的择时能力。我们还看到，有65只基金（占比12%）的γ为负显著，其t值小于-1.64，说明这65只基金的基金经理具有明显错误的择时能力。总体来看，在过去五年（2016~2020年），我国股票型私募基金的基金经理中，只有10%的基金经理在2016~2020年样本期内展现出择时能力。

表3-7　股票型私募基金的择时能力γ显著性的估计结果：2016~2020年

显著性	样本数量（只）	数量占比（%）
正显著	54	10
不显著	415	78
负显著	65	12
总计	534	100

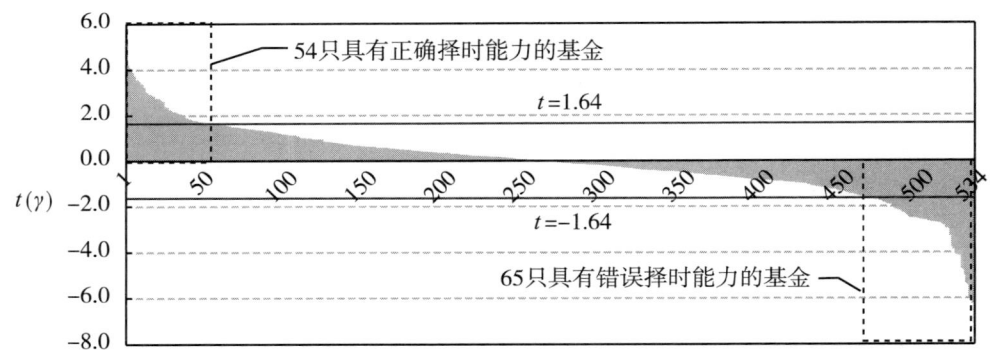

图3-6　股票型私募基金的择时能力γ的t值（显著性）排列：2016~2020年

注：正确择时能力代表$t(\gamma)>1.64$；错误择时能力代表$t(\gamma)<-1.64$；未表现出择时能力代表$-1.64\leq t(\gamma)\leq 1.64$。基金具有择时能力是指基金表现出正确的择时能力，基金不具有择时能力代表基金表现出错误的或未表现出择时能力。

我们采用Treynor-Mazuy模型对五年样本（2016~2020年）中的每只基金的择

时能力进行回归分析。图 3-7 和表 3-8 展现的是 Treynor-Mazuy 四因子模型的回归结果。我们按照基金的择时能力 γ 把基金等分为 10 组。第 1 组为 γ 最高的组，第 10 组为 γ 最低的组。其中，表 3-8 汇报的是每一组基金所对应的择时能力（γ）、选股能力（α）、市场因子（β_{mkt}）、规模因子（β_{smb}）、价值因子（β_{hml}）、动量因子（β_{mom}）和调整后 R^2 的平均值。

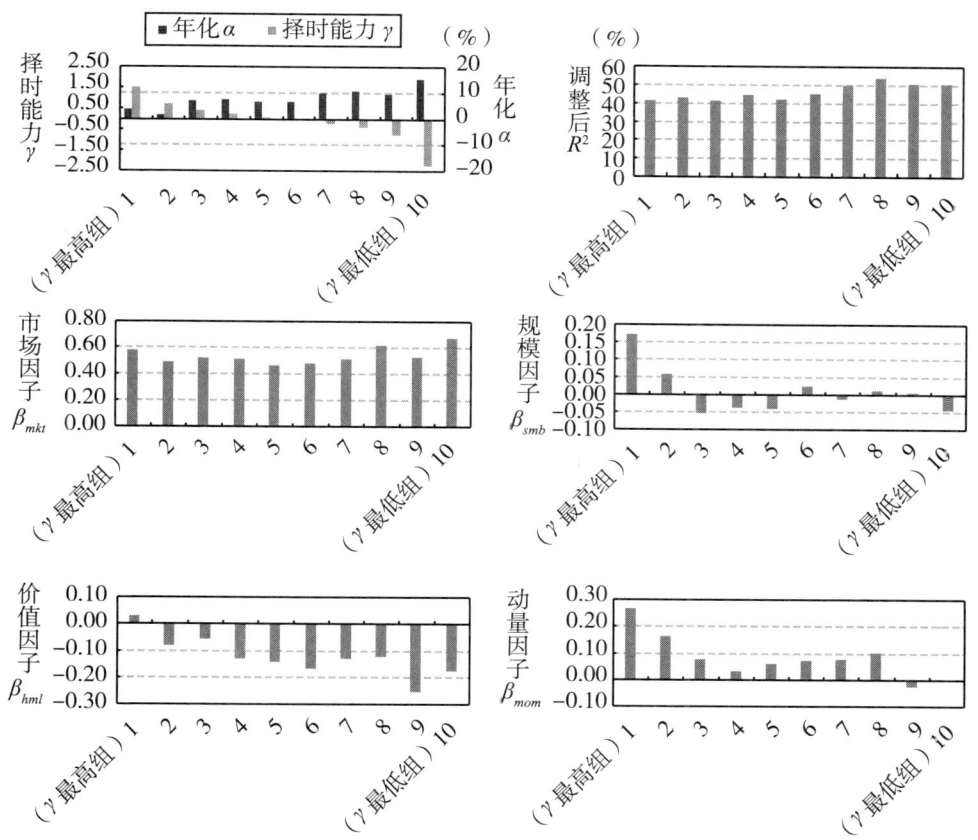

图 3-7　Treynor-Mazuy 四因子模型的回归结果（按择时能力 γ 分组）：2016~2020 年

表 3-8　Treynor-Mazuy 四因子模型的回归结果（按择时能力 γ 分组）：2016~2020 年

组别	γ	年化 α（%）	β_{mkt}	β_{smb}	β_{hml}	β_{mom}	调整后 R^2（%）
1（γ 最高组）	1.49	3.60	0.58	0.17	0.03	0.27	41
2	0.71	1.54	0.49	0.06	-0.08	0.17	43
3	0.41	6.79	0.52	-0.05	-0.05	0.08	41
4	0.21	7.29	0.51	-0.04	-0.13	0.03	44

续表

组别	γ	年化 α（%）	β_{mkt}	β_{smb}	β_{hml}	β_{mom}	调整后 R^2（%）
5	0.06	6.53	0.46	-0.04	-0.14	0.06	42
6	-0.09	6.66	0.48	0.02	-0.17	0.07	45
7	-0.24	10.03	0.51	-0.01	-0.13	0.08	50
8	-0.42	10.76	0.62	0.01	-0.12	0.10	54
9	-0.77	9.48	0.53	0.00	-0.25	-0.03	51
10（γ 最低组）	-2.21	15.33	0.68	-0.04	-0.18	0.00	51

注：此表汇报每一组基金对应的 γ、α、β_{mkt}、β_{smb}、β_{hml}、β_{mom} 和调整后 R^2 的平均值。

从图 3-7 和表 3-8 可以看出，择时能力 γ 在 -2.21~1.49，择时能力与选股能力之间呈现一定的负相关性。也就是说，那些具有择时能力的基金经理往往不具有选股能力，而具有选股能力的基金经理却不具有择时能力。此外，无论 γ 是高还是低，各组基金的 β_{mkt} 都在 0.54 上下变动，这意味着股票型基金对大盘指数的风险暴露较高。各组的规模因子对应的敏感系数 β_{smb} 在 -0.05~0.17，随着每组基金经理择时能力的减小，β_{smb} 组别间的数值并无明显的变化规律，这说明基金经理所持小盘股或大盘股股票的仓位与其择时能力并无明显关系。不同组别的基金对价值因子 β_{hml} 的风险暴露不存在明显的规律性，这说明基金经理所持成长股或价值股股票的仓位与其择时能力不存在明显关系。我们还发现，每组基金的动量因子对应的敏感系数 β_{mom} 与择时能力大致呈正比例关系，β_{mom} 的变化范围在 -0.03~0.27，说明择时能力强的基金经理存在较明显的追涨杀跌的证据，而择时能力弱的基金经理追涨杀跌的证据较不明显。最后，我们来观察反映 Treynor-Mazuy 模型拟合好坏的调整后 R^2 的变化情况。整体来看，从第 1 组基金到第 10 组基金的调整后 R^2 并没有一个明显的趋势。平均而言，Treynor-Mazuy 模型可以解释私募基金超额收益的方差的 46%。

我们主要关心具有正确择时能力的基金，换言之就是择时能力（γ）呈现正显著性的基金。在单边 T 检验中，如果基金 i 的择时能力指标 γ 所对应的 t 值大于 1.64，则代表该基金具有显著正确的择时能力。表 3-9 展示了在过去五年（2016~2020 年）Treynor-Mazuy 模型中 γ 为正显著（具有择时能力）的 54 只基金的检验结果。我们同时也给出了这些基金在过去三年（2018~2020 年）的择时能力及显著性检验结果。可以发现，有 12 只基金在过去三年和过去五年都表现出了显著的择时能力，占 534 只基金的 2%。附录二中，我们列示出过去五年（2016~2020 年）中股票型私募基金经理选股能力、择时能力的相关统计结果，供读者朋友们查阅。

表 3-9　在过去五年具有择时能力的股票型私募基金：2016~2020 年

编号	基金名称	过去五年（2016~2020 年）		过去三年（2018~2020 年）		过去三年、五年都具有择时能力
		γ	$t(\gamma)$	γ	$t(\gamma)$	
1	鹤骑鹰奇异指数	2.43	5.07	-1.20	-1.51	
2	谦璞多策略进取 1 号	2.88	4.20	1.62	1.17	
3	鑫兰瑞	2.44	4.08	4.27	2.68	√
4	中睿合银策略精选 1 号	2.45	3.93	3.56	2.11	√
5	中睿合银弈势 1 号	2.07	3.89	5.03	3.64	√
6	幻方恒光 01 号	0.79	3.73	1.11	1.82	√
7	金田龙盛	2.49	3.58	-0.07	-0.05	
8	龙全进取 1 期	1.90	3.58	-0.91	-0.79	
9	泛涵康元 1 号	0.42	3.48	1.16	4.57	√
10	幻方印月 01 号	1.14	3.39	-0.58	-0.69	
11	幻方钱海 01 号	2.57	3.37	4.12	1.75	√
12	兆信 1 期	1.29	3.24	2.66	2.73	√
13	昭时新三板 A	1.98	3.02	1.59	0.96	
14	金狮 154 号	0.78	3.00	0.60	0.74	
15	颢瀚稳健 1 期	0.78	2.94	0.08	0.11	
16	双隆—隆腾 1 号	1.25	2.92	-1.94	-1.90	
17	巴克夏月月利 1 号	3.32	2.88	0.71	0.32	
18	神州牧 1 号	1.92	2.85	3.21	1.95	√
19	德睿恒丰 1 号	2.04	2.77	-3.71	-2.08	
20	若愚量化配置 1 期	1.87	2.76	-1.05	-0.55	
21	幻方志远 01 号	1.15	2.75	2.07	1.58	
22	颢瀚稳健 3 期	0.73	2.71	0.30	0.39	
23	笃道 1 期	0.91	2.66	0.10	0.13	
24	细水醍醐	1.88	2.64	0.63	0.31	
25	汇信惠正 1 号	1.34	2.40	1.03	0.69	
26	私募工场 19 期第 7 期（红角 1 号）	1.42	2.38	-2.19	-1.45	
27	金晟 5 号	3.25	2.36	13.74	3.91	√

续表

编号	基金名称	过去五年（2016~2020年）		过去三年（2018~2020年）		过去三年、五年都具有择时能力
		γ	$t(\gamma)$	γ	$t(\gamma)$	
28	中睿合银策略优选1号	0.96	2.27	0.92	0.68	
29	博识众彩TOF投资	0.59	2.26	-0.24	-0.39	
30	京福1号	1.19	2.18	0.74	0.46	
31	信复创值5号	1.22	2.17	-1.53	-1.03	
32	大成创新资本灵活配置1期	0.87	2.16	-0.17	-0.15	
33	炳富1号（华宝）	0.80	2.11	2.70	4.27	√
34	航长常春藤	1.10	2.08	3.80	2.62	√
35	泽泉景渤财富	1.52	2.07	-1.49	-0.86	
36	金百镕1期	1.21	2.00	-3.57	-2.37	
37	红宝石安心进取H—1003	0.42	1.97	0.41	0.71	
38	金锝5号	0.21	1.91	0.34	1.30	
39	对冲精英之民森1期A类	0.67	1.88	-1.23	-1.34	
40	工银量化恒盛精选	0.19	1.85	-0.16	-0.52	
41	旭为东沣1号	0.86	1.84	-1.01	-0.88	
42	陆宝成全浮石新三板	0.76	1.81	-0.82	-0.65	
43	华鑫279号	1.01	1.78	2.36	1.72	√
44	诚盛2期	0.50	1.78	-0.58	-0.86	
45	资瑞兴1号	0.90	1.77	-0.77	-0.73	
46	浅湖达尔文2号	1.79	1.73	-2.77	-0.93	
47	拾贝1号	0.87	1.73	-0.76	-0.75	
48	冰剑1号	0.68	1.73	-0.14	-0.14	
49	涌鑫3号	0.94	1.69	1.32	0.79	
50	融通3号	2.09	1.69	0.84	0.25	
51	睿璞投资—睿洪1号	1.06	1.68	-2.82	-1.83	
52	慧安1号	0.68	1.67	1.27	1.22	
53	森林湖1号	1.03	1.66	-1.32	-0.87	
54	幻方鼎立01号	1.06	1.65	-1.76	-0.86	

我们选取"鑫兰瑞"基金，对其基金经理的择时能力作出分析（见表3-10、图3-8）。从表3-10可以看出，2016~2020年，万得全A指数的累计收益率为10%，而"鑫兰瑞"基金的累计收益率为69%；在2016年的熊市，万得全A指数下跌13%，但该基金全年仅亏损7%；2018年A股市场遭遇股灾，万得全A指数暴跌28个百分点，而该基金仅仅下跌17个百分点；而在2019年和2020年大盘指数上涨时，该基金则展现了和市场大势较强的同步性，获取了稳健的业绩。综合来看，在2016年初和2018年全年市场下跌时，该基金净值曲线几乎保持水平，展现了强大的抗跌能力；而在2020年市场总体走势较好时，该基金经理明显提高了投资组合对大盘指数的风险暴露，跑赢了大盘50个百分点。从这一例子可以看出，基金经理的择时能力使基金不但可以抓住股市上涨的机会提升基金的业绩，而且在市场急剧下跌的阶段，基金经理可以通过对市场的预期及时调整基金仓位，从而减少亏损。可见，当市场出现大起大落的剧烈波动时，更容易体现出基金经理的择时能力。

表3-10　　　　"鑫兰瑞"基金净值年度涨幅与阶段涨幅　　　　单位：%

名称	2016年度	2017年度	2018年度	2019年度	2020年度	近五年（2016~2020年）
鑫兰瑞	-7	-5	-17	32	76	69
万得全A指数	-13	5	-28	33	26	10

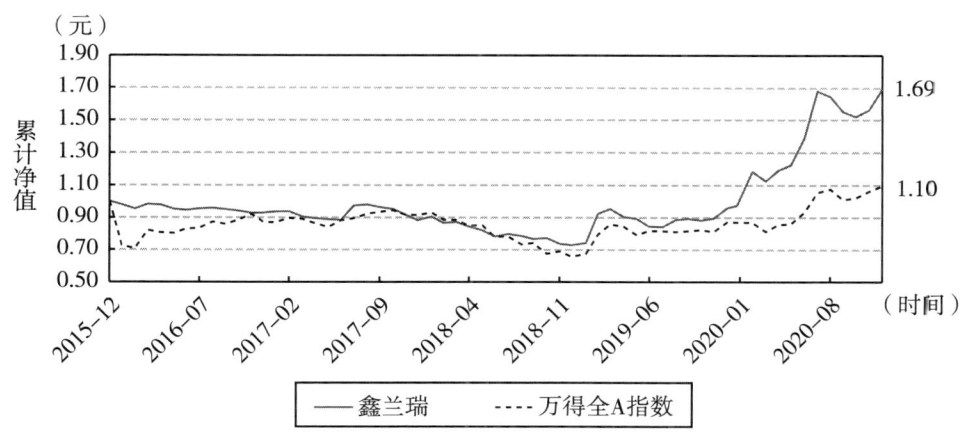

图3-8　"鑫兰瑞"基金的累计净值：2016~2020年

四、稳健性检验

在之前的关于基金经理选股和择时能力的研究中，我们所用的样本为2016~

2020年的五年样本。那么当分析的样本时间加长或缩短时，我们所得出的相关结论是否会发生变化？即当样本所选取的时间不同时，对于基金经理的选股能力和择时能力的结论是否有影响？如果有影响，这种影响是由于不同样本时间内基金之间的差异所带来的，还是由于相同基金所处的市场环境的不同所带来的？为了回答上述问题，我们使用三年样本（2018~2020年）和七年样本（2014~2020年）来对基金经理的选股能力和择时能力进行稳健性检验，并将分析结果与之前的五年样本（2016~2020年）的结果进行对比，从而判断样本时间选取的不同是否会影响基金经理的选股能力和择时能力。在三年和七年的样本中，我们同样要求每只基金有完整的净值数据。各样本区间内包含的样本数量具体见表3-1。时间跨度较长的样本区间内的基金与时间跨度较短的样本区间内的基金是部分重合的。例如，三年样本中的基金个数为1096只，五年样本中的基金个数为534只，七年样本中基金个数为171只，七年样本的171只基金都在三年和五年样本中，五年样本的534只基金也都在三年样本中。

图3-9展示了在2014~2020年间，不同时间长度的样本区间内具有选股能力的股票型基金的数量占比，仍以5%的显著性水平进行分析。在三年样本（2018~2020年）中，有46%的基金的基金经理具有显著的选股能力；在五年样本（2016~2020年）中，该比例与上一区间相比有所下降，为43%；而在2014~2020年的七年样本中，该比例进一步下降至35%。可见，在不同的样本时期内，具有显著选股能力的基金经理的比例还是有所差异的。

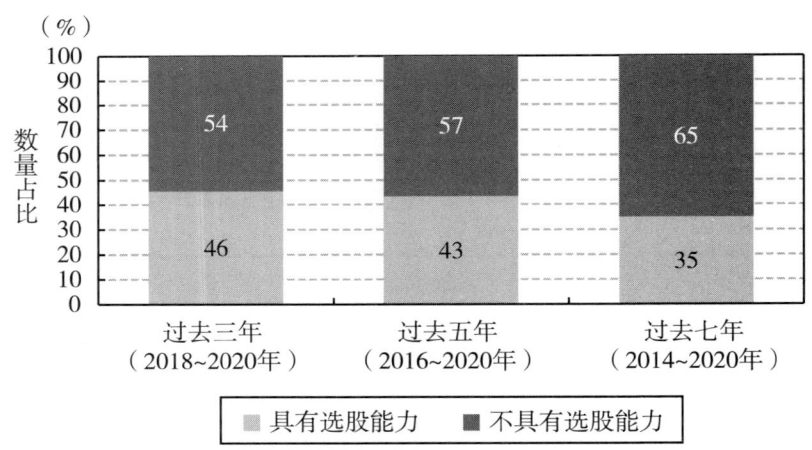

图3-9 样本区间内具有选股能力的基金数量占比

表3-11展示了在不同样本期间中选股能力 α 显著性估计的更详细的结果，表中除了给出不同样本时期具有正确选股能力的基金经理的比例，还给出了具有错误选股能力和未表现出选股能力的基金经理的比例，以及同时期万得全A指数的累

积涨幅。尽管三个样本区间的终点皆为 2020 年底,但每个样本期间的起始点不同,因此它们所对应的市场环境不同。在过去三年(2018~2020 年),万得全 A 指数上涨幅度为 20%;在过去五年(2016~2020 年)中,万得全 A 指数上涨了 10%;在过去七年(2014~2020 年),万得全 A 指数上涨了 131%。三个样本期间中,具有选股能力的基金经理数量占比依次为 46%、43% 和 35%。通过与前两年研究报告结果的对比,我们发现在市场上涨的年份有更多的基金经理展现出显著的选股能力,而在市场下跌的年份有更少的基金经理展现出显著的选股能力。我们还发现,无论是在三年、五年还是七年的样本中,选股能力不显著的基金经理所占比例基本都在 51% 以上,并且每类样本中都有 2%~3% 的基金经理具有明显错误的选股能力。可见,有一半以上的股票型私募基金经理是不具备选股能力的,基金经理想要通过选股能力给投资者带来超额收益是相对比较困难的一件事情。

表 3-11　　三年、五年、七年样本的选股能力显著性的估计结果

样本区间	正显著(只)	不显著(只)	负显著(只)	基金数(只)	万得全 A 涨幅(%)
过去三年(2018~2020 年)	500(46%)	558(51%)	38(3%)	1 096	20
过去五年(2016~2020 年)	232(43%)	291(55%)	11(2%)	534	10
过去七年(2014~2020 年)	60(35%)	108(63%)	3(2%)	171	131

注:括号中的数字为相应的基金数量占比,显著性水平为 5%。

在三年、五年和七年样本中,具有显著选股能力的基金经理的比例除了受到不同样本所处市场环境的影响之外,还与所分析样本之间的差异有关。因为每年都有新成立和停止运营的基金,不同的分析样本中所包含的基金数量是不同的。我们在以下的分析中控制这种样本之间的差异,重新对比不同样本期间内具有显著选股能力的基金的比例。

表 3-12 展现的是在七年样本(2014~2020 年)中的 171 只基金,在三年样本(2018~2020 年)和五年样本(2016~2020 年)中通过 Treynor-Mazuy 四因子模型估计出来的选股能力的表现。如果我们考察这 171 只基金的三年期业绩,那么有 60 只(占比 35%)基金的基金经理具有显著的选股能力,当考察期变为五年和七年后,分别有 56 只(占比 33%)和 55 只(占比 32%)基金的基金经理具有显著的选股能力。在这 171 只基金中,无论考察三年、五年还是七年的样本,每类样本中都有 65% 以上的基金没有选股能力。可见,有大约 1/3 的基金经理具有选股能力,而另外 2/3 的基金经理是不具备选股能力的。

表 3-12　具有七年完整数据的股票型私募基金在过去三年、五年、七年的
选股能力显著性的估计结果

样本区间	正显著（只）	不显著（只）	负显著（只）	基金数（只）	万得全A涨幅（%）
过去三年 （2018~2020年）	56 （33%）	107 （62%）	8 （5%）	171	20
过去五年 （2016~2020年）	55 （32%）	110 （64%）	6 （4%）	171	10
过去七年 （2014~2020年）	60 （35%）	108 （63%）	3 （2%）	171	131

注：括号中的数字为相应的基金数量占比，显著性水平为5%。

我们同样分析了在三年样本和五年样本中都有数据的534只基金选股能力的差异（见表3-13）。在三年样本中，有223只基金（占比42%）的基金经理具有显著的选股能力。在五年样本中，具有选股能力的基金为232只（占比43%）。不具有选股能力或具有错误选股能力的基金数量占比在近三年（311只，58%）和近五年（302只，57%）较为接近，都在57%以上。

表 3-13　具有五年完整数据的股票型私募基金在过去三年、五年的
选股能力显著性的估计结果

时间区间	正显著（只）	不显著（只）	负显著（只）	基金数（只）	万得全A涨幅（%）
过去三年 （2018~2020年）	223 （42%）	298 （56%）	13 （2%）	534	20
过去五年 （2016~2020年）	232 （43%）	291 （55%）	11 （2%）	534	10

注：括号中的数字为相应的基金数量占比，显著性水平为5%。

上述分析的结论同样和之前分别使用三年或五年全部样本的结论近似（见表3-11）。可见，并不是由于基金个体之间的不同导致在三年、五年、七年样本期间内具有选股能力的基金经理比例的差异。因为我们在选取相同的基金时，这个差异在三年、五年、七年样本期间内也是同样存在的。故而我们认为是由于不同分析时间内我国股票市场环境的不同，导致使用最近三年、五年和七年样本的分析结果产生差异。虽然这三个样本时期都经历了股票市场剧烈波动的影响（如2016年和2018年），但每个样本期间大盘指数的收益是不同的。在三年样本（2018~2020年）中，万得全A指数涨幅为20%；在五年样本（2016~2020年）和七年样本（2014~2020年）中，万得全A指数分别上涨了10%和131%。通过和前两年研究

报告结果的对比,我们可以发现,具有选股能力基金经理的数量占比和股票市场涨幅间呈一定的正相关关系。在股市上行的年份,具有显著选股能力的基金经理占比较大;在股市下行的年份,具有显著选股能力的基金经理占比较小。

接下来,我们利用同样的方法来分析基金经理的择时能力。图 3-10 展示了在不同样本期间中具有显著择时能力的基金的数量占比,还是以 5% 的显著性水平进行讨论。在三年样本(2018~2020 年)中,有 3% 的基金的基金经理具有显著的择时能力;在五年样本(2016~2020 年)中,该比例上升至 10%;在七年样本(2014~2020 年)中,该比例上升至 11%。可见,在不同的样本时期内,具有显著择时能力的基金经理的比例都较小,并且有所差异。

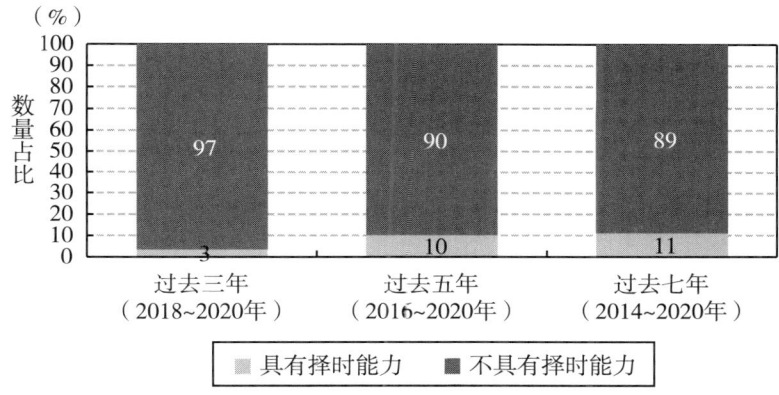

图 3-10 样本区间内具有择时能力的股票型私募基金的数量占比

表 3-14 展示了在不同样本期间中择时能力 γ 显著性检验更详细的结果。通过和前两年研究报告结果的对比,我们发现,基金经理的择时能力和股票市场表现之间的关系并不明显。另外,无论是在三年、五年还是七年的样本中,都至少有 89% 以上的基金经理不具有择时能力。可见,对股票市场未来涨跌的判断是一件非常困难的事情,绝大部分的股票型基金经理不具备择时能力。

表 3-14 三年、五年、七年样本的择时能力显著性的估计结果

样本区间	正显著(只)	不显著(只)	负显著(只)	基金数(只)	万得全 A 涨幅(%)
过去三年 (2018~2020 年)	37 (3%)	720 (66%)	339 (31%)	1 096	20
过去五年 (2016~2020 年)	54 (10%)	415 (78%)	65 (12%)	534	10
过去七年 (2014~2020 年)	19 (11%)	136 (80%)	16 (9%)	171	131

注:括号中的数字为相应的基金数量占比,显著性水平为 5%。

同样，我们选取在三年、五年、七年样本中相同的基金来分析其在不同样本时期内的择时能力显著性的差异，从而判断是否是由于基金样本的不同导致具有显著择时能力的基金经理比例的不同。我们首先选取了在三年、五年和七年样本中都有数据的171只基金，分析这些基金在这三个不同的样本时期中的择时能力的差异，其结果在表3-15中给出。在这171只基金中，有4只基金（占比2%）在三年样本中具有显著择时能力；在五年样本中，具有显著择时能力的基金为9只（占比5%）；而到七年样本中，该数量为19只（占比11%）。并且无论选取的分析样本时间是长还是短，都有近90%的基金不具有择时能力，其中9%~33%的基金是具有错误的择时能力的，投资者应避免投资类似基金。整体来看，无论选取的分析样本时间是长还是短，绝大部分的基金经理是不具有判断市场走向的择时能力的。

表3-15　具有七年完整数据的股票型私募基金在过去三年、五年、七年的择时能力显著性的估计结果

样本区间	正显著（只）	不显著（只）	负显著（只）	基金数（只）	万得全A涨幅（%）
过去三年（2018~2020年）	4（2%）	110（64%）	57（33%）	171	20
过去五年（2016~2020年）	9（5%）	139（81%）	23（13%）	171	10
过去七年（2014~2020年）	19（11%）	136（80%）	16（9%）	171	131

注：括号中的数字为相应的基金数量占比，显著性水平为5%。

表3-16展示了在三年样本和五年样本中都有数据的534只基金择时能力的差异。在这534只基金中，有17只基金（占比3%）在三年样本中具有显著的择时能力；在五年样本中，有54只基金（占比10%）具有显著的择时能力。在每类样本中，都有90%以上的基金经理不具有择时能力。另外，在三年和五年样本中，分别有117只（占比33%）和65只（占比12%）基金具有错误的择时能力。

表3-16　具有五年完整数据的股票型私募基金在过去三年、五年的择时能力显著性的估计结果

时间区间	正显著（只）	不显著（只）	负显著（只）	基金数（只）	万得全A涨幅（%）
过去三年（2018~2020年）	17（3%）	340（64%）	117（33%）	534	20
过去五年（2016~2020年）	54（10%）	415（78%）	65（12%）	534	10

注：括号中的数字为相应的基金数量占比，显著性水平为5%。

结合表 3-14 可以发现,上述分析的结论同样和之前分别使用三年或五年全部样本的结论近似。通过与前两年研究报告结果的对比,我们认为,在这三个样本区间内,基金经理的择时能力和市场涨幅的关系并不明显。

综上所述,采用五年样本数据与使用七年样本数据所得结论近似。总体而言,我国仅有约四成(43%)的基金经理具有选股能力,绝大部分基金经理不具有判断市场走向的择时能力。

五、自助法检验

之前的回归分析结果表明,部分基金经理具有显著的选股能力或择时能力,那么这些基金经理的能力会不会是由于运气带来的呢?由于基金的收益率不是严格服从正态分布,因此回归分析的结果虽然表明某些基金经理具有显著的选股能力或择时能力,但这些结果可能是由于样本的原因,即运气的因素所带来的,而不是来自基金经理自身的投资能力。那么,在具有显著的选股能力或择时能力的基金经理中,哪些基金经理是因为运气而取得了良好的业绩,哪些基金经理又是真正拥有投资能力呢?

著名的统计学家 Efron 在 1979 年提出了一种对原始样本进行重复抽样,从而产生一系列新的样本的统计方法,即自助法(bootstrap)。自助法是对原始样本进行重复抽样以产生一系列"新"的样本的统计方法,图 3-11 展示了自助法的抽样原理。如图 3-11 所示,我们观察到的样本只有一个,如某只基金的历史收益数据,因此只能产生一个统计量(如基金经理的选股能力)。自助法的基本思想是对已有样本进行多次抽样,即把现有样本的观测值看成一个新的总体再进行有放回的随机抽样,这样在不需要增加额外的新样本的情况下,会获得多个统计量,即获得基金经理选股能力的多个估计值,通过对比这多个统计量所生成的统计分布和实际样本产生的统计量,就可以判断基金经理的能力是否来源于运气。

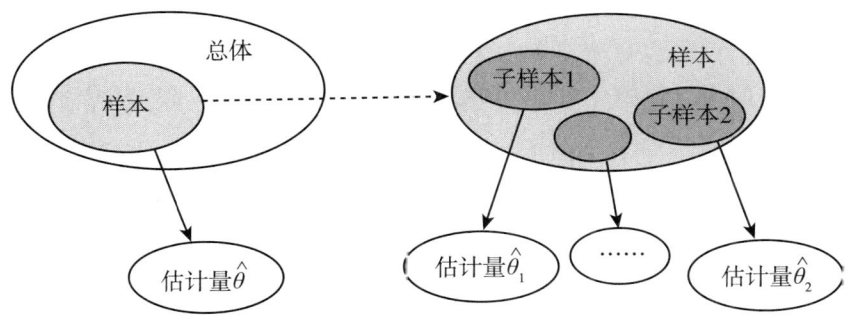

图 3-11 自助法抽样示意

在以下的检验中,我们对每只基金的样本进行 1 000 次抽样。我们也使用 5 000 次抽样来区分基金经理的能力和运气,因这些结果与使用 1 000 次抽样的结果十分类似,结论不再赘述。

我们以基金 i 的选股能力 α 进行自助法检验为例。通过 Treynor-Mazuy 四因子模型对基金 i 的月度净收益的时间序列进行普通最小二乘法(OLS)回归,估计模型的风险系数($\hat{\alpha}$、$\hat{\beta}_{mkt}$、$\hat{\beta}_{smb}$、$\hat{\beta}_{hml}$、$\hat{\beta}_{mom}$)、残差序列,具体模型见式(3.3)。我们通过自助法过程对获得的残差序列进行 1 000 次抽样,根据每次抽样后的残差和之前估计出来的风险系数($\hat{\beta}_{mkt}$、$\hat{\beta}_{smb}$、$\hat{\beta}_{hml}$、$\hat{\beta}_{mom}$)构造出 1 000 组不具备选股能力($\hat{\alpha}=0$)的基金的超额收益率,获得 1 000 个没有选股能力的基金的样本,每一个新生成的基金样本与基金 i 有同样的风险暴露($\hat{\beta}_{mkt}=\hat{\beta}_{smb}=\hat{\beta}_{hml}=\hat{\beta}_{mom}$)。然后,我们对这 1 000 个样本再次进行 Treynor-Mazuy 四因子模型的回归,就获得了 1 000 个选股能力 α 的估计值。由于这 1 000 个 α 是出自我们构造的没有选股能力的基金的收益率,在 5% 的显著性水平下,如果这 1 000 个 α 中有多于 5% 比例的(该比例为自助法的 P 值)α 大于通过 Treynor-Mazuy 四因子模型回归所得到的基金 i 的 $\hat{\alpha}$(真实的 α),则表明基金 i 的选股能力 α 并不是来自基金经理自身的能力,而是来自运气因素和统计误差。反之,如果这 1 000 个 α 中只有少于 5% 的 α 大于基金 i 的 α,则表明基金 i 的选股能力 α 并不是来自运气因素,而是来自基金经理的真实能力。Kosowski、Timmermann、White 和 Wermers(2006)、Fama 和 French(2010),Cao、Simin 和 Wang(2013),Cao、Chen、Liang 和 Lo(2013)等利用该方法来研究美国基金经理所取得的业绩是来自他(她)们的能力还是运气。

在之前的分析中我们得到,在五年样本(2016~2020 年)的 534 只样本基金中,有 232 只基金表现出正确的选股能力,我们进一步对这 232 只基金的选股能力进行自助法检验。图 3-12 展示了部分基金经理(10 位)通过自助法估计出来的 1 000 个选股能力 α 的分布和实际 α 的对比。图 3-12 中的曲线为通过自助法获得的选股能力 α 的结果,垂直线为运用 Treynor-Mazuy 模型估计出来的实际选股能力 α 的结果。例如,对于"盘古 1 号"基金而言,通过自助法估计出的 1 000 个选股能力 α 的统计值中,有 29 个大于通过 Treynor-Mazuy 模型估计出来的实际的 α($\hat{\alpha}=43.13\%$),即自助法的 P 值为 0.029(P=2.9%),从统计检验的角度讲,我们有 95% 的信心确信该基金经理的选股能力来自其自身的投资能力。

表 3-17 展示了通过 Treynor-Mazuy 四因子模型估计出来的具有显著选股能力的 232 只股票型基金的自助法结果。在这 232 只基金中,有 190 只基金的自助法的 P 值小于 0.05,如"盘古 1 号""东方点赞""卓铸卓越 1 号"基金等,这些基金在表中已用 * 标出;有 42 只基金的自助法的 P 值大于 0.05,如"神农医药 A—阿

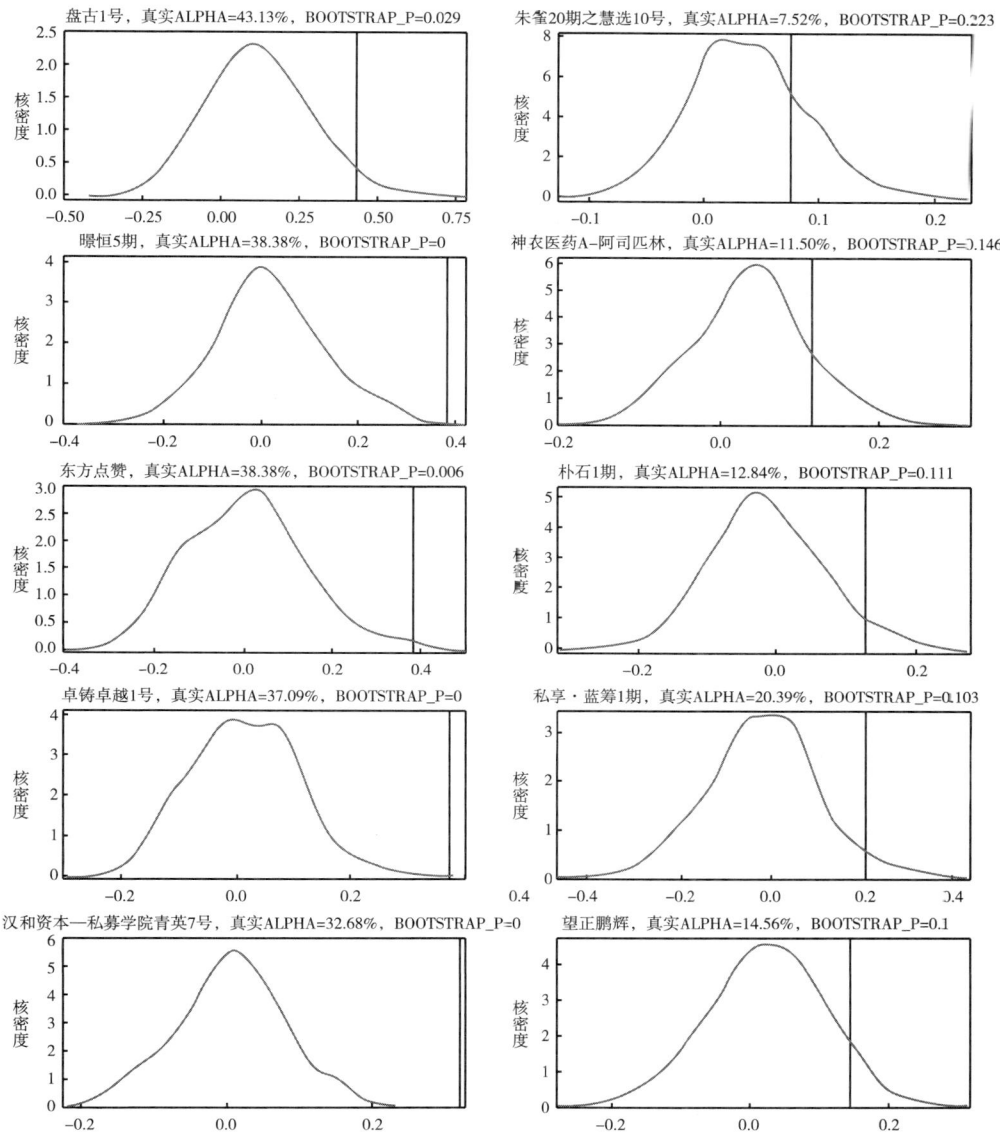

图 3-12　自助法估计的股票型私募基金的 α 的分布（部分）：2016~2020 年

注：曲线表示通过自助法获得的选股能力 α 的分布，垂直线表示运用 Carhart 四因子模型估计出来的实际选股能力 α。

司匹林""朴石 1 期""私享—蓝筹 1 期"基金等。从统计学假设检验的角度讲，我们有 95% 的把握得出以下结论：这 190 只基金（占 543 只基金的 36%）的基金经理的选股能力并不是来自运气，而是来自他们自身的能力；而另外 42 只基金的基金经理的选股能力并不是来自其自身的能力，而是来自运气和统计误差。

表 3-17　具有选股能力的股票型私募基金的自助法检验结果：2016~2020 年

编号	基金名称	年化 α(%)	t(α)	自助法 P 值	编号	基金名称	年化 α(%)	t(α)	自助法 P 值
1	盘古 1 号	43.13	3.19	0.020*	30	九霄投资稳健成长 2 号	22.90	2.95	0.000*
2	璟恒 5 期	38.38	3.40	0.000*	31	格雷成长 3 号	22.76	2.45	0.000*
3	东方点赞	38.38	3.21	0.005*	32	康曼德 003 号	22.62	2.56	0.008*
4	卓铸卓越 1 号	37.09	3.83	0.000*	33	红筹平衡选择	22.42	3.20	0.000*
5	汉和资本-私募学院菁英 7 号	32.68	4.94	0.000*	34	榕树文明复兴 3 期	22.36	2.74	0.000*
					35	汉和资本 1 期	22.20	3.28	0.003*
6	朴信 3 号	31.41	1.97	0.000*	36	奕金安 1 期	21.99	3.41	0.000*
7	景林创新成长	30.69	3.38	0.000*	37	璟恒 1 期	21.87	3.27	0.000*
8	元达信资本-安易持兴国 2 号	28.73	3.19	0.000*	38	同犇 1 期	21.62	2.82	0.000*
					39	雅柏宝量化 5 期	21.62	3.09	0.000*
9	鸿道创新改革	28.32	3.38	0.000*	40	彤源 7 号（A）	21.16	3.29	0.003*
10	新里程超越梦想	27.93	1.82	0.080	41	鼎萨价值成长	20.97	2.24	0.018*
11	林园	27.57	2.97	0.003*	42	金蕴 99 期（谷寒长线回报）	20.88	3.57	0.003*
12	同犇尊享 1 号	27.54	3.16	0.000*
13	石锋笃行一号	26.31	3.17	0.005*	43	新思哲 1 期	20.84	2.70	0.000*
14	东方先进制造优选	26.03	3.49	0.000*	44	远望角投资 1 期	20.66	3.27	0.005*
15	睿璞投资-睿洪 1 号	25.81	3.03	0.003*	45	恒天泰旸 1 期	20.62	3.05	0.000*
16	利得汉景 1 期	25.73	2.81	0.003*	46	同庆 2 期	20.50	3.33	0.000*
17	进化论复合策略 1 号	25.53	3.15	0.000*	47	万利富达	20.43	2.54	0.003*
18	无量 1 期	25.48	2.82	0.000*	48	私享-蓝筹 1 期	20.39	1.68	0.090
19	坤德永盛 1 期	25.25	4.11	0.000*	49	新思哲成长	20.17	2.60	0.018*
20	泰和长兴 1 期	24.99	4.06	0.000*	50	景林丰收	20.03	3.09	0.013*
21	景林价值 B 类	24.69	3.40	0.000*	51	浦慧系列 1 号	19.98	3.08	0.000*
22	汉和恒聚	24.29	3.68	0.000*	52	彤源 6 号	19.96	3.51	0.000*
23	同望 1 期 1 号	24.17	3.51	0.000*	53	91 金融东方港湾价值 1 号	19.92	2.00	0.050
24	盈阳 22 号	24.14	1.72	0.085	54	高信百诺 1 期	19.17	3.31	0.005*
25	果实长期成长 1 号	23.90	3.69	0.000*	55	利檀 3 期	19.14	3.44	0.000*
26	彤源 7 号（B）	23.63	3.47	0.000*	56	泓澄投资	19.13	3.48	0.000*
27	鸿道创新改革尊享 1 号	23.46	3.15	0.008*	57	红筹 1 号	18.97	2.53	0.005*
28	东方消费服务优选	23.10	3.05	0.003*	58	溪牛长期回报	18.91	2.06	0.038*
29	金广资产-鑫 1 号	23.09	3.02	0.000*	59	东方港湾 3 号	18.88	1.89	0.048*

续表

编号	基金名称	年化α(%)	t(α)	自助法P值	编号	基金名称	年化α(%)	t(α)	自助法P值
60	宽远价值成长2期	18.85	3.57	0.000*	92	中环港沪深对冲	16.57	2.18	0.025*
61	宽远沪港深精选	18.76	3.41	0.000*	93	金舆财富之车1号	16.55	1.75	0.048*
62	少数派7号	18.67	2.58	0.013*	94	幻方鼎立01号	16.53	2.02	0.055
63	星石10期	18.64	1.93	0.030*	95	融通资本盈冠东方汉景1号	16.48	1.80	0.000*
64	汇谷舒心1号	18.57	1.88	0.065					
65	金蕴90期（相生）	18.50	2.55	0.015*	96	鸿道4期	16.46	1.67	0.093
66	大朴多维度6号	18.48	3.88	0.000*	97	千合紫荆1号	16.37	2.30	0.013*
67	相聚芒格1期	18.45	3.20	0.000*	98	榕树陈氏	16.33	1.93	0.050
68	广金成长3期	18.44	3.21	0.003*	99	源乐晟策略创新1期	16.30	2.55	0.008*
69	宝源胜知1号	18.40	2.18	0.033*	100	尚雅6期	16.22	1.69	0.080
70	海洋之星1号	18.38	3.45	0.000*	101	金舆宏观配置1号	16.07	1.88	0.000*
71	投资精英之景林（A类）	18.22	2.60	0.008*	102	平石2n对冲基金	16.02	3.31	0.025*
72	清和泉成长2期	18.20	2.41	0.018*	103	望正1号	16.00	1.89	0.050
73	勤远动态平衡1号	18.15	2.83	0.000*	104	进化论稳进2号	15.70	1.91	0.050
74	果实资本仁心回报1号	18.02	2.41	0.008*	105	紫晶1号	15.61	3.26	0.000*
75	淞银财富-清和泉优选1期	17.99	2.55	0.005*	106	幻方志远01号	15.60	2.92	0.003*
					107	国润一期	15.40	2.03	0.023*
76	五岳归来量化贝塔	17.95	4.29	0.000*	108	乐晟精选	15.23	2.30	0.030*
77	少数派5号	17.86	2.85	0.005*	109	投资精英（朱雀A）	15.15	2.88	0.003*
78	少数派8号	17.85	2.53	0.005*	110	兴聚财富1号	14.93	2.96	0.008*
79	东方医疗平衡1期	17.68	2.17	0.035*	111	阳光宝1号	14.83	2.53	0.008*
80	远望角容远1号	17.53	2.80	0.003*	112	宁聚满天星	14.80	2.20	0.038*
81	执耳医药	17.46	2.53	0.013*	113	仙童1号	14.77	2.07	0.033*
82	泓澄尊享A期	17.44	3.89	0.000*	114	易同优选	14.73	1.70	0.060
83	融通资本汉景港湾2号	17.42	1.84	0.073	115	盈阳19号	14.72	1.72	0.053
84	泓澄锐进52期	17.33	3.80	0.000*	116	展弘稳进1号	14.68	7.03	0.000*
85	天弓2号	17.25	1.83	0.065	117	华夏养老金玉良辰	14.60	2.50	0.005*
86	明达	17.19	2.58	0.003*	118	民森A号	14.58	2.12	0.040*
87	鸿道国企改革	17.17	1.97	0.038*	119	望正鹏辉	14.56	1.70	0.068
88	深积稳健成长1期	17.03	3.38	0.000*	120	正则1期	14.55	3.31	0.000*
89	民森E号	16.92	2.85	0.000*	121	智诚2期	14.25	1.83	0.070
90	私募工场18期第5期（深积稳健成长1号）	16.80	3.34	0.000*	122	盈阳15号	14.22	1.95	0.045*
					123	康曼德106号	14.05	2.04	0.013*
91	易同精选3期	16.63	3.22	0.000*	124	涌鑫2号	14.05	1.99	0.043*

续表

编号	基金名称	年化α(%)	t(α)	自助法P值	编号	基金名称	年化α(%)	t(α)	自助法P值
125	朱雀10期	14.03	3.35	0.000*	159	道谊红杨	12.20	1.71	0.087
126	进化论FOF1号	14.02	2.08	0.053	160	兴聚财富3号	12.12	2.89	0.008*
127	私募工场丰收1号	14.01	2.17	0.030*	161	凤翔多利	11.96	2.16	0.013*
128	长青藤3期	13.89	1.78	0.068	162	宁聚量化精选	11.82	2.97	0.000*
129	智德持续增长	13.79	3.01	0.010*	163	久富1期	11.74	1.94	0.073
130	丰岭远航母基金	13.78	2.37	0.018*	164	明达6期	11.74	1.98	0.050
131	双隆-隆腾1号	13.72	2.50	0.000*	165	弘尚资产中国机遇策略配置1号	11.64	2.08	0.058
132	晨燕2号	13.69	2.10	0.015*	166	卓越理财1号	11.51	3.64	0.000*
133	浦来德天天开心对冲1号	13.66	2.96	0.005*	167	睿远景泰复利回报第7期	11.50	2.64	0.020*
134	鸿道2期	13.65	1.84	0.063	168	神农医药A-阿司匹林	11.50	1.77	0.163
135	资瑞兴1号	13.63	2.10	0.020*	169	锐进41期	11.46	2.61	0.000*
136	清和泉金牛山4期	13.58	1.85	0.053	170	果实资本精英汇4A号	11.41	2.63	0.003*
137	幻方恒光01号	13.48	4.98	0.000*	171	金蕴25号（淡水泉）	11.31	2.67	0.003*
138	乐道成长优选1号A期	13.45	2.53	0.010*	172	智德精选5期	11.25	2.77	0.010*
139	康曼德101A	13.29	1.69	0.000*	173	彼立弗复利1期	11.22	2.63	0.003*
140	鸿道3期	13.26	1.75	0.085	174	华夏养老新动力1号	11.16	2.22	0.018*
141	观富价值1号	13.23	2.63	0.003*	175	双隆稳盈1号	11.00	2.08	0.000*
142	昭图2期	13.19	2.22	0.028*	176	西藏隆源对冲1号	10.97	2.23	0.018*
143	果实资本精英汇2号	13.16	3.25	0.000*	177	德丰华1期	10.94	2.35	0.013*
144	富恩德1期	13.14	2.43	0.020*	178	弘酬永泰	10.86	2.63	0.003*
145	鼎锋成长1期C号	13.14	1.78	0.058	179	悟空对冲量化5期	10.64	1.97	0.050
146	幻方之江01号	13.02	2.44	0.020*	180	润晖稳健增值	10.63	2.94	0.003*
147	投资精英（星石A）	12.92	2.84	0.005*	181	民生信托聚利1期	10.55	1.84	0.063
148	朴石1期	12.84	1.67	0.110	182	金太阳-果实资本精英汇1号	10.40	2.57	0.008*
149	拾贝锐进51期	12.80	3.26	0.000*					
150	明河成长2号	12.78	2.09	0.038*	183	投资精英（淡水泉A）	10.37	2.55	0.005*
151	天勤1号	12.76	1.75	0.080	184	珺容5期	10.35	2.44	0.018*
152	淡水泉2008	12.75	2.49	0.015*	185	招商汇智之凤翔1号	10.32	1.93	0.058
153	新方程清和泉1期	12.74	1.67	0.080	186	丰岭稳健成长1期	10.21	1.85	0.060
154	榜样多策略对冲	12.55	2.30	0.010*	187	幻方欣荣01号	10.07	2.69	0.008*
155	智德1期	12.50	2.53	0.008*	188	锐进16期中欧瑞博尊享A期	9.76	2.24	0.023*
156	米答资产管理1号	12.50	2.30	0.035*					
157	拾贝1号	12.27	1.90	0.045*					
158	渤源沣杨价值成长	12.25	3.21	0.000*					

续表

编号	基金名称	年化α(%)	t(α)	自助法P值	编号	基金名称	年化α(%)	t(α)	自助法P值
189	观富策略1号	9.75	1.94	0.035*	212	诚盛2期	7.51	2.08	0.040*
190	中国龙进取	9.72	2.46	0.003*	213	巨杉银信宝10期	7.50	2.21	0.010*
191	大朴策略1号	9.70	2.34	0.018*	214	兴聚1期	7.33	2.53	0.013*
192	惠正精选	9.70	1.80	0.038*	215	大朴进取1期	7.29	1.94	0.040*
193	沣杨锦绣	9.67	2.32	0.020*	215	世诚投资6号	7.29	1.88	0.068
194	七曜中信证券领奕1号	9.60	1.81	0.078	217	金锝5号	7.26	5.30	0.000*
195	景泰复利回报1期（国投）	9.52	2.09	0.065	218	金锝量化	6.81	3.33	0.003*
					219	金锝6号	6.75	4.92	0.000*
196	旭鑫价值成长1期	9.48	1.84	0.000*	220	诚盛1期	6.71	2.07	0.053
197	中欧瑞博1期	9.41	1.74	0.068	221	TOP30对冲母基金1号	6.16	1.93	0.055
198	观富丰悦	9.32	1.78	0.000*	222	安进13期壹心1号	5.66	2.49	0.010*
199	新同方	9.31	1.73	0.060	223	中国龙平衡对冲增强	5.42	1.91	0.048*
200	保银中国价值	9.22	3.41	0.000*	224	弘酬开元	5.09	2.20	0.035*
201	黑森6号	9.22	2.06	0.000*	225	申毅多策略量化套利3号	4.98	2.63	0.030*
202	逸杉1期	9.05	1.74	0.103					
203	凡宇证券A股1号	8.99	2.00	0.000*	226	红宝石安心进取H-1003	4.84	1.78	0.070
204	华宝兴业-锐锋量化1号	8.60	1.85	0.000*	227	珠池量化稳健投资母基金1号	4.45	3.30	0.000*
205	悟空对冲量化4期	8.60	1.81	0.048*					
206	弘酬集结号FOF	8.59	2.19	0.010*	228	资舟观复	4.34	3.93	0.000*
207	衍航1号	8.16	2.03	0.033*	229	永兴量化对冲2号	3.76	2.73	0.058
208	观富价值1号-2	8.13	1.70	0.085	230	稳进8期宽德对冲	3.67	1.75	0.073
209	毅木资产海阔天空1号	7.86	2.21	0.013*	231	稳进5期博普对冲尊享C期	3.25	1.83	0.075
210	光大基金宝-均衡价值	7.63	2.17	0.033*					
211	朱雀20期之慧选10号	7.52	2.03	0.190	232	坤元TOT	1.91	2.61	0.008*

注：*表示自助法的P值小于5%，即基金经理的选股能力不是源于运气和统计误差。

同样，我们也对基金经理的择时能力进行了自助法检验，仍采用5%的显著性水平。我们要回答的问题是：在那些择时能力系数γ具有正显著性的基金中，哪些基金经理是因为运气好而显示出择时能力？哪些基金经理是真正具有择时能力，而不是依靠运气？根据之前的Treynor-Mazuy模型的估计结果，在534只基金中，有54只（占比10%）基金的基金经理具有显著的择时能力，我们对这些基金的择时能力进行自助法检验。

图3-13展示了部分基金经理（10位）通过自助法估计出来的择时能力γ的分布和实际γ的对比。图3-13中的曲线为通过自助法获得的择时能力γ的结果，垂

直线为运用Treynor-Mazuy模型估计出来的实际择时能力γ的结果。例如,"巴克夏月月利1号"基金通过Treynor-Mazuy四因子模型估计出的择时能力为3.32,通过自助法估计的1 000个择时能力γ的统计值中,有6个大于3.32,即自助法的P值为0.006(P=0.6%),从统计检验的角度讲,我们有95%的信心确信该基金经理的择时能力并不是由于运气所带来的,而是来自基金经理自身的投资才能。

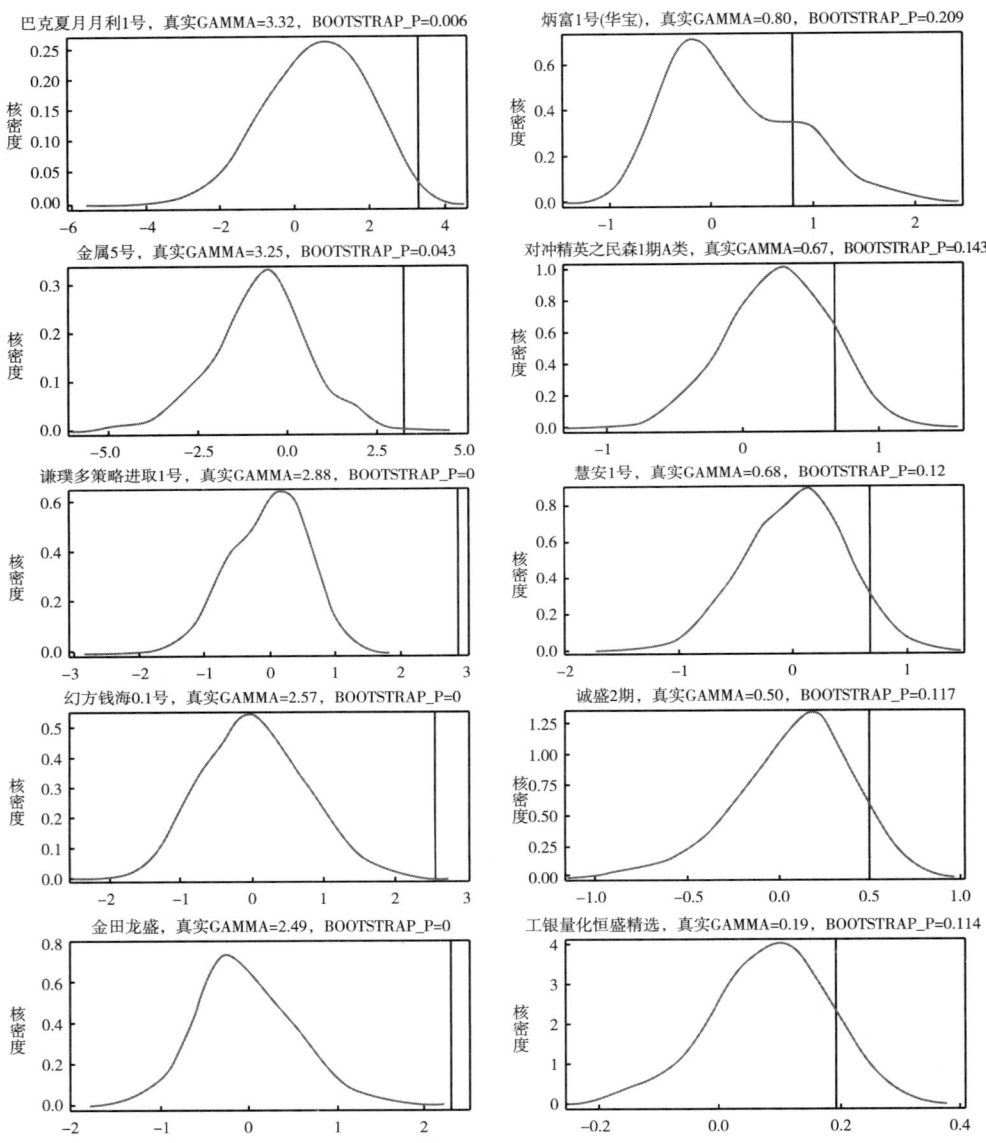

图3-13 自助法估计的股票型私募基金择时能力γ的分布(部分):2016~2020年

注:曲线代表通过自助法获得的择时能力γ的分布,垂直线表示运用改进后Treynor-Mazuy模型估计出来的实际择时能力γ。

表 3-18 展示了通过 Treynor-Mazuy 四因子模型估计出来的 54 只具有正确择时能力的股票型基金的自助法检验结果。根据表 3-18 中数据，从统计学假设检验的角度讲，我们有 95% 的把握得出：在这 54 只基金中，有 36 只基金的自助法 P 值小于 5%，这些基金在表中已用 * 标出，说明这 36 位（占 534 只基金的 7%）基金经理的投资能力并不是来自运气，而是来自他们能够预测大盘涨跌从而及时调整仓位的择时能力，如"金晟 5 号""幻方钱海 01 号""金田龙盛"基金等；有 18 只基金的自助法 P 值大于 5%，说明这些基金经理的择时能力源于运气和统计误差，如"炳富 1 号（华宝）""对冲精英之民森 1 期 A 类""工银量化恒盛精选"基金等。可见，真正具有择时能力的基金经理实属凤毛麟角，绝大部分股票型私募基金经理不具有择时能力。

表 3-18　　具有择时能力的股票型私募基金的自助法检验结果：2016~2020 年

编号	基金名称	γ	t(γ)	自助法 P 值	编号	基金名称	γ	t(γ)	自助法 P 值
1	鹤骑鹰奇异指数	2.43	5.07	0.000*	23	笃道 1 期	0.91	2.66	0.018*
2	谦璞多策略进取 1 号	2.88	4.20	0.000*	24	细水醍醐	1.88	2.64	0.013*
3	鑫兰瑞	2.44	4.08	0.000*	25	汇信惠正 1 号	1.34	2.40	0.030*
4	中睿合银策略精选 1 号	2.45	3.93	0.000*	26	私募工场 19 期第 7 期（红角 1 号）	1.42	2.38	0.038*
5	中睿合银弈势 1 号	2.07	3.89	0.003*					
6	幻方恒光 01 号	0.79	3.73	0.000*	27	金晟 5 号	3.25	2.36	0.038*
7	金田龙盛	2.49	3.58	0.000*	28	中睿合银策略优选 1 号	0.96	2.27	0.005*
8	龙全进取 1 期	1.90	3.58	0.000*	29	博识众彩 TOF 投资	0.59	2.26	0.075
9	泛涵康元 1 号	0.42	3.48	0.000*	30	京福 1 号	1.19	2.18	0.000*
10	幻方印月 01 号	1.14	3.39	0.000*	31	信复创值 5 号	1.22	2.17	0.058
11	幻方钱海 01 号	2.57	3.37	0.000*	32	大成创新资本灵活配置 1 期	0.87	2.16	0.043*
12	兆信 1 期	1.29	3.24	0.005*	33	炳富 1 号（华宝）	0.8	2.11	0.208
13	昭时新三板 A	1.98	3.02	0.000*	34	航长常春藤	1.1	2.08	0.045*
14	金狮 154 号	0.78	3.00	0.005*	35	泽泉景渤财富	1.52	2.07	0.065
15	颢瀚稳健 1 期	0.78	2.94	0.005*	36	金百镕 1 期	1.21	2.00	0.108
16	双隆-隆腾 1 号	1.25	2.92	0.005*	37	红宝石安心进取 H-1003	0.42	1.97	0.065
17	巴克夏月月利 1 号	3.32	2.88	0.015*	38	金锝 5 号	0.21	1.91	0.018*
18	神州牧 1 号	1.92	2.85	0.015*	39	对冲精英之民森 1 期 A 类	0.67	1.88	0.148
19	德睿恒丰 1 号	2.04	2.77	0.013*	40	工银量化恒盛精选	0.19	1.85	0.113
20	若愚量化配置 1 期	1.87	2.76	0.003*	41	旭为东洋 1 号	0.86	1.84	0.075
21	幻方志远 01 号	1.15	2.75	0.000*	42	陆宝成全浮石新三板	0.76	1.81	0.023*
22	颢瀚稳健 3 期	0.73	2.71	0.018*	43	华鑫 279 号	1.01	1.78	0.018*

续表

编号	基金名称	γ	$t(\gamma)$	自助法 P 值	编号	基金名称	γ	$t(\gamma)$	自助法 P 值
44	诚盛 2 期	0.5	1.78	0.175	50	涌鑫 3 号	0.94	1.69	0.040*
45	资瑞兴 1 号	0.9	1.77	0.075	51	睿璞投资-睿洪 1 号	1.06	1.68	0.078
46	浅湖达尔文 2 号	1.79	1.73	0.085	52	慧安 1 号	0.68	1.67	0.115
47	拾贝 1 号	0.87	1.73	0.105	53	森林湖 1 号	1.03	1.66	0.070
48	冰剑 1 号	0.68	1.73	0.070	54	幻方鼎立 01 号	1.06	1.65	0.013*
49	融通 3 号	2.09	1.69	0.075					

注：*表示自助法的 P 值小于 5%，即基金经理的择时能力不是源于运气和统计误差。

六、小结

私募基金的投资者往往面临如何在众多的基金中选择较好的基金或基金经理的难题。优秀的基金经理是如何持续创造超额收益的？本章从三个方面研究私募基金经理如何获得超额收益。首先，是他们的选股能力和择时能力；其次，我们分析了所用样本的时间范围是否会影响选股能力和择时能力的分析结论；最后，我们进一步研究那些有能力的基金经理的业绩是源于他们自身的能力还是偶然的运气。

我们着重对五年样本（2016~2020 年）中股票型私募基金经理的投资能力进行讨论。研究结果显示，在 534 只样本基金中，只有 232 只基金（占比 43%）的基金经理具有显著的选股能力，有 54 只基金（占比 10%）的基金经理具有显著的择时能力。经自助法检验后发现，在使用回归方法发现的 232 位具有选股能力的基金经理中，有 190 位基金经理（占 534 只基金的 36%）的选股能力源于基金经理自身的投资能力；而使用回归方法发现的 54 位具有择时能力的基金经理中，只有 36 位基金的经理（占 534 只基金的 7%）的择时能力源于基金经理的能力。总体来看，2016~2020 年，在主动管理的股票型私募基金中，只有 36% 的股票型基金经理具有真正的选股能力，极少数（7%）的基金经理具有真正的择时能力。我们采用同样的方法对三年样本（2018~2020 年）和七年样本（2014~2020 年）区间内的基金进行检验后得到类似的结论，不再赘述。

私募基金业绩的持续性

相较于公募基金追求相对收益的投资理念,私募基金以追求绝对收益为目标,信息披露的要求相对较低,在投资策略、仓位控制等方面更为灵活。在产品结构层面,除管理费外,私募基金通常会计提业绩分成,这也促使私募基金经理追求更高额的业绩报酬。同时,私募基金往往根据净值设置了预警线和平仓线,对基金管理人仓位控制、趋势判断等能力提出了极高的要求,一旦所持股票接连下跌,会给其带来跌破预警线、平仓线的风险,使操作空间缩小,投资难度增大。因此,私募基金在一定程度上追求绝对收益的动力更大,对风险的控制要求也更高。

随着居民财富的不断增长,我国高净值人群日益壮大,以合格投资者为主要服务对象的私募证券投资基金逐渐步入更多投资者的视野。对投资者来说,长期获得高额的收益是其始终追求的目标,在投资时他们也会希望投资的基金持续创造较高的收益,并尤为关注基金的历史业绩。"中国私募金牛奖""中国私募基金风云榜""私募基金英华奖"等评选榜单都已持续了数年,这些评选多以定量评估为主、定性评估为辅,常见的考察指标包括基金的收益率、风险调整后收益等。通常来说,过去一段时间收益较高的基金往往受到更多投资者的青睐,这是因为投资者们认为这些基金能够在未来继续获得较好的收益。然而,在筛选基金的过程中我们发现,许多在前一年占领榜首的私募基金,其后一年的业绩并不理想,甚至可能处于同类基金的后50%。那么,昔日的私募基金冠军都去哪了?私募基金的业绩是否有持续性?对这些问题的解答,有利于投资者正确评价市场上的私募基金。

基金业绩的持续性这一话题不仅仅是业界在研究基金时所关注的问题,学术界围绕基金的业绩能否持续也进行了广泛的研究。Malkiel(1995)、Brown和Goetzmann(1995)、Carhart(1997)、Agarwal和Naik(2000),以及Cao、Farnsworth和Zhang(2020)等对基金业绩的持续性进行了研究。许多研究发现,过往业绩较好的基金一般不具有持续性,而过往业绩较差的基金未来的业绩仍旧较差的现象则更为普遍。这些研究虽然不能帮助投资者发掘出未来可以带来良好收益的基金,但是从一定程度上有助于避开那些未来收益可能较差的基金。在我国,也有很多学者围绕私募基金业绩的持续性展开研究。赵骄和闫光华（2011）发现，在市场单边下跌的行情下，私募基金的收益表现出较强的持续性，强者恒强，弱者则很难翻身；在单边上涨行情中，私募基金收益的持续特征不明显；而在震荡行情下，私募基金收益呈现出一定的持续性。赵羲和刘文宇（2018）以股票多头策略的私募基金为研究对象，发现基金的收益指标持续性均较弱，风险指标（如波动率）的整体持续性较强，而风险调整后收益指标（如信息比率、夏普比率）的持续性要强于收益指标，弱于风险指标。

在本章中，我们采用不同的检验方法，研究股票型私募基金业绩排名的稳定性，希望能够给投资者在参考基金过往业绩时提供标准和依据。与前面一致，本章股票型私募基金具体包括万得私募基金二级分类中的普通股票型、股票多空型、相对价值型和事件驱动型基金。我们将研究期间划分为排序期（formation period）和检验期（holding period），通过对比基金业绩在排序期和检验期的变化情况来判定其业绩是否具有持续性，这是一种每年都会进行的滚动检验。其中，排序期分别选择一年和三年，检验期为一年（排序期之后的一年）。具体来说，当排序期为一年（或三年）时，我们检验过去一年（或三年）基金业绩的排名和次年排名的相关性。选取的基金样本需要在排序期和检验期都有完整的复权净值数据。

我们分别通过四种方法来验证股票型私募基金业绩是否具有持续性。第一部分，采用绩效二分法对股票型私募基金收益率的持续性进行检验；第二部分，利用Spearman相关性检验对股票型私募基金收益率排名的相关性作出分析；第三部分，将股票型私募基金的收益率按高低分为四组，通过描述统计的方法对股票型私募基金收益率的持续性进行检验；第四部分，我们以考虑风险调整后收益的指标，即夏普比率作为业绩衡量指标，再次以描述统计检验的方式进行基金业绩持续性的检验。

一、收益率持续性的绩效二分法检验

美国著名学者，分别来自纽约大学和耶鲁大学的Brown和Goetzmann（1995）提出了检验基金业绩持续性的绩效二分法，其原理是通过考察基金业绩在排序期和检验期的排名变动情况来检验基金整体业绩的持续性。本部分，我们将绩效二分法应用到我国的基金市场，分析股票型私募基金收益率的排名能否持续。根据绩效二分法，我们在排序期和检验期将样本基金按照收益率从高到低排序，排名前50%的基金定义为赢组（Winner），排名后50%的基金定义为输组（Loser）。若基金在排序期和检验期均位于赢组，记为赢赢组（WW）。以此类推，根据基金在排序期和检验期的排名表现，可以把基金分成赢赢组（WW）、赢输组（WL）、输赢组

（LW）和输输组（LL）4个组，具体的分组方式如表4-1所示。

表4-1 绩效二分法检验中的基金分组

排序期 \ 检验期	赢组（Winner）	输组（Loser）
赢组（Winner）	WW	WL
输组（Loser）	LW	LL

在完成基金的分组后，我们使用交叉积比率指标（cross-product ratio，CPR）检验基金收益率的持续性。具体来说，若基金业绩存在持续性，那么基金的排序应当是相对稳定的。排序期属于赢组的基金，在检验期继续留在赢组的概率将大于转入输组的概率；同理，原本为输组的基金，在未来继续留在输组的概率应大于变为赢组的概率。所以，如果基金业绩存在持续性，样本中4组结果的占比就是不均匀的。反之，若基金收益率不存在持续性，则检验期输组和赢组的业绩排序在未来是随机的。那么，排序期位于输组与赢组的基金在次年位于输组和赢组的概率是均等的，也就是在检验期内，上述四种情况在全部样本基金中的比例均应为25%。由此，我们可以通过CPR这一综合了4个分组基金占比的指标，来检验基金业绩的持续性。CPR指标的计算方法如下：

$$\widetilde{CPR} = \frac{N_{WW} \times N_{LL}}{N_{WL} \times N_{LW}} \tag{4.1}$$

其中，N_{WW}、N_{LL}、N_{WL}、N_{LW}分别代表属于每组基金的样本数量。当基金的业绩不存在持续性时，CPR的值应该为1，即$\ln(\widetilde{CPR}) = 0$。我们利用假设检验的方法来判断基金业绩是否具有持续性。假设检验的原假设为：基金业绩不具有持续性，即$\ln(\widetilde{CPR}) = 0$。我们通过构造Z统计量来检验$\ln(\widetilde{CPR})$是否等于0。当观测值相互独立时，Z统计量服从标准正态分布，即：

$$\widetilde{Z} = \frac{\ln(\widetilde{CPR})}{\sigma_{\ln(CPR)}} \longrightarrow Norm(0,1) \tag{4.2}$$

其中，$\sigma_{\ln(\widetilde{CPR})}$为$\ln(\widetilde{CPR})$的标准差，当$\ln(\widetilde{CPR})$服从正态分布时，标准差为：

$$\sigma_{\ln(CPR)} = \sqrt{1/N_{WW} + 1/N_{WL} + 1/N_{LW} + 1/N_{LL}} \tag{4.3}$$

如果Z统计量显著大于0，则对应的CPR指标显著大于1，表明基金的收益率具有持续性；反之，如果Z统计量显著小于0，则对应的CPR指标显著小于1，表明基金的收益排名在检验期出现了反转；若Z统计量和0相差不大，那么对应的CPR指标接近于1，此时可以推断，检验期中4组基金数量大致相等，也就是说，这段时期基金收益率排名是随机的，和排序期的排名没有显著的联系，业绩不具有持续性。通过上述方法，我们能够对私募基金的业绩持续性作出判断。

图 4-1 和表 4-2 展示了排序期为一年、检验期也为一年的绩效二分法检验结果。在这里，我们关心的问题是：过去一年收益率排名在前 50% 的基金，下一年能否继续获得较高的收益，能否继续排在前 50%？过去一年收益率排名在后 50% 的基金，下一年的收益率是否仍旧较低，依然排在后 50%？如果这两个问题的答案是肯定的，那么我们认为基金在过去一年的业绩对于投资者来说具有参考价值；如果答案是否定的，则意味着私募基金的收益率没有持续性。由于我们重点关注基金在排序期和检验期能否维持同样水平的业绩，因此下面赢赢组（WW）和输输组（LL）的结果是主要的讨论对象。如果一只基金在检验期的业绩没有规律，那么它属于 4 个组别的任意一组的概率为 25%。

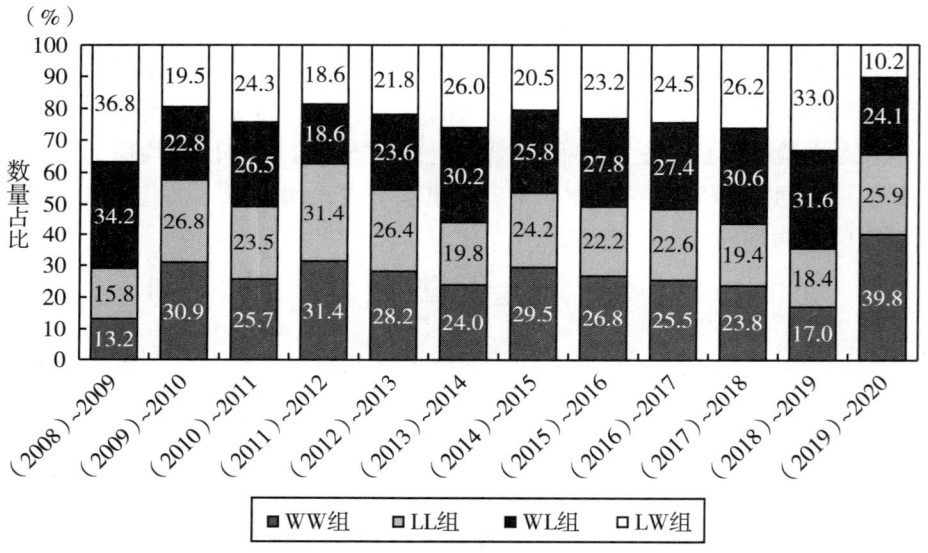

图 4-1　股票型私募基金业绩持续性的绩效二分法检验各组比例
（排序期为一年）：2008~2020 年

注：横坐标括号内的年份表示排序期，括号外的年份表示检验期。

表 4-2　　　　股票型私募基金业绩持续性的绩效二分法检验
　　　　　　　（排序期为一年）：2008~2020 年

（排序期）~检验期	CPR	Z 统计量	P 值	WW 组比例（%）	LL 组比例（%）	WL 组比例（%）	LW 组比例（%）
（2008）~2009	0.16	-3.55	0.000	13.2	15.8	34.2	36.8
（2009）~2010	1.87	1.88	0.061	30.9	26.8	22.8	19.5

续表

（排序期）~检验期	CPR	Z统计量	P值	WW组比例(%)	LL组比例(%)	WL组比例(%)	LW组比例(%)
（2010）~2011	0.94	-0.24	0.807	25.7	23.5	26.5	24.3
（2011）~2012	2.85*	5.66	<0.001	31.4	31.4	18.6	18.6
（2012）~2013	1.44*	2.42	0.015	28.2	26.4	23.6	21.8
（2013）~2014	0.60	-3.43	0.001	24.0	19.8	30.2	26.0
（2014）~2015	1.35*	2.15	0.031	29.5	24.2	25.8	20.5
（2015）~2016	0.92	-0.69	0.493	26.8	22.2	27.8	23.2
（2016）~2017	0.86	-2.24	0.025	25.5	22.6	27.4	24.5
（2017）~2018	0.58	-8.49	<0.001	23.8	19.4	30.6	26.2
（2018）~2019	0.30	-20.38	<0.001	17.0	18.4	31.6	33.0
（2019）~2020	4.21*	13.08	<0.001	39.8	25.9	24.1	10.2

注：*表示在排序期和检验期，基金的业绩在5%的显著性水平下具有持续性。

图4-1显示了每组检验中属于赢赢组（WW）、赢输组（WL）、输赢组（LW）和输输组（LL）4组基金的比例分布。在12组结果中，有基金占比明显低于25%的时间段，如（2018）~2019年只有17%的基金属于WW组，也有基金占比明显高于25%的时期，如（2019）~2020年有近40%的基金属于WW组，同时，部分时期各组基金占比与25%区别不大。整体来看，基金在检验期的组别分布较为随机。为了检验这些比例是否显著高于或低于随机分布下对应的概率25%，我们对不同时间区间内私募基金所属组别分布的显著性进行了检验。

表4-2展示了私募基金在排序期和检验期的组别分布，以及 CPR 等统计指标的具体信息。在12次检验中，在5%的显著性水平下，只有4组结果的 CPR 值是显著大于1的。表明在大多数样本期中，私募基金的业绩并没有表现出明显的持续性。此外，我们还注意到，（2018）~2019年间 Z 检验 P 值小于0.05，CPR 指标为0.30，显著小于1。这一结果表明，私募基金的收益率在2018~2019年出现了反转，在2018年处于赢组的基金只有17%能够在2019年继续属于赢组，且2018年处于输组的基金有18.4%在2019年继续属于输组。2018年，在中美贸易摩擦、金融去杠杆的大背景下，我国股票市场自开年起震荡下跌，上证综指全年累计跌幅达24.6%，创近十年来年度最大跌幅。进入2019年，股票市场开始回暖，电子、食品饮料、家用电器等行业板块的涨幅超过50%，以此类股票为重仓股的基金，业绩能够在2019年实现扭转。类似地，在（2008）~2009年、（2013）~2014年、（2016）~2017年、2017~（2018）年，私募基金业绩同样表现出反转。

在最新一个样本期（2019）~2020 年，CPR 指标为 4.21，显著大于 1，有 39.8%在 2019 年排名前 50%的基金继续在 2020 年排名前 50%，这段时间基金业绩持续性较强。2019 年，股票市场结构性行情明显，消费、科技板块涨幅靠前，核心蓝筹股受到投资者欢迎，周期板块整体较弱。2020 年，大量白酒股、啤酒股涨幅接近翻倍，消费、医药、科技板块也大幅上涨。在新冠肺炎疫情席卷全球之时，我国 A 股成为全球资产的避风港，大量境外资金涌入，集中投资于数量有限的核心资产、龙头企业。在一定程度上，这些基金拉升了这类股票价格的进一步上涨。在这样的市场行情下，以食品饮料、消费、医药、科技股为核心投资标的的基金能够在 2019~2020 年延续其优秀的业绩表现。但是，综合多个样本期的检验结果我们判断，当排序期为一年、检验期为一年时，私募基金收益排名随机性强，基金的收益率并没有持续性。

由于以一年为排序期时间相对较短，且基金一年的业绩波动性相对较高，我们又以三年作为排序期、一年作为检验期，考察股票型私募基金在前三年的总收益率排名是否与下一年的收益率排名显著相关，结果展示在图 4-2 和表 4-3 中。结合图 4-2 和表 4-3，我们发现，在 10 个样本期中，5 个样本期的检验结果不显著，2 个样本期的 CPR 指标显著小于 1，3 个样本期 CPR 指标显著大于 1，能够看出大多数样本期内私募基金的业绩并不能在下一年持续下去。

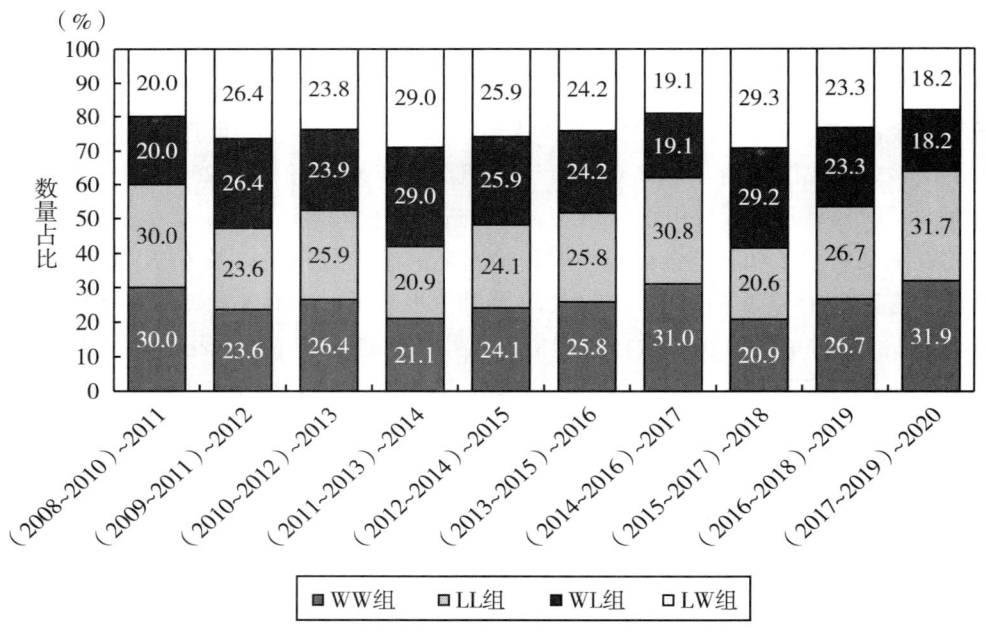

图 4-2　股票型私募基金业绩持续性的绩效二分法检验各组比例
（排序期为三年）：2008~2020 年

注：横坐标所示时间周期中括号内的年份表示排序期，括号外的年份表示检验期。

表 4-3 股票型私募基金业绩持续性的绩效二分法检验（排序期为三年）：2008~2020 年

（排序期）~检验期	CPR	Z 统计量	P 值	WW 组比例(%)	LL 组比例(%)	WL 组比例(%)	LW 组比例(%)
（2008~2010）~2011	2.25	1.66	0.097	30.0	30.0	20.0	20.0
（2009~2011）~2012	0.80	-0.57	0.568	23.6	23.6	26.4	26.4
（2010~2012）~2013	1.20	0.64	0.522	26.4	25.9	23.9	23.3
（2011~2013）~2014	0.52	-3.16	0.002	21.1	20.9	29.0	29.0
（2012~2014）~2015	0.86	-0.82	0.413	24.1	24.1	25.9	25.9
（2013~2015）~2016	1.14	0.67	0.502	25.8	25.8	24.2	24.2
（2014~2016）~2017	2.60*	5.14	<0.001	31.0	30.8	19.1	19.1
（2015~2017）~2018	0.50	-4.24	<0.001	20.9	20.6	29.2	29.3
（2016~2018）~2019	1.31*	2.76	0.006	26.7	26.7	23.3	23.3
（2017~2019）~2020	3.04*	7.07	<0.001	31.9	31.7	18.2	18.2

注：*表示在排序期和检验期，基金的业绩在 5% 的显著性水平下具有持续性。

具体来看，（2015~2017）~2018 年期间，P 值小于 0.05，但 CPR 指标为 0.50，小于 1，意味着这段时间内私募基金的收益率出现了反转，WL 组和 LW 组的基金占比分别为 29.2% 和 29.3%，即 2015~2017 年收益率属于赢组的基金，在 2018 年有 29.2% 被列入了输组。在（2011~2013）~2014 年，私募基金的业绩同样出现反转。此外，在最新一个样本期（2017~2019）~2020 年，CPR 指标为 3.04 且显著大于 1，属于 WW 组和 LL 组的基金占比分别为 31.9% 和 31.7%，说明 2017~2019 年收益排名前 50% 的基金中有 31.9% 的基金能够继续在 2020 年继续排名前 50%，高于 25%。类似地，（2014~2016）~2017 年和（2016~2018）~2019 年检验结果的 CPR 指标显著大于 1，在此期间私募基金的收益率具有持续性。基于上述分析，当排序期为三年、检验期为一年时，大多数时间段内，股票型私募基金的业绩仍没有明显的持续性。

根据对绩效二分法的检验结果分析，我们发现，无论是选择一年还是三年作为排序期，股票型私募基金在下一年的业绩并不具有显著的持续性。换言之，在过去一年或过去三年里投资收益率排名靠前的基金，在下一年里的收益率排名并不一定靠前，投资者根据过往的业绩排名选择基金，无法保证在未来获得同水平的收益。

二、收益率持续性的 Spearman 相关性检验

接下来，我们采用 Spearman 相关系数检验继续对股票型私募基金排序期和检验期的业绩持续性进行检验。Spearman 相关系数检验是最早用于检验基金业绩表

现持续性的方法之一，在检验中，Spearman 相关系数对原始变量的分布不做要求，是衡量两个变量的相互关联性的非参数指标，它利用单调方程评价两个统计变量的相关性。当样本的分布不服从正态分布、总体分布类型未知或为有序数据时，使用 Spearman 相关系数较为有效。Spearman 相关系数的绝对值越大，说明两个变量间的相关性越强。当两个变量完全相关时，Spearman 相关系数的数值则为 1 或 -1。Spearman 相关系数的取值为 -1~1。

Spearman 相关性检验的步骤包括以下四步。

第一步：定义排序期为一年或三年，计算排序期内样本基金的收益率排名。

第二步：定义检验期为排序期的下一年，追踪检验期内样本基金的收益率排名。

第三步：计算基金在排序期的排名与检验期的排名之间的 Spearman 相关系数。以排序期和检验期都为一年为例，Spearman 相关性检验统计量为：

$$\rho_t = 1 - \frac{6\sum_{i=1}^{n_t} d_{i,t}^2}{n_t(n_t^2 - 1)} \quad (4.4)$$

其中，$d_{i,t} = r_{i,t-1} - r_{i,t}$，$r_{i,t-1}$ 和 $r_{i,t}$ 分别为基金 i 在第 $t-1$ 年和第 t 年的收益率排序，n_t 为第 t 年中基金的数量。如果 Spearman 相关系数显著大于 0，表明基金的排名具有持续性，反之，表明基金的排名出现反转；如果相关系数接近于 0，则表明基金收益率的排名在排序期和检验期并没有显著的相关性。

第四步：逐年滚动检验基金排序期与检验期收益率排名的 Spearman 相关系数。

在这里，投资者最关心的问题是，如果投资于过去收益率较高的基金，是否会在未来获得较高的收益？因此，我们检验股票型私募基金收益率在排序期的排名和检验期的排名是否相关。如果相关性显著，则表明排序期排名较高的基金在检验期同样会获得较高的排名。这样投资者只要投资过去收益率较高的基金，在未来就会同样获得较高的收益。

当排序期和检验期都为一年时，2008~2020 年股票型私募基金业绩持续性的 Spearman 相关系数检验结果如表 4-4 所示。结果显示，在 5% 的显著性水平下，12 次检验中，只有 3 个样本期中的 Spearman 相关系数为正且显著，所以就整体而言，私募基金的收益率没有持续性。这 3 个私募基金业绩具有持续性的样本期分别为（2009）~2010 年、（2011）~2012 年和（2019）~2020 年。2011 年，沪深 300 指数下挫 19%，不少机构投资者和个人投资者在惨淡的行情下损失惨重。进入 2012 年，我国股票市场一路震荡，一年来上涨和下跌的行情此起彼伏。相比较而言，2012 年，地产、金融板块表现抢眼，而家用电器、医药生物等消费板块则相对低迷。检验结果显示，2011 年收益率较高的私募基金在 2012 年收益率仍然较高，这是因为 2010 年股指期货和融资融券推出后，采用对冲策略的私募基金能够通过对冲工具减小股票市场的波动，以持续性地获得正收益；2011年收益率偏低的私募基金在2012年业绩仍然不佳，原因则在于A股市场在2011年表现疲软，且在2012年间也存在阴跌行情，如果没能把握好股票买卖的时机则会造成净值接连下跌。在最新一个样本期（2019）~2020年，T检验P值小于0.05，Spearman相关系数为39.0%，表明这一时期私募基金业绩持续性较强。

表4-4　　股票型基金业绩持续性的Spearman相关性检验
（排序期为一年）：2008~2020年

（排序期）~检验期	Spearman相关系数	T检验P值
（2008）~2009	-0.529	<0.001
（2009）~2010	0.197*	0.016
（2010）~2011	-0.085	0.163
（2011）~2012	0.338*	<0.001
（2012）~2013	0.036	0.332
（2013）~2014	-0.091	0.013
（2014）~2015	0.025	0.470
（2015）~2016	0.036	0.206
（2016）~2017	0.032	0.067
（2017）~2018	-0.079	<0.001
（2018）~2019	-0.288	<0.001
（2019）~2020	0.390*	<0.001

注：*表示在排序期和检验期，基金的业绩在5%的显著性水平下具有持续性。

同时，我们也发现了一些样本期内基金的业绩出现了反转现象，即Spearman相关系数为负显著，如（2008）~2009年、（2013）~2014年、（2017）~2018年和（2018）~2019年。这表明，在这4个时间段内排序期排名较高（或较低）的基金在下一年的检验期排名反而较低（或较高）。2018~2019年，股票市场从熊市转为牛市，持有电子、食品饮料等涨幅较大行业板块股票的私募基金业绩能够实现大幅扭转，在2019年获得高额收益。除此之外，还有5个样本期的检验结果不显著。结合多个样本期检验结果，我们可以得出结论：以一年为排序期、一年为检验期时，大多数情况下我国股票型私募基金的收益率不具有持续性。

接下来，我们将排序期延长为三年、检验期仍为一年，考察股票型私募基金在前三年的总收益率排名是否与下一年的收益率排名显著相关，结果如表4-5所示。我们发现，在10次检验中，有6次检验显示，基金前三年的收益与下一年的收益没有显著的正相关关系，即基金业绩不具有持续性。同时，（2011~2013）~2014年和（2015~2017）~2018 年间，Spearman 相关系数显著小于 1，说明在 2011~2013 年和 2015~2017 年收益排名靠前的基金到了下一年收益反而排名靠后。在 5% 的显著性水平下，有 4 次检验的 Spearman 相关系数是正显著的，样本期为（2008~2010）~2011 年、（2014~2016）~2017 年、（2016~2018）~2019 年和（2017~2019）~2020 年，相关系数分别为 28.5%、16.0%、5.9% 和 34.6%。整体来看，在大多数样本期，基金排序期和检验期的收益率并不是显著正相关的，由此我们认为，以三年为排序期，股票型私募基金的业绩不具有持续性。这一结论与绩效二分法检验的结果保持一致。

表 4-5　　　　股票型私募基金业绩持续性的 Spearman 相关性检验
（排序期为三年）：2008~2020 年

（排序期）~检验期	Spearman 相关系数	T 检验 P 值
（2008~2010）~2011	0.285*	0.017
（2009~2011）~2012	−0.059	0.542
（2010~2012）~2013	0.042	0.554
（2011~2013）~2014	−0.127	0.012
（2012~2014）~2015	0.004	0.931
（2013~2015）~2016	0.018	0.711
（2014~2016）~2017	0.160*	0.000
（2015~2017）~2018	−0.102	0.010
（2016~2018）~2019	0.059*	0.016
（2017~2019）~2020	0.346*	<0.001

注：* 表示在排序期和检验期，基金的业绩在 5% 的显著性水平下具有持续性。

上述检验显示，无论排序期是一年还是三年，都无法表明股票型私募基金的收益率在下一年具有确定的持续性。虽然在个别年份中基金的业绩表现出持续的特征，但持续性的相关系数都较低。这意味着私募基金过去的收益不能帮助我们预测基金在下一年的业绩。投资者如果投资于过去一年或三年内收益排名较高的基金，并不能保证在下一年里会继续获得较高的收益。

三、收益率持续性的描述统计检验

至此，我们分别采用绩效二分法和 Spearman 相关系数两种方法对股票型私募基金收益率的持续性进行了检验，接下来，我们将采用更加直观的描述统计的方法，分别从收益率和夏普比率两个方面分析私募基金的业绩可否持续。

与前面一样，我们选取一年和三年作为排序期，检验期设置为一年。首先，在排序期根据收益率进行排序，从高至低将基金分为 4 组，将第 1 组定义为收益率最高的组（收益率排名在前 25%），以此类推，第 4 组定义为收益率最低的组（收益率排名在后 25%）。然后，我们观察每组基金在检验期的分组情况。如果基金的收益率具有持续性，那么在排序期属于第 1 组的基金，在检验期应该也有很高比例的基金属于第 1 组。反之，如果基金的收益率不具有持续性，则无论基金在排序期中处于什么组别，在检验期中的排名应该是随机分布的，也就是说，排序期处于第 1 组的基金，检验期处于各组的比例应为 25%。由于本章讨论的重点是私募基金的收益率是否具有持续性，这里我们主要关注基金在排序期和检验期所属组别的延续情况。

2008~2020 年期间，通过计算，我们得出 12 个在排序期收益率属于第 1 组的基金在检验期也属于第 1 组的比例，再计算这 12 个比例的平均值，可以获得 2008~2020 年收益率在排序期和检验期均属于第 1 组比例的均值。图 4-3 为一年排序期

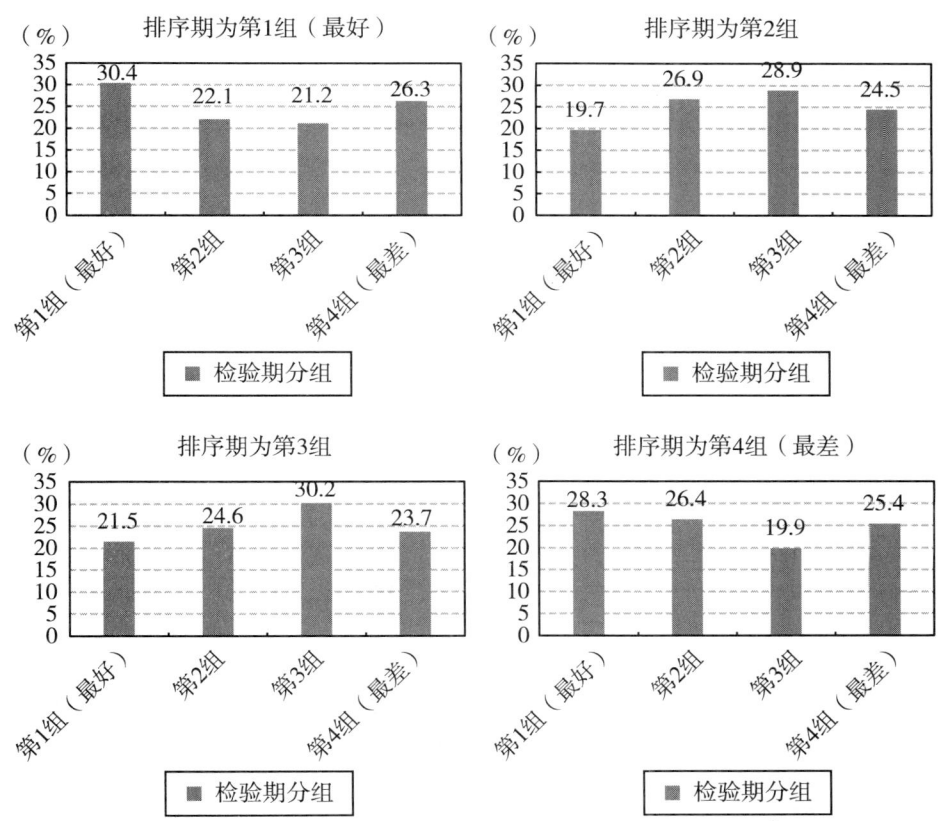

图 4-3 股票型私募基金业绩在检验期组别变化的分布（排序期为一年）：2008~2020 年

内属于第 1 组、第 2 组、第 3 组和第 4 组的基金在下一年检验期所属各组的比例。从图 4-3 可见，排序期属于收益率最高的第 1 组的基金在检验期有 30.4% 的基金仍属于第 1 组，高于随机分布下对应的 25%；排序期属于收益率最低的第 4 组的基金在检验期中有 25.4% 的基金仍属于第 4 组，接近 25%。接下来，我们采用 T 检验，进一步检查这两个比例是否在统计上显著区别于 25%。

表 4-6 展示了排序期为一年、检验期为一年时，股票型私募基金收益率在检验期组别变化的 T 检验结果。结果显示，在 5% 的显著性水平下，只有排序期处于第 3 组的基金，在检验期仍处于第 3 组的占比结果通过了 T 检验，P 值为 0.014。而我们特别关注的排序期和检验期都处于收益率最高的第 1 组或是收益率最低的第 4 组的基金占比，其 T 检验的 P 值分别为 0.173 和 0.896，均大于 0.05，未能通过显著性检验。这说明，尽管在排序期属于最好的第 1 组的基金有 30.4% 在检验期仍然属于第 1 组，但这一概率与随机分布下对应的概率（25%）没有显著区别。通过分析我们认为，私募基金在排序期的组别分布与其在检验期的组别分布并没有直接的联系，私募基金在检验期中基本上随机分布于 4 个组别，即股票型私募基金的收益率不具有持续性。

表 4-6　股票型私募基金业绩在检验期组别变化的 T 检验
（排序期为一年）：2008~2020 年

排序期组别	检验期组别	平均百分比（%）	t 值	T 检验 P 值
1 （最好基金组）	1	30.4	1.46	0.173
	2	22.1	-1.41	0.186
	3	21.2	-2.01	0.070
	4	26.3	0.37	0.722
2	1	19.7	-4.12	0.002
	2	26.9	1.15	0.276
	3	28.9	2.01	0.069
	4	24.5	-0.22	0.831
3	1	21.5	-1.76	0.107
	2	24.6	-0.20	0.841
	3	30.2*	2.93	0.014
	4	23.7	-0.62	0.549
4 （最差基金组）	1	28.3	1.10	0.296
	2	26.4	0.57	0.581
	3	19.9	-2.42	0.034
	4	25.4	0.13	0.896

注：* 表示在排序期和检验期，基金的业绩在 5% 的显著性水平下具有持续性。

通过上述检验，我们发现收益率排名在前25%与后25%的基金业绩不具有持续性，那么，当这两个比例缩小至5%时，这个结论是否仍旧成立？表4-7展示了在排序期属于前5%的基金在检验期仍排名前5%的基金数量及占比统计，平均有9%的基金的收益率能够在排序期和检验期都排名前5%。换言之，在过去一年收益率最高的基金，在下一年有91%的概率不再是最优秀的基金。具体来看，只有（2013）~2014年、（2014）~2015年和（2019）~2020年检验期和排序期都排名前5%的基金占比略高于15%，其他时间段内只有很少比例的私募基金能够在检验期持续性获取较好的收益。在最新一个样本期（2019）~2020年中，排序期中84只排名前5%的基金，在检验期只有13只仍然排名前5%，占比15.5%。由此可见，2008~2020年每年最优秀的私募基金在检验期的收益和排名变动都很大，对投资者而言没有参考价值。

表4-7 收益率前5%的股票型私募基金在检验期仍属于前5%的数量占比（排序期为一年）：2008~2020年

排序期	检验期	排序期中前5%的基金数量（只）	检验期中仍处于前5%的基金数量（只）	检验期中仍处于前5%的基金占比（%）
2008	2009	3	0	0.0
2009	2010	7	0	0.0
2010	2011	13	1	7.7
2011	2012	25	2	8.0
2012	2013	35	2	5.7
2013	2014	37	6	16.2
2014	2015	41	7	17.1
2015	2016	61	9	14.8
2016	2017	167	18	10.8
2017	2018	196	11	5.6
2018	2019	250	16	6.4
2019	2020	84	13	15.5
平均值		—	—	9.0

在附录三中，我们具体汇报了2017~2020年间，排序期为一年时，收益率在排序期排名前30位的基金在检验期的排名，并用★标记出检验期中仍排名前30位的基金。此外，在附录四中我们展示了当排序期为一年时，在排序期和检验期分别

排名前30位的基金名单及收益率，同样用★标注出排序期和检验期都排名前30位的基金，以便读者参考。

接下来，我们对收益率排名后5%的基金在下一年的业绩排名进行了检验，结果展示在表4-8中。我们发现，与收益率排名前5%的基金相比，每年收益率保持排名后5%的基金的比例有所提高，平均为15.4%左右，但整体占比仍不高。其中，6个样本期内检验期仍属于后5%的基金占比小于10%，同时，有5个样本期基金仍排在后5%的基金占比超过了20%，相对较高。在最新一个样本期（2019）~2020年，有44%在排序期排名后5%的基金在检验期依旧排名在后5%，占比偏高，说明这一时期有较多基金业绩持续不佳。整体上，当检验范围缩小至5%后，收益率排名垫底的基金收益依旧不具有持续性。

表4-8　　　　收益率后5%的股票型私募基金在检验期仍属于
后5%的数量占比（排序期为一年）：2008~2020年

排序期	检验期	排序期中后5%的基金数量（只）	检验期中仍处于后5%的基金数量（只）	检验期中仍处于后5%的基金占比（%）
2008	2009	3	1	33.3
2009	2010	7	0	0.0
2010	2011	13	0	0.0
2011	2012	25	6	24.0
2012	2013	35	2	5.7
2013	2014	36	2	5.6
2014	2015	41	0	0.0
2015	2016	61	5	8.2
2016	2017	165	36	21.8
2017	2018	196	44	22.4
2018	2019	250	49	19.6
2019	2020	84	37	44.0
平均值		—	—	15.4

我们将排序期延长至三年，继续检验股票型私募基金业绩的持续性。通过滚动计算，能够得出10个在排序期属于第1组的基金在检验期也属于第1组的比例，再计算这10个比例的平均值，可以获得2008~2020年排序期和检验期内基

金收益率都属于第 1 组比例的均值。图 4-4 为 2008~2020 年,在三年的排序期中属于第 1 组、第 2 组、第 3 组和第 4 组的基金在下一年所属各组的比例。其中,排序期属于收益率最高的第 1 组的基金中,有 30.2% 的基金在检验期仍然属于第 1 组,高于随机分布下对应的 25%;排序期属于收益最差的第 4 组的基金中,有 25.5% 的基金在检验期中仍然属于第 4 组,与随机分布下对应的概率 25% 差别不大。

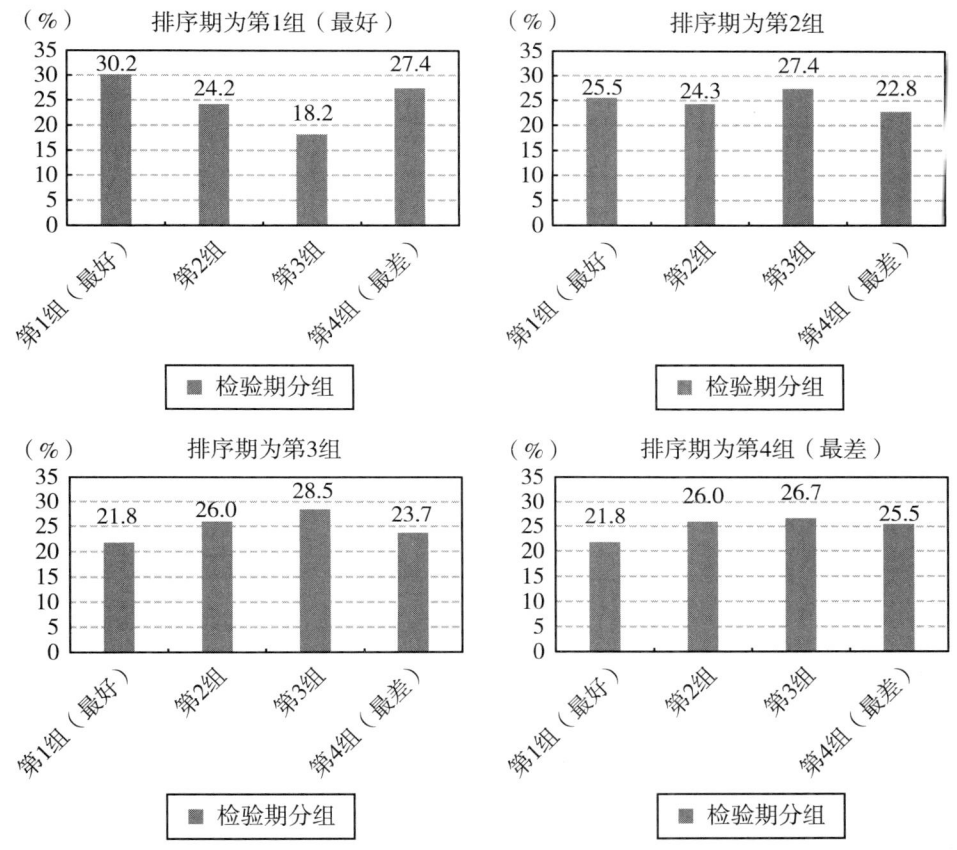

图 4-4 股票型私募基金业绩在检验期组别变化的分布(排序期为三年):2008~2020 年

为了检验基金分布的占比是否在统计意义上显著不等于 25%,我们同样对 2008~2020 年间私募基金收益率在检验期组别的变化情况进行了 T 检验,结果在表 4-9 中给出。结果显示,没有一组基金在检验期延续了其在排序期的组别,排序期和检验期都属于第 1 组、第 2 组、第 3 组和第 4 组中基金占比的 T 检验 P 值均大于 0.05,在 95% 的置信条件下,这几个比例并不显著区别于 25%。也就是说,无论基金在排序期属于什么组别,其在检验期组别的分布都是随机的。因此,我们可以得出结论:排序期为三年时,私募基金的收益仍然没有显著的持续性,表明投资者无法根据基金在过去三年的收益排名来判断其在未来一年收益的高低。

表4-9 股票型私募基金业绩在检验期组别变化的T检验
（排序期为三年）：2008~2020年

排序期组别	检验期组别	平均百分比（%）	t值	T检验P值
1 （最优基金组）	1	30.2	1.58	0.149
	2	24.2	-0.33	0.750
	3	18.2	-4.38	0.002
	4	27.4	0.80	0.443
2	1	25.5	0.22	0.831
	2	24.3	-0.36	0.728
	3	27.4	0.81	0.439
	4	22.8	-0.76	0.470
3	1	21.8	-2.10	0.065
	2	26.0	0.36	0.731
	3	28.5	1.39	0.198
	4	23.7	-0.54	0.602
4 （最差基金组）	1	21.8	-1.37	0.205
	2	26.0	0.43	0.681
	3	26.7	0.65	0.531
	4	25.5	0.20	0.845

注：*表示在排序期和检验期，基金的业绩在5%的显著性水平下具有持续性。

表4-10展示了在排序期收益率非常靠前的属于前5%的基金在检验期仍排名前5%的基金数量及占比统计。10个样本期的检验结果显示，平均有12.2%的基金在排序期和检验期的夏普比率均排名前5%，占比不高，且在（2009~2011）~2012年、（2010~2012）~2013年和（2015~2017）~2018年，没有一只过去三年排名靠前的基金在下一年延续了其优秀的业绩；其他的样本期中，检验期仍排名前5%的基金占比的随机性也较强；在最新一个样本期（2017~2019）~2020年，有17.6%的基金在检验期仍排名前5%。因此，大多数收益排名非常靠前的基金在检验期很难继续维持其之前的收益水平，收益率排名非常靠前的基金的业绩不具有持续性。

表 4-10　　收益率前 5% 的股票型私募基金在检验期仍属于
前 5% 的数量占比（排序期为三年）：2008~2020 年

排序期	检验期	排序期中前 5% 的基金数量（只）	检验期中仍处于前 5% 的基金数量（只）	检验期中仍处于前 5% 的基金占比（%）
2008~2010	2011	3	1	33.3
2009~2011	2012	5	0	0.0
2010~2012	2013	9	0	0.0
2011~2013	2014	19	4	21.1
2012~2014	2015	24	6	25.0
2013~2015	2016	21	2	9.5
2014~2016	2017	24	1	4.2
2015~2017	2018	31	0	0.0
2016~2018	2019	82	9	11.0
2017~2019	2020	34	6	17.6
平均值		—	—	**12.2**

收益排名领先的基金业绩没有持续性，那么，收益垫底的基金业绩是否能够持续呢？从表 4-11 可以看出，平均有 11.9% 的基金在排序期和检验期都排在后 5%。具体来看，仅有 2 个样本期中的基金占比超过了 20%，分别为（2008~2010）~2011 年和（2017~2019）~2020 年；同时，有 2 个样本期内没有一只基金在检验期继续处于末位。总体而言，在 2008~2020 年期间，基金业绩持续排名最差（后 5%）的基金中，能够在检验期延续其业绩的基金占比仍旧较低，因此收益率排名处于末位的股票型私募基金的业绩同样不具有持续性。

表 4-11　　收益率后 5% 的股票型私募基金在检验期仍属于
后 5% 的数量占比（排序期为三年）：2008~2020 年

排序期	检验期	排序期中后 5% 的基金数量（只）	检验期中仍处于后 5% 的基金数量（只）	检验期中仍处于后 5% 的基金占比（%）
2008~2010	2011	3	1	33.3
2009~2011	2012	5	0	0.0
2010~2012	2013	9	0	0.0
2011~2013	2014	19	1	5.3
2012~2014	2015	24	1	4.2

续表

排序期	检验期	排序期中后5%的基金数量（只）	检验期中仍处于后5%的基金数量（只）	检验期中仍处于后5%的基金占比（%）
2013~2015	2016	21	1	4.8
2014~2016	2017	24	1	4.2
2015~2017	2018	31	5	16.1
2016~2018	2019	82	13	15.9
2017~2019	2020	34	12	35.3
平均值		—	—	**11.9**

由于收益率是反映基金历史业绩最为直观的指标，前面我们分别采用了绩效二分法、Spearman 相关性检验以及描述统计检验的方法，对股票型私募基金的收益率是否具有持续性进行了检验。但是，投资者在进行基金投资时，除关注基金能够赚取的收益外，投资基金所承担的风险也十分重要。接下来，我们选取基金的夏普比率这一反映基金风险调整后收益的指标作为衡量基金业绩持续性的指标，采用描述统计检验的方法对其是否具有持续性进行检验。

四、夏普比率持续性的描述统计检验

对于夏普比率持续性的描述统计检验，我们同样选取一年和三年作为排序期、一年为检验期。当排序期为一年时，可以计算得出 12 个在排序期夏普比率属于第 1 组的基金在检验期也属于第 1 组的比例，再计算这 12 个比例的平均值，可以获得 2008~2020 年排序期和检验期夏普比率均属于第 1 组比例的均值。表 4-12 展示了排序期夏普比率属于第 1 组、第 2 组、第 3 组和第 4 组的基金在检验期所属各组的比例以及 T 检验 P 值。在这里，我们重点关注的是基金在检验期是否能够延续其在排序期的组别。结果显示，排序期夏普比率属于第 1 组的基金在检验期有 31.2% 的基金继续留在第 1 组，显著大于随机分布下对应的 25%，且 T 检验 P 值为 0.023，表明过去一年夏普比率排名前 25% 的基金在未来一年有 31.2% 的概率依旧排名靠前；同时，排序期夏普比率属于第 4 组的基金在检验期有 30.9% 的基金继续留在了第 4 组，该比例显著大于 25%，其 T 检验 P 值为 0.017，说明过去一年夏普比率排在后 25% 的基金在未来一年有 30.9% 的概率仍然排名靠后。因此，我们可以得出结论：过去一年夏普比率较高或较低的基金，在未来一年也有很大概率延续其过往优秀或不佳的业绩，投资者在筛选基金时可以参考基金在过去一年的夏普比率。

表 4-12　股票型私募基金夏普比率在检验期组别变化的 T 检验
（排序期为一年）：2008~2020 年

排序期组别	检验期组别	平均百分比（%）	t 值	T 检验 P 值
1 （最优基金组）	1	31.2*	2.63	0.023
	2	28.1	1.84	0.093
	3	21.4	−2.99	0.012
	4	19.3	−2.94	0.015
2	1	24.2	−0.52	0.610
	2	24.6	−0.20	0.848
	3	26.9	1.18	0.262
	4	24.3	−0.24	0.811
3	1	25.1	0.05	0.958
	2	23.4	−0.89	0.392
	3	27.0	2.00	0.071
	4	24.5	−0.24	0.812
4 （最差基金组）	1	21.2	−1.43	0.180
	2	24.3	−0.31	0.763
	3	23.6	−0.78	0.453
	4	30.9*	2.81	0.017

注：*表示在排序期和检验期，基金的业绩在5%的显著性水平下具有持续性。

接下来，我们分别选出 2008~2020 年间排序期夏普比率位于前5%和后5%的基金与它们在检验期的排名进行对比，进一步分析夏普比率排名非常靠前与靠后的基金的业绩能否持续。表 4-13 展示了排序期为一年时，夏普比率排名前5%的基金在下一年仍然排名前5%的基金数量和占比，平均有10.2%的基金能够在检验期继续排到前5%的位置。其中，在（2008）~2009 年、（2009）~2010 年和（2012）~2013 年间，没有一只基金的夏普比率能够在检验期继续保留在前5%的位置；其他9个样本期内，没有一个样本期的基金占比超过了20%；最新一个样本期（2019）~2020 年，有17.9%的基金在检验期继续排名靠前。总体而言，当检验范围缩小至前5%时，夏普比率排名领先的私募基金不一定能在下一年持续稳定获得高夏普比率。附录五具体展示了以一年为排序期时，2017~2020 年夏普比率排名前 30 位的私募基金在检验期的排名，并用★标记出在检验期夏普比率仍排名前 30 位的基金，供读者参阅。

表 4-13　　　夏普比率前 5%的股票型私募基金在检验期仍属于
前 5%的数量占比（排序期为一年）：2008~2020 年

排序期	检验期	排序期中前 5%的基金数量（只）	检验期中仍处于前 5%的基金数量（只）	检验期中仍处于前 5%的基金占比（%）
2008	2009	3	0	0.0
2009	2010	7	0	0.0
2010	2011	13	1	7.7
2011	2012	25	4	16.0
2012	2013	35	0	0.0
2013	2014	37	4	10.8
2014	2015	42	5	11.9
2015	2016	64	9	14.1
2016	2017	168	23	13.7
2017	2018	197	21	10.7
2018	2019	252	49	19.4
2019	2020	84	15	17.9
平均值		—	—	**10.2**

类似地，我们对排序期夏普比率排名在后 5%的私募基金是否在检验期还排名后 5%进行了检验，结果如表 4-14 所示。从中可以看出，12 次检验中，平均有 15.7%的基金在排序期和检验期都排名后 5%，这一比例并不高；不同的样本区间内，夏普比率持续处于后 5%的占比各不相同，只有 2 个样本期的基金占比超过了 20%；最新一个样本期（2019）~2020 年，有 51.4%的基金的夏普比率继续在检验期排名垫底，占比很高，表明这一时期夏普比率垫底的基金业绩持续性强。但是，综合多个样本期的检验结果，我们认为，当以 25%为区间对私募基金的夏普比率进行划分时，夏普比率属于最低的第 4 组的基金展现出了业绩的持续性，但是，当对基金划分区间的范围缩小至后 5%时，这一持续性并不明显。

表 4-14　　　夏普比率后 5%的股票型私募基金在检验期仍属于
后 5%的数量占比（排序期为一年）：2008~2020 年

排序期	检验期	排序期中后 5%的基金数量（只）	检验期中仍处于后 5%的基金数量（只）	检验期中仍处于后 5%的基金占比（%）
2008	2009	3	0	0.0
2009	2010	7	1	14.3

续表

排序期	检验期	排序期中后5%的基金数量（只）	检验期中仍处于后5%的基金数量（只）	检验期中仍处于后5%的基金占比（%）
2010	2011	13	0	0.0
2011	2012	25	5	20.0
2012	2013	35	9	25.7
2013	2014	37	4	10.8
2014	2015	39	3	7.7
2015	2016	62	7	11.3
2016	2017	168	27	16.1
2017	2018	197	32	16.2
2018	2019	252	38	15.1
2019	2020	84	43	51.2
平均值	—	—		**15.7**

在接下来的分析中，我们将排序期延长至三年、检验期仍为一年，继续对股票型私募基金夏普比率的持续性进行检验。表4-15是排序期为三年时基金在检验期属于第1组、第2组、第3组和第4组的情况及T检验结果。在这里，我们同样重点关注基金排序期组别在检验期的延续情况。可以发现，排序期属于夏普比率最高的第1组的基金，在检验期有34.5%的比例仍然属于第1组，T检验P值为0.001，在5%的显著性水平下显著高于随机分布下的25%，这表明过去三年夏普比率属于第1组的基金在未来一年有34.5%的基金仍能够进入排名最高的第1组；观察排序期和检验期夏普比率都属于第4组的基金，平均有29.6%的基金在检验期还属于第4组，但其T检验P值为0.096，大于5%，未能通过显著性检验。这一结果表明，过去三年夏普比率较低的基金未来一年的夏普比率不一定仍然偏低。

表4-15　　股票型私募基金夏普比率在检验期组别变化的T检验

（排序期为三年）：2008~2020年

排序期组别	检验期组别	平均百分比（%）	t值	T检验P值
1 （最优基金组）	1	34.5*	4.59	0.001
	2	26.0	0.40	0.697
	3	21.6	-1.73	0.117
	4	17.9	-3.32	0.009

续表

排序期组别	检验期组别	平均百分比（%）	t 值	T 检验 P 值
2	1	26.7	0.89	0.399
	2	25.4	0.15	0.888
	3	25.9	0.40	0.699
	4	22.0	−1.29	0.231
3	1	17.6	−3.75	0.005
	2	26.3	0.71	0.498
	3	26.4	0.85	0.419
	4	29.7	1.99	0.078
4（最差基金组）	1	20.6	−2.53	0.032
	2	22.9	−1.20	0.261
	3	26.9	1.02	0.334
	4	29.6	1.86	0.096

注：*表示在排序期和检验期，基金的业绩在5%的显著性水平下具有持续性。

当排序期为三年时，夏普比率排名前25%的基金业绩具有一定的持续性，那么，夏普比率排名前5%的基金的业绩是否也能够持续呢？从表4-16可以看出，10个样本期中，平均只有12.4%的基金能够在检验期继续排到前5%的位置，其中，6个样本期内检验期仍处于前5%的基金占比都不超过20%，随机性较强；最新一个样本期（2017~2019）~2020年，有20.6%的基金延续了其排序期优秀的业绩表现。综合来看，前三年夏普比率排名非常靠前的基金仅有很少一部分能够在检验期仍然排名在前5%，据此，我们认为夏普比率排名最前列的股票型私募基金的业绩不具有持续性。

表 4-16　　夏普比率前 5% 的股票型私募基金在检验期仍属于前 5% 的数量占比（排序期为三年）：2008~2020 年

排序期	检验期	排序期中前5%的基金数量（只）	检验期中仍处于前5%的基金数量（只）	检验期中仍处于前5%的基金占比（%）
2008~2010	2011	3	0	0.0
2009~2011	2012	5	0	0.0
2010~2012	2013	9	0	0.0
2011~2013	2014	19	2	10.5
2012~2014	2015	24	6	25.0

续表

排序期	检验期	排序期中前5%的基金数量（只）	检验期中仍处于前5%的基金数量（只）	检验期中仍处于前5%的基金占比（%）
2013~2015	2016	21	4	19.0
2014~2016	2017	24	1	4.2
2015~2017	2018	31	7	22.6
2016~2018	2019	82	18	22.0
2017~2019	2020	34	7	20.6
平均值		—	—	**12.4**

表4-17展示了排序期为三年时，夏普比率排名后5%的基金在下一年仍然排名后5%的基金数量和占比。从中可见，在2008~2020年间，当排序期为三年时，平均有24.2的基金的夏普比率在检验期和排序期均处于后5%，与排名位于前5%的基金相比有较大幅度的提高。但是，可以观察到，检验期中仍处于后5%的基金占比的随机性较强，最高占比达到66.7%，最低仅为8.3%。因此，我们认为，相较于夏普比率排名前5%的基金，夏普比率排名后5%的基金的业绩持续性有所提升，但也具有很大的随机性。

表4-17　夏普比率后5%的股票型私募基金在检验期仍属于后5%的数量占比（排序期为三年）：2008~2020年

排序期	检验期	排序期中后5%的基金数量（只）	检验期中仍处于后5%的基金数量（只）	检验期中仍处于后5%的基金占比（%）
2008~2010	2011	3	2	66.7
2009~2011	2012	5	1	20.0
2010~2012	2013	9	2	22.2
2011~2013	2014	19	2	10.5
2012~2014	2015	24	2	8.3
2013~2015	2016	21	6	28.6
2014~2016	2017	24	3	12.5
2015~2017	2018	31	3	9.7
2016~2018	2019	82	23	28.0
2017~2019	2020	34	12	35.3
平均值		—	—	**24.2**

五、小结

每年年底，财经媒体、第三方财富管理公司等机构会定期发布私募基金的业绩排名，而不少投资者也会以此为参照进行投资，寄希望于过去业绩较好的基金在未来继续获得良好的业绩。本章从这个现象出发，围绕私募基金的过往业绩对投资者而言是否具有参考价值这一话题进行了讨论。在检验过程中，我们以一年（或三年）作为排序期，以排序期之后的一年作为检验期，分别采用了绩效二分法检验、Spearman 相关性检验、基金收益率的描述统计检验法和基金夏普比率的描述统计检验法共四种方法，研究私募基金过往业绩与未来业绩的关系。

在绩效二分法检验、Spearman 相关性检验和基金收益率的描述统计检验中，我们均以基金的收益率作为业绩持续性的参考指标，观察基金收益率在排序期和检验期的关系。这三种方法所得出的结论基本一致，即不论排序期是一年还是三年，在 2008~2020 年期间股票型私募基金的业绩只在部分年间表现出一定的持续性，且在部分年间出现了反转的现象，总体上私募基金的过往收益不具有持续性，不能帮助投资者预测基金未来的业绩。

在基金夏普比率的描述统计检验中，我们加入了对基金风险的考量，选取风险调整后的收益指标——夏普比率作为衡量基金业绩的指标。结果显示，当排序期为一年时，过去一年夏普比率排名靠前（属于夏普比率排名在前 25% 的第 1 组）或靠后（属于夏普比率排名在最后 25% 的第 4 组）的基金在未来一年有较大概率仍然排名靠前或靠后；当排序期为三年时，过去三年夏普比率排名靠前的基金在未来一年有较大概率仍然排名靠前。由此来看，私募基金过去一段时间的夏普比率对投资者而言具有重要的参考价值，投资者在选取基金时，可以以此为依据选取或规避特定的私募基金。

道口私募基金指数

近年来，我国私募基金行业迅速发展，但国内目前还缺少一种相对比较完善的私募基金指数以反映私募基金整体的业绩。私募基金的净值披露要求和公募基金不一样，在市场上我们能获得的私募基金的信息相对有限。2016年2月出台的《私募投资基金信息披露管理办法》要求，私募基金管理公司在每季度结束之日起10个工作日内，向投资者披露基金净值等信息。单只基金管理规模达到5 000万元以上的，则要求基金管理公司在每月结束之日起5个工作日内向投资者披露基金净值信息。这意味着投资者可以获得私募基金公司披露的净值信息，但是私募基金经理的投资策略和持仓信息，投资者和政府监管机构无从知晓。这个问题在美国等金融市场发达的国家也同样存在。

因此，为了了解各类投资策略的私募基金的整体收益及风险情况，我们有必要建立、编制出不同策略的、具有代表性的私募基金指数，这对投资者、私募基金管理者以及政府监管机构等不同人群有着非常重大的意义。投资者可以根据不同策略的私募基金指数来安排自己的资产组合；私募基金管理者可以把相应的私募基金指数作为自己管理的私募基金的业绩比较基准；政府监管机构可以根据私募基金的收益和风险状况，来评估私募基金行业未来整体的发展情况，并对可能出现的问题提前采取相应的监管措施。

道口私募基金系列指数，旨在反映中国私募证券投资基金的整体发展状况，以私募基金投资策略为区分，包括普通股票型私募基金指数、股票多空型私募基金指数、相对价值型私募基金指数、事件驱动型私募基金指数、债券型私募基金指数和CTA型私募基金指数，分别反映投资于股票、债券和期货等资产的私募基金的整体收益和风险情况。我们希望通过建立这一系列指数，为投资者、私募基金管理者和政府监管机构提供有效信息和决策借鉴。

一、道口私募基金指数编制方法

（一）样本空间

入选道口私募证券投资基金系列指数的基金需要同时满足以下三个条件。

第一，私募基金成立时间超过六个月。这是为了剔除那些因处于建仓期而不能反映真实的收益和风险情况的私募基金。

第二，非分级基金（也称"非结构化基金"）。这是因为分级私募基金在汇报基金净值的时候可能存在口径不统一的现象（如只汇报母基金或子基金的情况）。

第三，非 FOF、TOT、MOM 等组合基金。这是为了避免基金净值被重复纳入指数中，因为组合基金是投资于私募基金的基金，其净值反映的是其他私募基金的情况。

（二）指数类别

编制时我们以基金策略为分类依据，来建立相应的私募基金指数。分类依据为万得资讯数据库中私募证券投资基金策略分类。相应地，我们选取普通股票型基金构建普通股票型私募基金指数；选取股票多空型基金构建股票多空型私募基金指数；选取相对价值型基金构建相对价值型私募基金指数；选取事件驱动型基金构建事件驱动型私募基金指数；选取债券型基金构建债券型私募基金指数；选取商品型基金和宏观对冲型基金中的以商品期货为主要标的的私募基金构建 CTA 型私募基金指数。

（三）样本选入

我们定义基金的成立日为万得资讯数据库中基金存在第一个净值的时间，该成立日六个月之后的第一个月末点开始将基金纳入指数中。也就是说，在私募基金成立后的第七个月，才能被纳入道口私募证券投资基金系列指数中。时隔六个月的原因是考虑到私募基金成立时需要一定时间的建仓期。

（四）样本退出

在基金产品或基金公司有特殊事件发生时，我们需要对样本基金作必要的调整，这些事件包括但不限于以下几种。

基金清盘：当样本基金发生清盘时，则在其清盘日之后将其从相应的指数中剔除。

基金暂停公布净值：若样本基金因故暂停公布净值，则在其暂停公布净值期间将该基金从相应指数中剔除，当其正常公布净值后，再纳入指数。

合同的变更：当样本基金合同发生变更时，将该基金从相应的指数中剔除，并将变更后的基金视为一只新发行的基金，当满足相应条件时，再纳入相应的指数。

基金公司发生重大违规违法事件：对存在违规违法事件的基金公司所管理的私募基金，我们给予一定的考察期，在考察期内，相应基金从指数中剔除。当相关部门调查并处分之后，如果基金公司在一定时间内正常运营，则相应基金重新纳入指数。

（五）道口私募指数计算准则

1. 指数的基点与基日

道口私募证券投资基金系列指数以"点"为单位，精确到小数点后 3 位。

道口私募证券投资基金系列指数的基点统一设为 1 000 点，基日如表 5-1 所示。

表 5-1　　　　　　　　不同策略类型的私募基金指数的基日

指数分类	基日
普通股票型	2005-12-31
相对价值型	2010-12-31
股票多空型	2008-12-31
事件驱动型	2011-12-31
债券型	2010-12-31
CTA 型	2012-12-31

2. 指数计算公式

道口私募证券投资基金系列指数的计算方法为等权平均法，具体计算方法如下：

$$AVGRET_t = \frac{1}{N_t}\sum_{i=1}^{N_t}\left(\frac{ADJNAV_{i,t}}{ADJNAV_{i,t-1}} - 1\right) \quad (5.1)$$

$$INDEX_t = (1 + AVGRET_t) \times INDEX_{t-1} \quad (5.2)$$

其中，$INDEX_t$ 代表第 t 个月的私募基金指数，$AVGRET_t$ 代表第 t 个月私募基金的平均收益率，$ADJNAV_{i,t}$ 代表私募基金 i 在第 t 个月的复权净值，N_t 代表第 t 个月私募基金的样本数量。我们使用等权平均法，是因为在万得资讯数据库中没有私募基金的资产管理规模信息。

3. 所选基金净值

道口私募证券投资基金系列指数所采用的基金净值的数据为复权净值。基金复权净值是在考虑了基金的分红或拆分等因素对基金的影响后，对基金的单位净值进行了复权计算。复权净值将基金的分红加回单位净值，并作为再投资进行复利计算。同时，基金的复权净值为剔除相关管理费用后的净值。

4. 指数修正

我们每三个月会通过公开信息重新计算私募证券投资基金系列指数，来修正由于万得资讯数据库修正历史数据而带来的累计净值信息的变化。若基金修改过历史净值信息，修正后的指数点位将重新发布。若指数大幅变动，我们会通过公告进行披露并予以特别的说明。[①]

二、道口私募基金指数覆盖的基金数量

表 5-2 展示了不同私募基金指数中所包括的基金数目占同策略私募基金总数的比例。据表 5-2 可知，除 CTA 型私募基金外，私募基金指数中所包含的基金数量占市场中同类基金的比例都在 49% 以上。其中，股票多空型基金的比例最高（89%），其次为相对价值型基金（72%）和事件驱动型基金（57%）。一般来说，基金未被纳入指数主要是因为它们处于成立不足 6 个月的建仓期内。从表 5-2 还可以看出，CTA 型私募基金的数量为 653 只，仅占 CTA 基金总数的 21%，这是因为绝大部分 CTA 型私募基金缺乏清晰的策略描述，因此，我们只选择明确 CTA 型策略的并且是以商品期货为主要标的的基金纳入指数中。

---

① 具体信息见道口私募指数网站，http://index.pbcsf.tsinghua.edu.cn/indexweb/web/index.html。

表 5-2　　　　　　　　　　私募基金指数样本的分布情况

指数分类	私募基金指数中包含的基金数量（只）	有净值的基金总数（只）	数量占比（%）
普通股票型	33 396	66 754	50
债券型	2 125	4 318	49
相对价值型	1 081	1 504	72
股票多空型	703	790	89
CTA 型	653	3 050	21
事件驱动型	203	359	57

下面我们对不同策略私募基金指数的样本情况作具体分析。图 5-1 展示的是普通股票型私募基金指数所覆盖的样本数量。据图 5-1 可知，普通股票型私募基金指数中的基金数量从 2007 年开始超过 20 只，并在 2008 年 2 月超过了 100 只。2005~2015 年都处于平稳上升态势，2015 年 3 月基金数量超过 2 000 只，并开始呈现较大幅度的增长，直至 2020 年 1 月起出现断崖式下跌，① 截至 2020 年 12 月底，基金数量在 6 023 只左右。

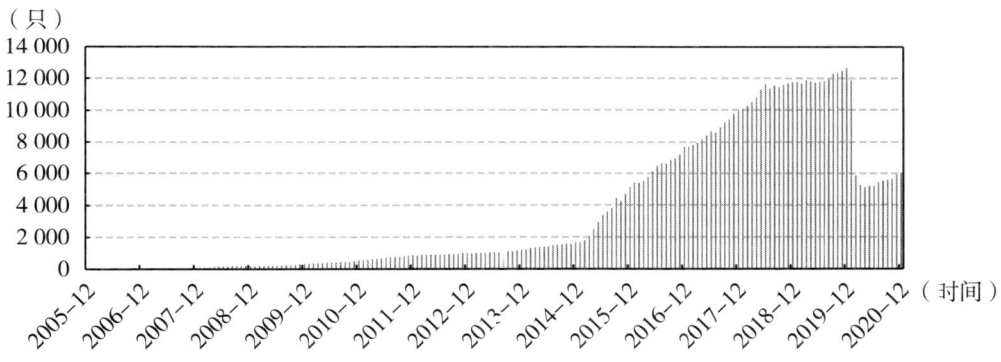

图 5-1　普通股票型私募基金指数中所包含的样本数量：2005~2020 年

表 5-3 展示的是 2005~2020 年普通股票型私募基金指数中每年年底包含的样本数量情况。可以看出，每年都会有新的普通股票型基金进入指数，同样也会有基金从指数中退出。特别是在 2015~2017 年，每年新进入或退出指数的基金数量陡然增加，每年均有超 5 000 只以上的基金进入指数，而每年亦有超过 2 600 只基金

---

① 由于在 2020 年有众多私募基金未披露完整 12 个月的净值数据，万得系统内会自动填充上月净值作为当月净值，导致基金净值重复率过高，而本书要求基金净值重复率低于 10%，因此在样本搜集时删除了这部分未满足要求的基金。其他各指数样本数据在收集时也曾出现此问题，不再赘述。

退出指数。2018 年，从普通股票型私募基金指数中退出的基金数量激增至 6 500 多只，这可能与 2018 年市场较为低迷有关。2020 年，从普通股票型私募基金指数退出的基金数量增加至 9 054 只，这是因为众多基金净值重复率高于 10% 而被剔除。①

表 5-3　　　　普通股票型私募基金指数中每年年底包含的
　　　　　　　样本数量统计：2005~2020 年　　　　　单位：只

年份	新进入指数的基金数量	从指数中退出的基金数量	指数中的基金数量
2005	2	0	6
2006	12	1	17
2007	86	21	82
2008	196	79	199
2009	183	52	330
2010	264	59	535
2011	419	77	877
2012	277	173	981
2013	445	199	1 227
2014	924	453	1 698
2015	6 210	2 724	5 184
2016	5 422	2 698	7 908
2017	5 637	3 263	10 282
2018	6 592	4 623	12 251
2019	4 512	3 896	12 867
2020	2 210	9 054	6 023

图 5-2 展示的是 2010~2020 年相对价值型私募基金指数覆盖的基金数量的情况。可以发现，相对价值型私募基金的数量在 2014 年 2 月达到了 100 只，从此指数中包含的基金数量开始稳步上升，直到 2017 年起开始下降，截至 2020 年 12 月底，该指数中的基金数量为 215 只。

---

① 我们在 2021 年 2 月 5 日下载数据时，有极小部分基金净值未更新完全，因此被删除，没有进入本书研究样本。

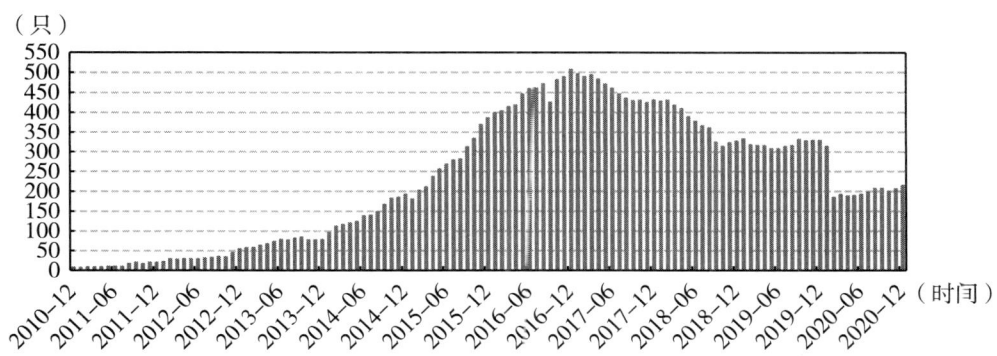

图 5-2 相对价值型私募基金指数中所包含的样本数量：2010~2020 年

表 5-4 展示的是 2010~2020 年相对价值型私募基金指数中每年年底包含的样本数量情况。可以看出，在 2014 年进入相对价值型私募基金指数的基金数量开始增加，这也和当时股指期货交易活跃相关，2015~2016 年每年都会有 200 多只基金进入指数，截至 2016 年底，相对价值型私募基金指数中包含的基金数量达到 515 只，创历史新高。截至 2020 年 12 月底，2020 年新进入该指数的基金共计 86 只，从指数中退出的私募基金却高达 201 只，同时相对价值型私募基金指数中包含的基金数量达 215 只，相较 2019 年底同比下降 35%。

表 5-4 相对价值型私募基金指数中每年年底包含的样本数量统计：2010~2020 年   单位：只

年份	新进入指数的基金数量	从指数中退出的基金数量	指数中的基金数量
2010	3	1	7
2011	13	0	20
2012	38	4	54
2013	52	27	79
2014	142	28	193
2015	255	61	387
2016	251	123	515
2017	73	140	448
2018	60	169	339
2019	97	106	330
2020	86	201	215

图 5-3 展示的是 2008~2020 年股票多空型私募基金指数所覆盖的基金数量情况。可以看出，股票多空型私募基金指数从 2009 年开始稳步发展，到 2012 年底纳

入基金近 100 只,并从 2014 年起基金数量迅速增长,直至 2016 年初达到最高点,覆盖基金近 400 只,自 2016 年中期开始回落,目前基金覆盖量稳定在 100 只上下。

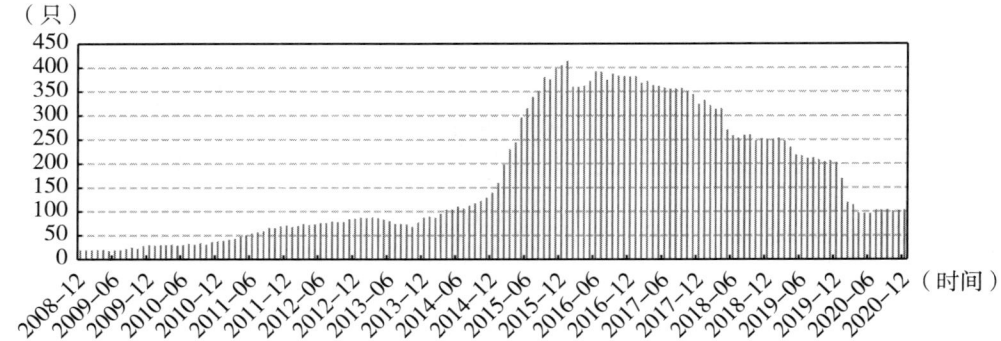

图 5-3 股票多空型私募基金指数中所包含的样本数量:2008~2020 年

表 5-5 展示的是 2008~2020 年股票多空型私募基金指数中每年年底包含的样本数量情况。据表 5-5 可知,股票多空型私募基金指数在 2008 年底纳入 18 只基金;随着市场的快速发展,2015 年底基金数目增长至 407 只。2016~2020 年,股票多空型私募基金指数中包含的基金数量有所减少,截至 2020 年 12 月底,该指数共包含 103 只基金。

表 5-5　　　　股票多空型私募基金指数中每年年底包含的
样本数量统计:2008~2020 年　　　　　　单位:只

年份	新进入指数的基金数量	从指数中退出的基金数量	指数中的基金数量
2008	18	0	19
2009	13	2	30
2010	10	2	38
2011	35	1	72
2012	21	6	87
2013	41	40	88
2014	85	31	142
2015	338	73	407
2016	98	121	384
2017	11	50	345
2018	9	95	259
2019	11	67	203
2020	12	112	103

图 5-4 展示的是 2011~2020 年事件驱动型私募基金指数包含的基金数量的情况。从图 5-4 可见，事件驱动型私募基金指数包含的基金数量从 2012 年开始迅速增长，2013 年超过 60 只，但从 2014 年开始出现回落。目前基金覆盖数量稳定在 6 只左右。

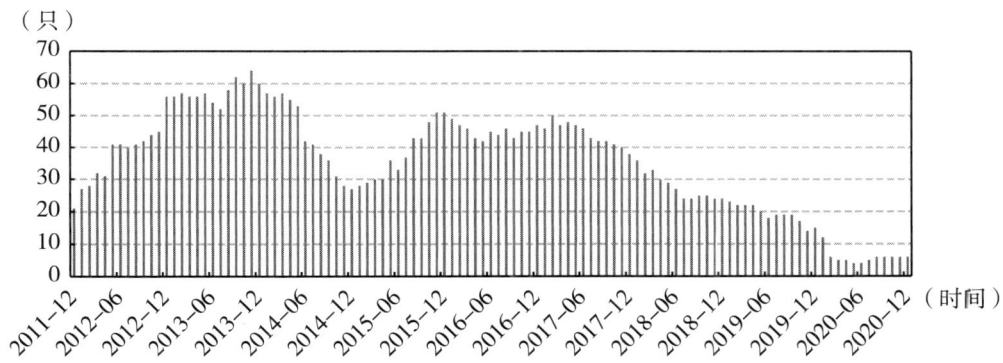

图 5-4　事件驱动型私募基金指数中所包含的样本数量：2011~2020 年

表 5-6 展示的是 2011~2020 年事件驱动型私募基金指数中每年年底包含的样本数量情况。从表 5-6 可以看出，2012 年进入指数的事件驱动型私募基金数量为 44 只，而在 2014 年有 50 只基金从指数中退出，在 2015 年进入指数的基金数量最多（49 只）。2015~2017 年，事件驱动型私募基金指数覆盖的基金数量总体变动不大；2018~2020 年，进入指数和从指数中退出的基金数量都较低。截至 2020 年底，指数中包含的样本数量为 6 只。

表 5-6　事件驱动型私募基金指数中每年年底包含的样本数量统计：2011~2020 年　　　　单位：只

年份	新进入指数的基金数量	从指数中退出的基金数量	指数中的基金数量
2011	19	2	21
2012	44	8	57
2013	27	24	60
2014	17	50	27
2015	49	25	51
2016	26	30	47
2017	9	17	39
2018	2	16	25
2019	1	11	15
2020	2	11	6

图 5-5 展示的是 2010~2020 年债券型私募基金指数覆盖的基金数量的情况。可以看出，债券型私募基金数量自 2011 年起相对较少，到 2012 年 6 月达到 27 只，从 2013 年开始基金数量一直稳中有升，2020 年覆盖基金数量在 746 只左右。

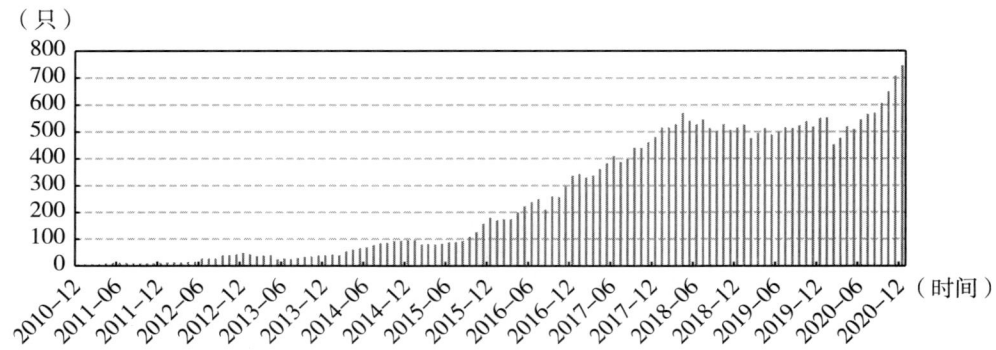

图 5-5　债券型私募基金指数中所包含的样本数量：2010~2020 年

表 5-7 展示的是 2010~2020 年债券型私募基金指数中每年年底包含的样本数量情况。可以看出，2020 年，进入指数的基金数量和退出指数的基金数量均为近几年的最高值，分别为 544 只和 382 只。总体来看，进入指数的基金数量要高于退出指数的基金数量，该指数所覆盖的基金数量稳步增长。

表 5-7　债券型私募基金指数中每年年底包含的样本数量统计：2010~2020 年　　　　　　单位：只

年份	新进入指数的基金数量	从指数中退出的基金数量	指数中的基金数量
2010	6	3	6
2011	6	2	10
2012	51	13	48
2013	44	51	41
2014	89	31	99
2015	151	64	186
2016	318	147	357
2017	361	220	498
2018	312	243	567
2019	237	220	584
2020	544	382	746

图 5-6 展示的是 2012~2020 年 CTA 型私募基金指数覆盖的基金数量的情况。据图 5-6 可知，自 2012 年 12 月起，指数包含的样本数量一直保持稳步增长，直至 2018 年 5 月，样本数量达到最高值（248 只）后开始下降，主要是因为 2018 年金

融去杠杆、流动性不足导致新产品发行量下降，CTA 型私募基金的迅猛发展遇到"瓶颈"。到 2020 年，CTA 型私募基金指数覆盖的基金数量为 73 只。

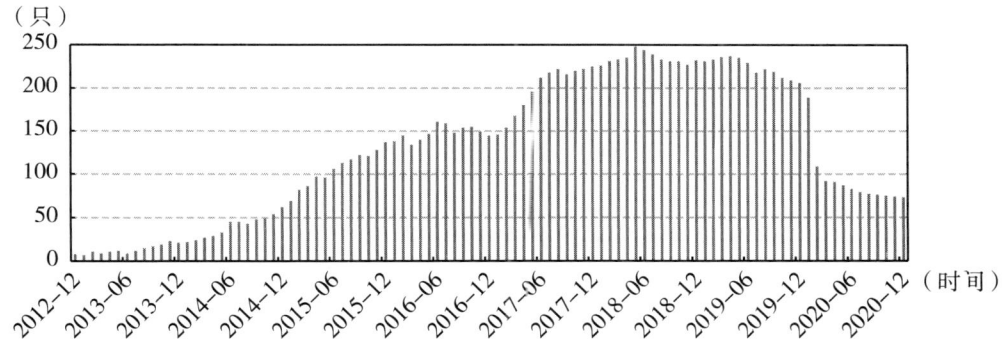

图 5-6　CTA 型私募基金指数中所包含的样本数量：2012~2020 年

表 5-8 展示的是 2012~2020 年 CTA 型私募基金指数中每年年底包含的样本数量情况。从表 5-8 可见，2012 年 CTA 型私募基金指数共包含 8 只基金，2017 年新进入指数的基金数量（155 只）最多，2020 年从指数中退出的基金数量最多（138 只）。到 2020 年，指数包含的基金数量为 73 只。

表 5-8　　　　CTA 型私募基金指数中每年年底包含的
样本数量统计：2012~2020 年　　　　　　单位：只

年份	新进入指数的基金数量	从指数中退出的基金数量	指数中的基金数量
2012	4	1	8
2013	17	4	21
2014	57	15	63
2015	150	69	144
2016	123	118	149
2017	155	69	235
2018	96	98	233
2019	43	68	208
2020	3	138	73

三、道口私募基金指数与市场指数的对比

下面，我们将对比不同私募基金指数与相应市场指数间的差异。首先，我们统一私募基金指数与相应市场指数的起始时间点，假定同时投资于私募基金指数和市场指数 1 000 元。然后，我们对比之后每个月两个投资组合的收益和风险情况。我

们将普通股票型、相对价值型、股票多空型和事件驱动型私募基金指数分别与沪深300指数进行对比，将债券型私募基金指数与中债综合全价（总值）指数进行对比，将CTA型私募基金指数与申万商品期货指数进行对比。

图5-7显示的是2005~2020年普通股票型私募基金指数与沪深300指数之间的对比，表5-9为相应的描述统计分析。从图5-7和表5-9可见，2005年12月至2020年12月，普通股票型私募基金指数从基点1 000点开始，实现累计收益率为712%，年化收益率为15%；同期，沪深300指数累计收益率为464%，年化收益率为12%，普通股票型私募基金指数的收益率高于市场指数。同时，普通股票型私募基金指数的风险要低于市场指数，其年化波动率为15%，而市场指数的年化波动率为30%。因此，普通股票型私募基金指数的夏普比率（0.87）高于市场指数的夏普比率（0.46）。普通股票型私募基金指数的最大回撤（26%）低于市场指数的最大回撤（71%）。从图5-7还可以看出，在2015年、2016年和2018年大盘下行期间，普通股票型私募基金指数的跌幅远小于同期市场指数，可见该指数的抗跌性和稳健性之强。总体而言，普通股票型私募基金指数的收益高于市场指数，其对风险的控制明显优于市场指数。

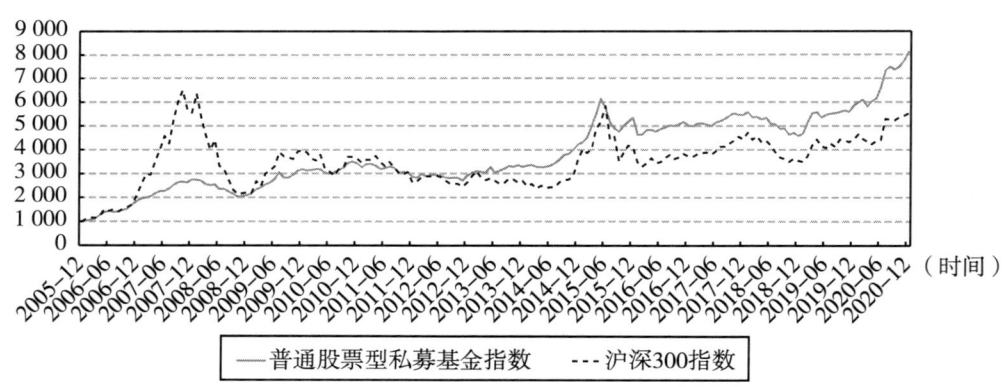

图5-7　普通股票型私募基金指数的累计净值：2005~2020年

表5-9　　　　　普通股票型私募基金指数描述统计：2005~2020年

统计指标	普通股票型私募基金	沪深300指数
累计收益率	712%	464%
年化收益率	15%	12%
年化波动率	15%	30%
年化夏普比率	0.87	0.46
最大回撤（样本期间）	26%	71%
年化收益率/最大回撤	0.57	0.17

图 5-8 展示的是 2008~2020 年股票多空型私募基金指数和沪深 300 指数的对比，表 5-10 为相应的描述统计分析。从图 5-8 和表 5-10 可见，从 2008 年 12 月至 2020 年 12 月，股票多空型私募基金指数的累计收益率为 230%，年化收益率为 10%；同期，沪深 300 指数累计收益率为 187%，年化收益率为 9%；股票多空型私募基金指数的收益高于市场指数。同时，股票多空型私募基金指数的风险要低于市场指数，其年化波动率为 12%，而市场指数的年化波动率为 25%。从图 5-8 还可以看出，在 2015 年、2016 年和 2018 年大盘下行期间，股票多空型私募基金指数仍运行在市场指数之上，业绩较为平稳。因此，股票多空型私募基金指数的夏普比率要高于市场指数，两者分别为 0.70 和 0.39。总体而言，股票多空型私募基金指数的收益高于市场指数，其对风险的控制明显优于市场指数。

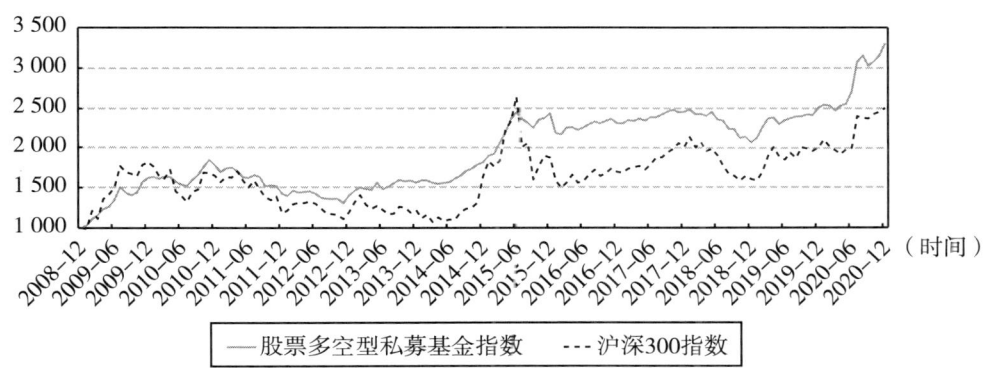

图 5-8　股票多空型私募基金指数的累计净值：2008~2020 年

表 5-10　　　　股票多空型私募基金指数描述统计：2008~2020 年

统计指标	股票多空型私募基金	沪深 300 指数
累计收益率	230%	187%
年化收益率	10%	9%
年化波动率	12%	25%
年化夏普比率	0.70	0.39
最大回撤（样本期间）	29%	43%
年化收益率/最大回撤	0.36	0.21

图 5-9 展示的是 2010~2020 年相对价值型私募基金指数和沪深 300 指数的对比，表 5-11 为相应的描述统计分析。从图 5-9 和表 5-11 可见，从 2010 年 12 月至 2020 年 12 月，相对价值型私募基金指数的累计收益率为 86%，年化收益率为 6%；同期，沪深 300 指数累计收益为 67%，年化收益率为 5%；相对价值型私募基

金指数的收益率高于市场指数。同时，相对价值型私募基金指数的风险要低于市场指数，其年化波动率为6%，而市场指数的年化波动率为23%。因此，相对价值型私募基金指数的夏普比率（0.69）也高于市场指数（0.24）。此外，相对价值型私募基金指数的最大回撤相对较低，为9%，而市场指数的回撤为41%。并且，我们看到相对价值型私募基金指数的收益比较稳定，整体波动较小，这是由于该策略私募基金多、空仓位都有，风险比其他投资策略的风险大为降低，收益也相对稳定。可见，相对价值型基金所承受的市场风险相对较低，特别是在2015年、2016年和2018年股灾期间，追求相对收益的相对价值型基金拥有较好的抗跌能力。

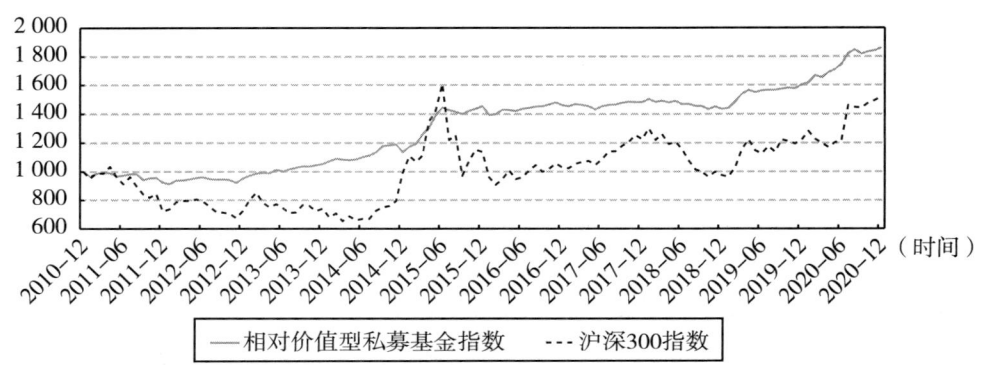

图5-9　相对价值型私募基金指数的累计净值：2010~2020年

表5-11　　　　相对价值型私募基金指数描述统计：2010~2020年

统计指标	相对价值型私募基金	沪深300指数
累计收益率	86%	67%
年化收益率	6%	5%
年化波动率	6%	23%
年化夏普比率	0.69	0.24
最大回撤（样本期间）	9%	41%
年化收益率/最大回撤	0.74	0.13

图5-10展示的是2011~2020年事件驱动型私募基金指数和沪深300指数的对比，表5-12为相应的描述统计分析。从图5-10和表5-12可见，从2011年12月至2020年12月，事件驱动型私募基金指数的累计收益率为327%，年化收益率为18%；同期，沪深300指数累计收益率为122%，年化收益率为9%，事件驱动型私募基金指数的收益率高于市场指数。同时，事件驱动型私募基金指数的风险要低于市场指数，其年化波动率为19%，而市场指数的年化波动率为23%。因此，事件

驱动型私募基金指数的夏普比率也高于市场指数，两者分别为 0.84 和 0.41。并且，事件驱动型私募基金指数的最大回撤为 22%，低于市场指数的最大回撤（41%），特别是在 2015 年和 2018 年股灾期间，事件驱动型私募基金的回撤没有市场指数剧烈。因此，事件驱动型私募基金在后期体现出收益高、风险低的特点。

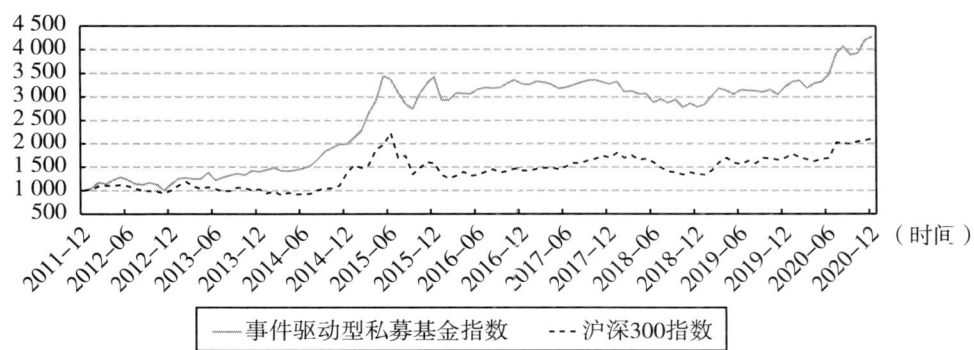

图 5-10　事件驱动型私募基金指数的累计净值：2011~2020 年

表 5-12　　　　　　　事件驱动型私募基金指数描述统计：2011~2020 年

统计指标	事件驱动型私募基金	沪深 300 指数
累计收益率	327%	122%
年化收益率	18%	9%
年化波动率	19%	23%
年化夏普比率	0.84	0.41
最大回撤（样本期间）	22%	41%
年化收益率/最大回撤	0.79	0.23

图 5-11 展示的是 2010~2020 年债券型私募基金指数和中债综合全价（总值）指数的对比，表 5-13 为相应的描述统计分析。从图 5-11 和表 5-13 可见，从 2010 年 12 月至 2020 年 12 月，债券型私募基金指数的累计收益率为 77%，年化收益率为 6%；同期，中债综合全价（总值）指数累计收益率为 11%，年化收益率为 1%；债券型私募基金指数的收益率高于市场指数。同时，债券型私募基金指数的风险高于市场指数，其年化波动率为 3%，而市场指数的年化波动率为 2%。因此，债券型私募基金指数的夏普比率高于市场指数，两者分别为 1.17 和 -0.52。并且，债券型私募基金指数的最大回撤为 3%，低于市场指数的最大回撤（6%）。通过比较我们发现，在各指数中，债券型私募基金指数的年化波动率最小，并且在历年的熊市中，债券型私募基金指数较其他指数都有更好的表现，回撤相对较低，充分体现出债券型基金低风险、收益稳健的特点。

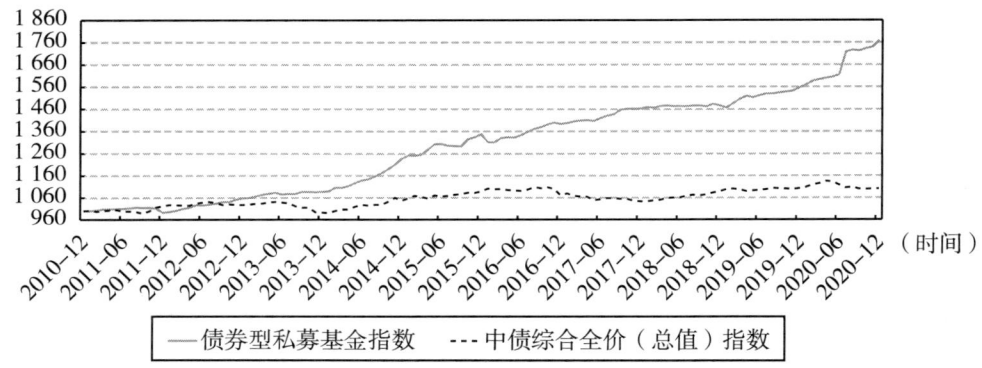

图 5-11 债券型私募基金指数的累计净值：2010~2020 年

表 5-13　　　　债券型私募基金指数描述统计：2010~2020 年

统计指标	债券型私募基金	中债综合全价指数
累计收益率	77%	11%
年化收益率	6%	1%
年化波动率	3%	2%
年化夏普比率	1.17	-0.52
最大回撤（样本期间）	3%	6%
年化收益率/最大回撤	2.17	0.18

图 5-12 展示的是 2012~2020 年 CTA 型私募基金指数和万得商品综合指数的对比，表 5-14 为相应的描述统计分析。由于 CTA 策略投资于期货市场，独立于股市，与市场上大多数基础资产的相关性比较低，因此我们选取"万得商品综合指数"作为比较对象。从图 5-12 和表 5-14 可见，从 2012 年 12 月至 2020 年 12 月，CTA 型私募基金指数的累计收益率为 270%，年化收益率为 18%；同期，万得商品综合指数累计收益率为-0.09%，年化收益率为-0.01%；CTA 型私募基金指数的收益率高于市场指数。同时，CTA 型私募基金指数的风险低于市场指数，其年化波动率为 9%，而市场指数的年化波动率为 15%。因此，CTA 型私募基金指数的夏普比率高于市场指数，两者分别为 1.62 和-0.06。并且，CTA 型私募基金指数的最大回撤为 8%，低于市场指数的最大回撤（40%）。由于我国 CTA 型私募基金的发展并不成熟，使得 CTA 型私募基金的趋势跟踪策略运用也更为高效，而 CTA 型私募基金使用较多的是趋势交易策略，即使用大量的策略模型寻找当前的市场趋势，判断多空，尤其是在市场低迷、后市不确定时，优势非常大。因此，CTA 型私募基金指数的收益高于市场指数，最大回撤也更小，特别是在 2015 年、2018 年

股灾之时,万得商品综合指数的收益呈明显下跌态势,而CTA型私募基金指数却逆势上涨,使得CTA型基金获得大丰收。可见,CTA型基金的收益和投资标的的涨跌无关,而是和投资标的的涨幅或者跌幅有关,即在波动率很大的行情中更容易获利。

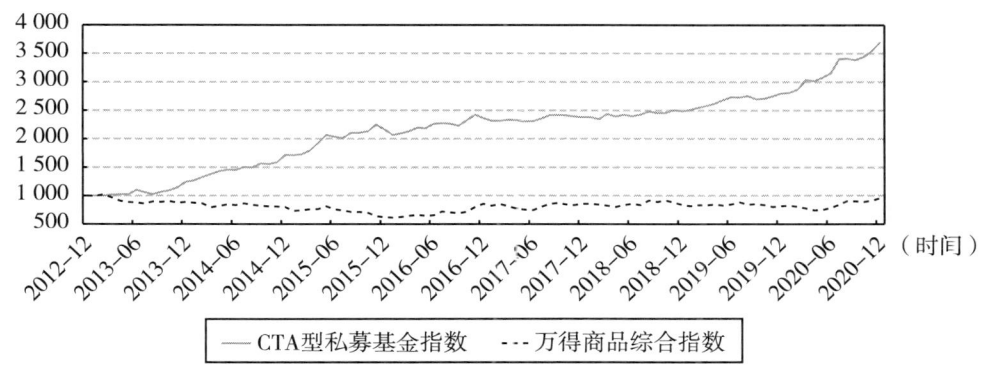

图 5-12 CTA 型私募基金指数的累计净值:2012~2020 年

表 5-14　　　　　CTA 型私募基金指数描述统计:2012~2020 年

统计指标	CTA 型私募基金	万得商品综合指数
累计收益率	270%	-0.09%
年化收益率	18%	-0.01%
年化波动率	9%	15%
年化夏普比率	1.62	-0.06
最大回撤(样本期间)	8%	40%
年化收益率/最大回撤	2.2	0.0

下面,我们对私募基金指数进行横向对比。出于统一起始日期的需要,我们选取四类主要投资于股票市场的私募基金指数,即普通股票型、相对价值型、股票多空型和事件驱动型私募基金指数。我们选取 2011 年 12 月为四类指数的开始日期,截至 2020 年 12 月,制作图 5-13 反映四类股票型私募基金和大盘指数的累计收益对比,表 5-15 为相应的描述统计。从图 5-13 和表 5-15 可见,事件驱动型私募基金指数的累计收益率最高,为 327%,其次相继为普通股票型私募基金指数(184%)、股票多空型私募基金指数(132%)和相对价值型私募基金指数(102%)。同期,只有相对价值型私募基金指数的收益未超过沪深 300 的收益(122%)。当我们比较四类私募基金指数和大盘指数的风险时发现,相对价值型私募基金指数的风险最低,年化波动率为 6%,最大回撤为 5%;其次为股

票多空型私募基金指数，年化波动率为 11%，最大回撤为 17%；沪深 300 指数的风险最高，年化波动率和最大回撤分别为 23% 和 41%。由此可见，这四类股票型私募基金指数的风险都低于市场指数。当我们对比夏普比率这一反映调整风险后收益指标时发现，相对价值型私募基金指数的夏普比率（1.02）最高；其次为事件驱动型私募基金指数，夏普比率为 0.84；而沪深 300 指数的夏普比率最低，为 0.41。

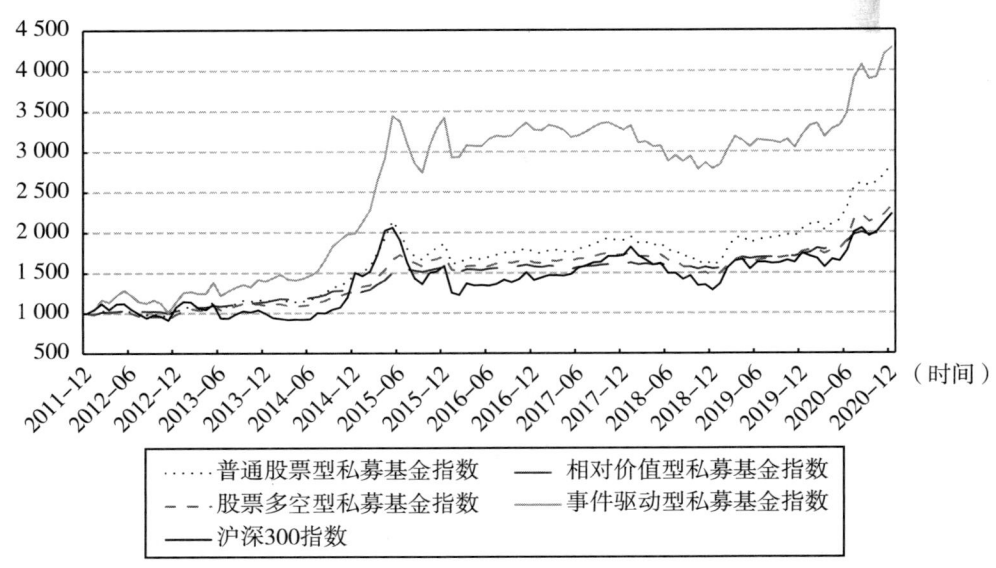

图 5-13　四类股票型私募基金指数的累计净值对比：2011~2020 年

表 5-15　　　　四类股票型私募基金指数描述统计：2011~2020 年

统计指标	普通股票型	相对价值型	股票多空型	事件驱动型	沪深 300 指数
累计收益率	184%	102%	132%	327%	122%
年化收益率	12%	8%	10%	18%	9%
年化波动率	14%	6%	11%	19%	23%
年化夏普比率	0.76	1.02	0.72	0.84	0.41
最大回撤（样本期间）	25%	5%	17%	22%	41%
年化收益率/最大回撤	0.49	1.73	0.59	0.79	0.23

综上可见，四类股票型私募基金指数的风险和调整风险后的收益都优于市场指数。在四类私募基金指数的对比中，我们发现，虽然相对价值型私募基金指数的绝对收益不是很高，但其风险较低、调整风险后的收益较高。

四、小结

为使投资者了解我国私募基金行业的发展状况,以及不同策略私募基金的业绩和风险程度,我们根据私募基金的投资策略,将私募基金指数主要分为普通股票型私募基金指数、股票多空型私募基金指数、相对价值型私募基金指数、事件驱动型私募基金指数、债券型私募基金指数和CTA型私募基金指数。这些指数可以分别反映投资于股票、债券和期货等资产的私募基金的整体收益和风险情况。我们期待通过这一研究,能为投资者选择资产配置方案、私募基金管理者比较私募基金业绩、政府监管机构评估私募基金行业发展及监管潜在问题,提供些许帮助。

通过对比不同私募基金指数与相应市场指数间的差异,我们发现,上述六类私募基金指数的收益皆高于相应的市场指数,除债券型私募基金指数的风险略高于其市场指数外,其余五类私募基金指数对风险的控制明显优于市场指数。我们将普通股票型、相对价值型、股票多空型和事件驱动型私募基金指数这四类主要投资于股票市场的指数进行横向对比,结果发现,这四类指数的风险和风险调整后收益都优于市场指数。

中国私募基金的业绩归因分析

投资者对基金进行全面评价，需要关注基金业绩变动背后的原因以及基金业绩来源的构成。基金的业绩归因是将基金的超额收益分解成不同的因素，并分析各个因素对超额收益的贡献。通过第五章对私募基金指数的分析，我们发现不同策略的私募基金在收益和风险等方面差异显著。那么，造成这些差异的因素有哪些？在本章中，我们结合我国私募基金的发展特点，构建出八个私募基金风险因子，并使用这些风险因子对私募基金的业绩进行归因分析。一般来说，评估基金业绩的归因方法主要分为基于收益的时间序列回归法和基于持仓数据的横截面回归法。相比公募基金，对私募基金进行业绩归因更加困难，这主要有两方面原因：一方面，私募基金只对合格投资者开放募集，只对投资人有披露净值的义务，信息相对不透明，且不会披露基金的持仓信息；而公募基金是向不特定投资者公开发行，信息披露要求更高，除了在每个交易日公布净值外，还会定期披露基金持仓等详细信息。另一方面，尽管基于持仓数据进行的归因分析精准度较高，但是私募基金的持仓信息很难获得。因此，本章中私募基金的归因分析是基于基金收益时间序列数据进行的。

Fung 和 Hsieh（2004）使用私募基金七因子模型来解释美国私募基金的收益。根据不同的风格，这七个因子可以分成三大类：第一类为反映股票市场风险的因子，这类因子主要覆盖股票市场的风险，他们选择市场指数的收益率、小盘股和大盘股收益率之差两个因子；第二类为反映债券市场风险的因子，这类因子主要覆盖债券市场的风险，他们使用十年期国债的收益变化以及国债与公司债利差的变化这两个因子；第三类为趋势交易的因子，这类因子主要反映在债券、外汇和期货市场中趋势交易的风险，他们选择债券、外汇和商品回望期权的收益率。许多研究发现，该模型可以解释美国私募基金超额收益方差的 80%。这七个因子具体为：

股票市场因子（equity market factor）：股票市场指数的超额收益率；

规模因子（the size spread factor）：小盘股收益率与大盘股收益率之差；

债券市场因子（the bond market factor）：10 年期固定利率国债到期收益率的变化；

信用风险因子（the credit spread factor）：穆迪 Baa 级债券收益率与 10 年期固定利率国债到期收益率的差的变化；

债券趋势因子（bond trend-following factor）：PTFS 回望跨式债券期权的收益率；

货币趋势因子（currency trend-following factor）：PTFS 回望跨式货币期权的收益率；

商品趋势因子（commodity trend-following factor）：PTFS 回望跨式商品期权的收益率。

本章参考 Fung 和 Hsieh（2004）的七因子模型，结合中国私募基金自身的特点，构建出中国私募基金的风险因子，分析基金的风险暴露，帮助投资者了解各类策略私募基金的投资风险和收益情况。

一、风险因子的构建

我们基于我国私募基金的收益和风险特征构建了八个风险因子，分别为：股票市场风险因子（MKT）、规模因子（SMB）、价值因子（HML）、动量因子（MOM）、债券因子（BOND10）、信用风险因子（CBMB10）、债券市场综合因子（BOND_RET）和商品市场风险因子（FUTURES）。各个因子的定义和计算方式如下。

1. 股票市场风险因子（MKT）

我们选择股票市场大盘指数的超额收益率来代表股票市场风险因子，所用的指数为学术界和业界经常使用的沪深 300 指数，无风险利率选取为一年期的定期存款利率（整存整取）。

$$MKT_t = RET\_HS300_t - RF_t \qquad (6.1)$$

其中，RET_HS300_t 为第 t 个月的沪深 300 指数的月度收益率；RF_t 为第 t 个月的一年期的定期存款利率的月利率（整存整取）。

2. 规模因子（SMB）

规模因子（SMB）反映的是小盘股和大盘股之间收益率的差异。我们参考 Fama-French 三因子模型中 SMB 因子的计算方法来计算规模因子。具体计算方法如图 6-1 所示，在每年 6 月末，根据 6 月底的 A 股流动市值（ME）把股票等分为

2组：小盘组（Small Cap）和大盘组（Big Cap）。再根据上一年年报中的账面价值（Book Value）和上一年12月底A股流通市值计算出账面市值比（book value of equity to market value of equity，BE/ME），把股票分为3组：成长组（Growth）、平衡组（Neutral）和价值组（Value），其比例分别为30%、40%和30%。两次分组的股票再进行交叉分组，这样一共可以构建出6组投资组合，如表6-1所示，这6组投资组合分别为：小盘价值组（Small Cap Value）、小盘平衡组（Small Cap Neutral）、小盘成长组（Small Cap Growth）、大盘价值组（Big Cap Value）、大盘平衡组（Big Cap Neutral）和大盘成长组（Big Cap Growth）。

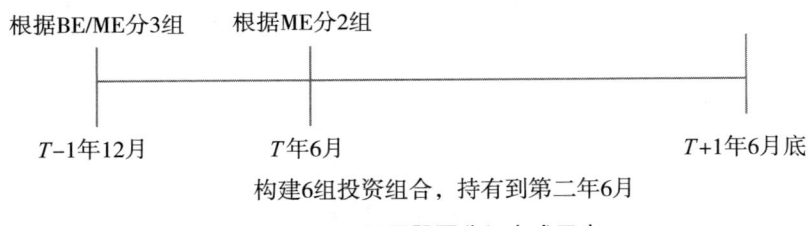

图 6-1　SMB 因子股票分组方式示意

表 6-1　　　SMB 因子构建中的 6 组股票的资产组合分组示意

项目		账面市值比（BE/ME）		
		成长组（30%）	平衡组（40%）	价值组（30%）
股票市值（ME）	小盘组（50%）	小盘成长组（Small Cap Growth）	小盘平衡组（Small Cap Neutral）	小盘价值组（Small Cap Value）
	大盘组（50%）	大盘成长组（Big Cap Growth）	大盘平衡组（Big Cap Neutral）	大盘价值组（Big Cap Value）

这种构建组合的方式在每年6月底都进行一次，所构建的6组投资组合持有到第二年的6月底。每个投资组合的收益率根据本组合包含的股票的A股流通市值进行加权计算，可以得到每个投资组合在每个月的收益率。如果一只股票不在上一年6月的数据中（如停牌的股票），那么这只股票就不包括在上一年6月构建的投资组合中。无论这只股票是否在未来，如在上一年7月，复牌交易。

SMB因子为3组低市值的投资组合的平均收益率减去3组高市值的投资组合的平均收益率。这个因子在学术界被广泛应用，其中一个原因是这个因子对应的投资组合可以通过买入一些股票和做空一些股票构建出来。其计算公式为：

$$SMB_t = \frac{(Small\ Value_t + Small\ Neutral_t + Small\ Growth_t)}{3} \\ - \frac{(Big\ Value_t + Big\ Neutral_t + Big\ Growth_t)}{3} \quad (6.2)$$

其中，$Small\ Value_t$、$Small\ Neutral_t$、$Small\ Growth_t$、$Big\ Value_t$、$Big\ Neutral_t$ 和 $Big\ Growth_t$ 分别为不同的组合在第 t 个月的月收益率。Fama-French 三因子模型使用上述方式计算 SMB 因子，是为了在计算小盘股相对于大盘股的超额收益时，有效控制股票的账面市值比（BE/ME）。

3. 价值因子（HML）

价值因子（HML）反映的是高账面市值比的股票和低账面市值比的股票之间的收益率之差。我们参考 Fama-French 三因子模型中 HML 因子的计算方式来计算价值因子。其计算方法和 SMB 因子的构建方式相同，同样构建出 6 个投资组合。

HML 因子为两组高账面市值比的投资组合的平均收益减去两组低账面市值比的投资组合的平均收益。其计算公式为：

$$HML_t = \frac{(Small\ Value_t + Big\ Value_t)}{2} - \frac{(Small\ Growth_t + Big\ Growth_t)}{2}$$

（6.3）

其中，$Small\ Value_t$、$Big\ Value_t$、$Small\ Growth_t$ 和 $Big\ Growth_t$ 分别为不同组合在第 t 个月的月收益率。Fama-French 三因子模型使用上述方式计算 HML 因子，是为了在计算高账面市值比的股票相对于低账面市值比的股票的超额收益时，有效控制股票的市值（SIZE）。

4. 动量因子（MOM）

动量因子（MOM）反映的是过去收益率较高的股票和收益率较低股票在未来收益率之差，计算方式如图 6-2 所示。具体而言，在每月末（如图 6-2 中 2015-01），根据当月底的 A 股流通市值（ME）把股票等分为 2 组：小盘组（Small Cap）和大盘组（Big Cap）。再根据过去 1~11 个月的累计收益率把股票分为 3 组：低价组（Down Group）、中价组（Median Group）和高价组（Up Group），其比例分别为 30%、40% 和 30%。两次分组的股票进行交叉分组，这样一共可以构建出 6 组投资组合，如表 6-2 所示，这 6 组投资组合分别为：小盘高价组（Small Cap Up）、小盘中价组（Small Cap Median）、小盘低价组（Small Cap Down）、大盘高价组（Big Cap Up）、大盘中价组（Big Cap Median）和大盘低价组（Big Cap Down）。

这种构建组合的方式在每月底都进行一次，所构建的 6 组投资组合持有到下月底。每个投资组合的收益率根据股票的 A 股流通市值进行加权计算，从而得到每个投资组合在每个月的收益率。

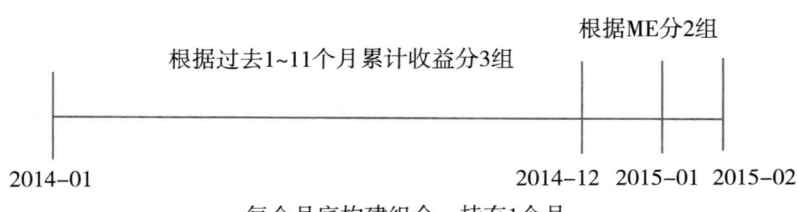

图 6-2　MOM 因子股票分组方式示意

表 6-2　　　　　　　　动量因子组股票的资产组合分组示意

项目		过去 1~11 个月的累计收益率		
		低价组（30%）	中价组（40%）	高价组（30%）
股票市值（ME）	小盘组（50%）	小盘低价组（Small Cap Down）	小盘中价组（Small Cap Median）	小盘高价组（Small Cap Up）
	大盘组（50%）	大盘低价组（Big Cap Down）	大盘中价组（Big Cap Median）	大盘高价组（Big Cap Up）

动量因子（MOM）为两组过去累计收益率较高的投资组合的平均收益率减去两组过去累计收益率较低的投资组合的平均收益率。其计算公式为：

$$MOM_t = \frac{(Small\ Up_t + Big\ Up_t)}{2} - \frac{(Small\ Down_t + Big\ Down_t)}{2} \quad (6.4)$$

其中，$Small\ Up_t$、$Big\ Up_t$、$Small\ Down_t$ 和 $Big\ Down_t$ 分别为不同组合在第 t 个月的月度收益率。

5. 债券因子（BOND10）

我们选择 10 年期固定利率国债到期收益率的月度的变化作为债券因子（BOND10），其计算公式为：

$$BOND10_t = \left(\frac{10\ 年期固定利率国债到期收益率_t}{10\ 年期固定利率国债到期收益率_{t-1}} \right) - 1 \quad (6.5)$$

其中，10 年期固定利率国债到期收益率, 为第 t 个月的 10 年期固定利率国债的到期收益率。

6. 信用风险因子（CBMB10）

我们选择 10 年期企业债（AA-级）到期收益率与 10 年期固定利率国债到期收

益率差值的月度变化作为信用风险因子（CBMB10），其计算方式为：

$$CBMB10_t = \frac{(10\text{年企业债到期收益率}_t - 10\text{年期固定利率国债到期收益率}_t)}{(10\text{年企业债到期收益率}_{t-1} - 10\text{年期固定利率国债到期收益率}_{t-1})} - 1$$

(6.5)

其中，10年企业债到期收益率$_t$为第t个月10年期企业债（AA-级）的到期收益率；10年期固定利率国债到期收益率$_t$为第t个月10年期固定利率国债的到期收益率。

7. 债券市场综合因子（BOND_RET）

在 Fung 和 Hsieh（2004）的七因子中，并没有一个因子可以综合反映债券市场的情况。根据我国私募基金市场的发展情况，我们在私募基金风险因子中加入了债券市场综合因子。我们使用中债综合全价（总值）指数的月度收益率作为债券市场综合因子。中债综合全价（总值）指数的成分包含除资产支持证券、美元债券、可转债外，在境内债券市场公开发行的债券，主要包括国债、政策性银行债券、商业银行债券、中期票据、短期融资券、企业债、公司债等。该指数是一个反映境内人民币债券市场价格走势情况的宽基指数，是债券指数应用最广泛的指数之一。债券市场综合因子的计算公式为：

$$BOND\_RET_t = \frac{BOND\_INDEX_t}{BOND\_INDEX_{t-1}} - 1 \quad (6.7)$$

其中，$BOND\_INDEX_t$为第t个月的中债综合全价（总值）指数的数值。

8. 商品市场风险因子（FUTURES）

我们选取申万商品期货指数的月收益率作为商品市场风险因子。申万商品期货指数覆盖在大连商品期货交易所、郑州商品期货交易所和上海商品期货交易所上市交易的16个品种的商品期货。商品市场风险因子的计算方式为：

$$FUTURES_t = \frac{Futures\_Index_t}{Futures\_Index_{t-1}} - 1 \quad (6.8)$$

其中，$Futures\_Index_t$为第t个月申万商品期货指数的数值。

二、风险因子的描述统计

我们的因子数据从2000年1月开始，但是由于不同因子在构建中所需的指数数据的起始日期不同，因此，每个因子的样本数也不相同。具体而言，MKT 因子从 2002 年开始，这是因为计算该因子所需的沪深 300 指数数据始于 2002 年；SMB、HML 和 MOM 因子从 2000 年开始；BOND10 因子和 BOND_RET 因子从 2002 年开始；CMBM10 因子从 2008 年开始；FUTURES 因子从 2005 年开始。

表 6-3 展示的是八个私募基金风险因子的描述统计结果。从表 6-3 的结果可见，八个因子中有七个因子的均值大于 0，分别是股票市场风险因子（MKT）、规模因子（SMB）、价值因子（HML）、债券因子（BOND10）、信用风险因子（CBMB10）、债券综合因子（BOND_RET）和商品市场风险因子（FUTURES），说明这些因子能够带来正收益。而动量因子（MOM）的均值小于 0，表明如果我们按照在美国市场有效的趋势投资方法进行趋势投资，无法获得盈利。此外，我们还发现，市场风险因子（MKT）的标准差相对较高，为 8.16%，体现出我国股票市场具有较高的波动性，而债券市场综合因子（BOND_RET）的标准差相对较低，为 0.67%，体现出债券市场风险较低的特征。

表 6-3　　　　　　　　私募基金风险因子描述统计：2000~2020 年

因子	样本数	均值（%）	最小值（%）	Q1（%）	中位数（%）	Q3（%）	最大值（%）	标准差（%）
MKT	227	0.78	-26.15	-4.67	0.78	5.04	27.70	8.16
SMB	252	0.85	-26.65	-2.00	0.72	3.34	26.31	5.03
HML	252	0.09	-11.08	-0.92	0.18	1.28	13.02	2.49
MOM	252	-0.09	-14.69	-2.29	-0.10	2.07	13.43	3.61
BOND10	227	0.14	-17.24	-3.30	-0.36	2.79	18.34	5.51
CBMB10	155	0.58	-10.84	-2.19	0.21	2.14	20.23	5.00
BOND_RET	227	0.08	-1.67	-0.35	0.12	0.49	2.67	0.67
FUTURES	252	0.54	-34.82	-3.13	0.29	3.97	24.01	5.81

接下来，我们对各个风险因子逐一进行分析。图 6-3 展示的是股票市场风险因子 MKT 的月度收益率和累计净值，该因子收益数据从 2002 年开始。从图 6-3 可见，MKT 因子的累计净值从 2002 年的 1 元开始，增长到 2020 年 12 月的 2.74 元，累计超额收益率为 174%，年化超额收益率为 5.5%。此外，MKT 因子的月度收益率整体起伏较大，在-26%~28%内波动。2020 年初，虽然受新冠肺炎疫情影响 A 股市场有所下跌，但在后续央行多轮宽松的货币政策刺激下，股市反弹明显，并迎来上涨行情，这使得衡量股票市场风险的 MKT 因子累计净值在 2020 年持续大幅上涨。

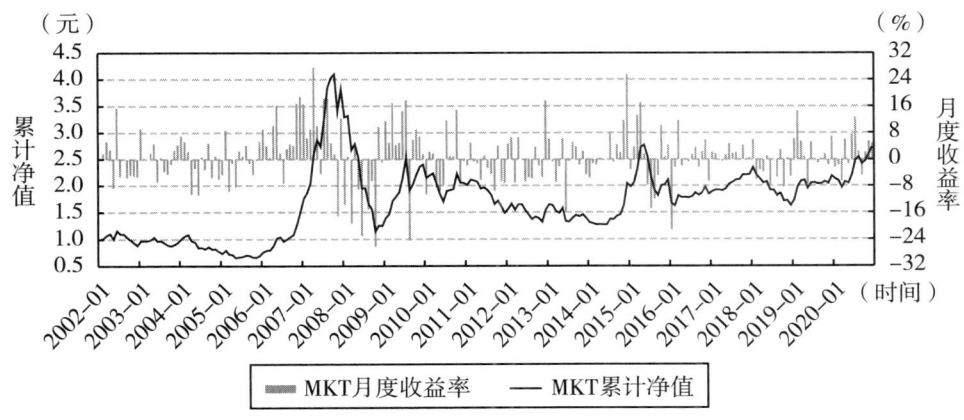

图 6-3　MKT 因子的月度收益率和累计净值

图 6-4 展示的是规模因子（SMB）的月度收益率和累计净值，该因子收益数据从 2000 年开始。从图 6-4 可见，截至 2020 年底，SMB 因子的累计净值为 6.32 元，年化收益率为 9.2%，表明长期来看投资小盘股能够带来更高的回报。此外我们发现，SMB 因子的累计净值在 2016 年 12 月达到最高点，自此开始波动下降，2017 年跌幅尤为显著。SMB 因子代表小盘股收益率与大盘股收益率之差，如果差值为正，说明小盘股的收益要高于大盘股的收益；反之，说明大盘股的收益高于小盘股的收益。2017 年，以蓝筹股为代表的"漂亮 50"股票表现瞩目，沪深 300 指数上涨 21.78%，而中小板指数和创业板指数则分别上涨 16.73% 和下跌 10.67%，小盘股的业绩明显不及大盘股。2017~2018 年，24 个月中，仅有 8 个月的 SMB 因子收益为正，其他月份的 SMB 因子收益均为负，表明在这段时间，相较小盘股，大盘股有更好的业绩表现。但在 2018 年底，SMB 因子的累计净值出现了较为明显的拐点，在之后的 2019~2020 年，A 股行情有所回升，便于炒作、利于赚"快钱"

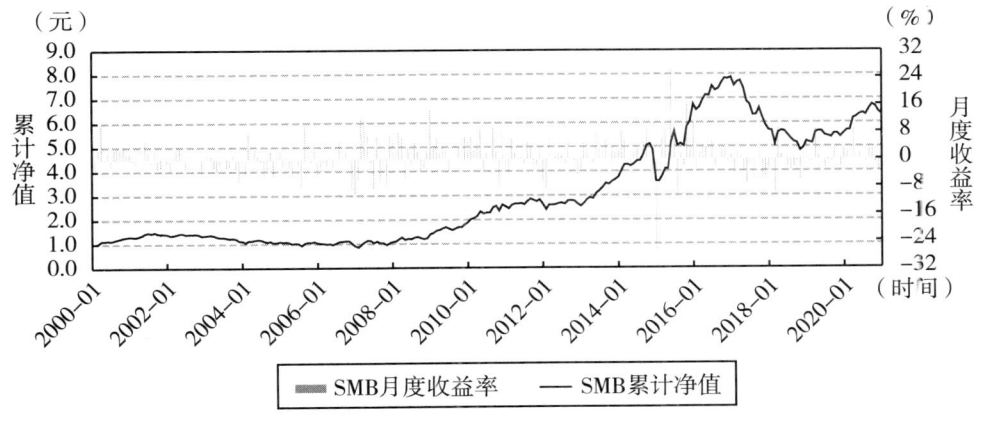

图 6-4　SMB 因子的月度收益率和累计净值

的小盘股深受重新入市的游资和散户欢迎。2019~2020年，沪深300指数上涨75.49%，而中小板指数和创业板指数则分别上涨105.38%和141.40%，小盘股的收益远远超过了大盘股的收益。我们发现，在熊市，大盘股的业绩往往会超过小盘股，SMB因子收益为正；在牛市，小盘股的收益往往会超过大盘股，SMB因子收益为负。

图6-5展示的是价值因子（HML）的月度收益率和累计净值，该因子收益率数据从2000年开始。到2020年底，HML因子的累计净值为1.26元，累计收益率为26%，年化收益率为1.1%。HML因子代表价值股和成长股收益率之差，如果HML因子的收益率为正，说明价值股有更好的表现；反之，则代表成长股有更好的业绩。可以发现，在熊市，如2008年的金融危机和2018年的股灾，HML因子有着较高的收益率，HML因子的累计净值达到高点，即在熊市价值股的业绩往往会超过成长股，蓝筹股是市场下行时"护盘"的更好选择。而在市场行情较好的时间段，如2014年、2019~2020年，HML因子的收益率相对较低，HML因子的累计净值达到低点，即在牛市股民们对成长股的估值会比较宽容，往往给予成长股极高的市盈率，成长股的业绩往往会超过价值股。

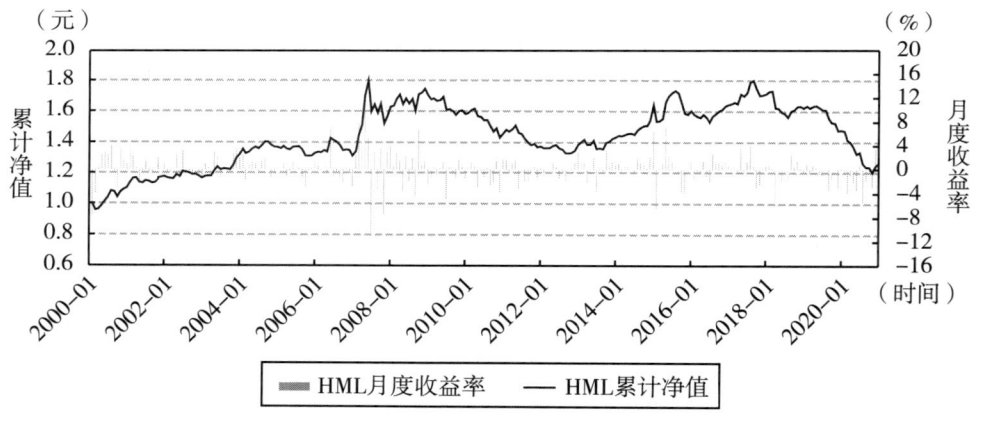

图6-5　HML因子的月收益度率和累计净值

图6-6展示的是动量因子（MOM）的月度收益率和累计净值，该因子从2000年开始。自Jegadeesh和Titman（1993）提出动量效应以来，动量效应在股票、债券等市场被广泛发现，为投资者挖掘超额收益提供了新的思路。从图6-6中MOM因子的走势可以看出，大多数情况下，如果我们按照在美国市场有效的动量因子的构造方法去构建中国市场的动量因子，那么我国A股市场的动量效应并不显著，MOM因子的累计净值波动下跌，到2020年底，该因子的净值为0.60元，累计收益率为-40%。这说明，持有过去一段时间内收益率较高的股票，在下个月不能够获得较高的收益率。我国股票市场行情转换较快、波动性高，受国家政策影响较

大，且投资非理性程度较高，可能是造成动量因子出现负收益的原因。

图 6-6　MOM 因子的月度收益率和累计净值

图 6-7 展示的是债券因子（BOND10）的月度收益率和累计净值，该因子从 2002 年开始。从中可见，BOND10 因子的累计净值呈现波动的态势。2007 年，中国宏观经济增长过热，通货膨胀风险增大，货币政策收紧，央行 6 次加息，债市进入熊市，收益率曲线一路上涨。2008 年下半年，受美国次贷危机影响，货币政策由紧转松，收益率高位回落，直到 2009 年，在国家 4 万亿元的经济刺激下，债市收益率开始反弹上行。2011 年第四季度至 2012 年期间，宏观经济放缓，货币政策走向宽松，企业融资成本降低，债市收益率陡峭下行。2014~2015 年，国内经济基本面疲软，内需回落，为降低社会融资成本、刺激经济增长，货币政策再次转为宽松，债市进入牛市，债券收益率曲线呈单边下行趋势。2017 年，在金融监管趋严和去杠杆等因素的多重影响下，债券市场面临资金紧平衡，债指价格下降，债券收

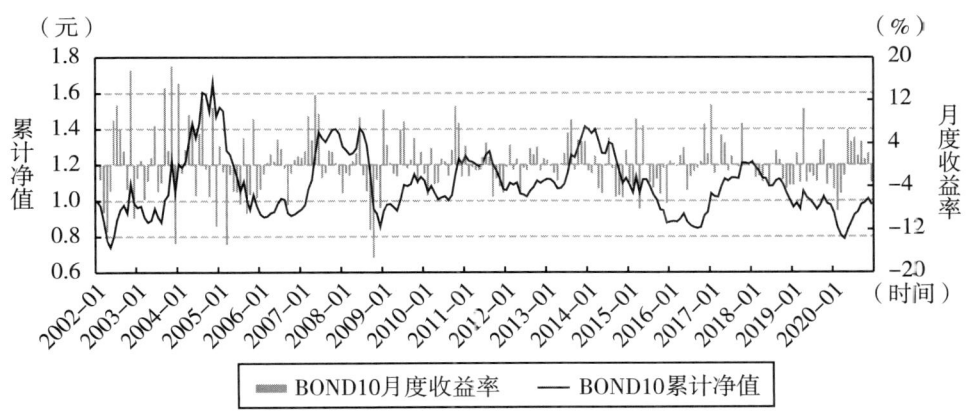

图 6-7　BOND10 因子的月度收益率和累计净值

益率上涨。2018~2019年，在国内经济下行压力增大、中美贸易摩擦持续等多种复杂因素的作用下，国债收益率曲线振荡下跌。2020年，虽然经历了年初的新冠肺炎疫情，但在持续出台的经济刺激政策下，股市行情向好，万得全A指数全年上涨24%，债市的资金被抽离，收益率陡峭上升。截至2020年底，债券因子累计净值为0.98，累计收益率-2%。

图6-8展示的是信用风险因子（CBMB10）的月度收益率和累计净值，因受10年期企业债到期收益率数据的影响，该因子自2008年开始。从图6-8可见，从2008年开始，CBMB10因子的累计净值多数时间大于1元，累计收益基本为正。2015~2016年，信用风险收益率呈振荡下行趋势，这与货币政策宽松和利率下行密切相关。2018~2019年，信用债违约事件持续高发，CBMB10收益率振荡上升，企业信用风险开始暴露并逐步上升。2020年，一方面，央行不断推出的货币政策给信用风险因子带来下行压力；另一方面，股市的繁荣使债市的资金出现了萎缩，2020年底又有"20永煤SP003"违约事件的出现，给信用市场利率带来了上行压力，因此信用风险因子全年涨跌相抵，累计净值与2019年底基本持平。截至2020年底，信用风险因子累计净值达到1.91元，累计收益率为91%。

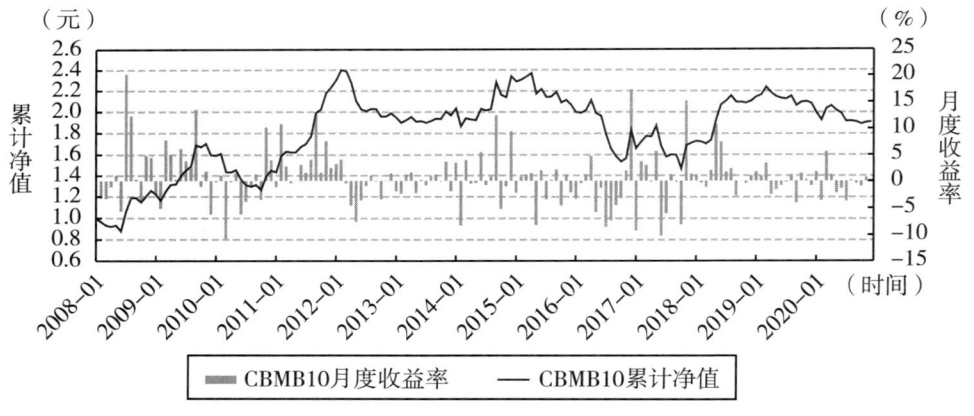

图6-8 CBMB10因子的月度收益率和累计净值

图6-9展示的是债券市场综合因子（BOND_RET）的月度收益率和累计净值，该因子从2002年开始。据图6-9可知，自2002年起，BOND_RET因子的累计收益率基本为正，且波动率较低，月度收益率在-1.7%~2.7%震荡。到2020年12月，该因子累计净值为1.19元，累计收益率为19%。2017年，债券市场面临资金紧平衡，债券收益率持续上行，债券价格指数大幅下跌，多数月份中BOND_RET因子的收益率均为负数。2018年至2020年第一季度，受经济下行压力和保持宽松的货币政策的影响，债券收益率整体呈现下行趋势，BOND_RET因子的累计净值有所回升，27个月中有22个月该因子的月度收益率为正。2020年4月起，A股触

底反弹,从 2020 年 4 月 1 日至 2020 年 12 月 31 日,万得全 A 指数涨幅高达 35%,资金从债市大量涌向股市,债券收益率上升,债券价格指数明显下跌。

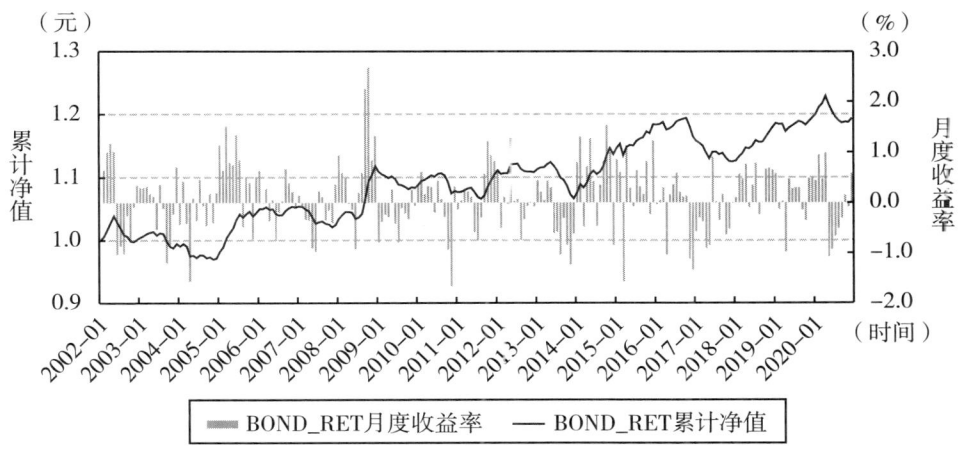

图 6-9　BOND_RET 因子的月度收益率和累计净值

图 6-10 展示的是商品市场风险因子(FUTURES)的月度收益率和累计净值,该因子从 2005 年开始。我们发现,FUTURES 因子的收益率整体波动较大,自 2011 年开始,FUTURES 因子的累计净值开始持续波动下降,直至 2015 年底才有所好转。2016 年,在供给侧改革的大背景下,黑色系期货大涨,其他板块也相继出现涨停,商品期货市场交易量创历史新高。2017 年期货新品种恢复上市,商品市场呈波动上涨。2018 年,我国期货市场对外开放步伐进一步加快,交易额继前两年以来首次回暖,但在业绩表现上,各商品板块全线收跌。进入 2019 年,商品期货市场的品种不断增加,整体上市步伐加快,各类品种有涨有跌,整体变化较小。2020 年,由于年初新冠肺炎疫情打压全球经济,各国政府相继开始了货币宽松政

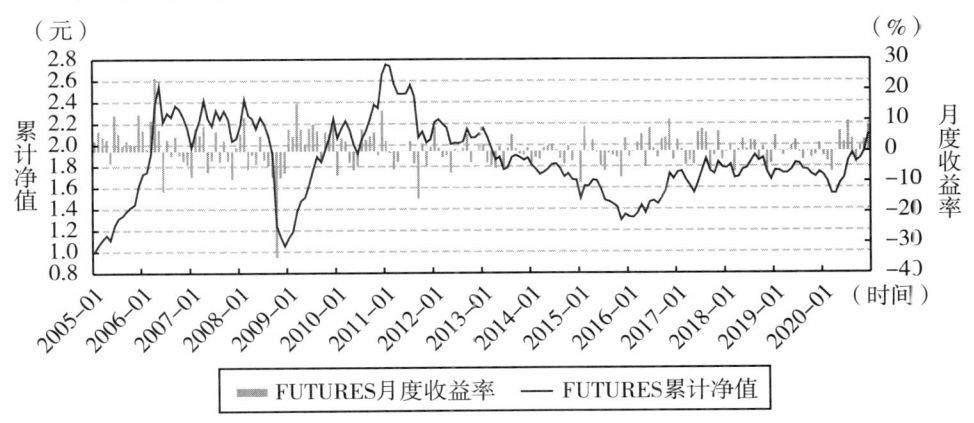

图 6-10　FUTURES 因子的月度收益率和累计净值

策，带来了 2020 年 3~8 月的贵金属价格暴涨，沪银期货从低点 2 857 元/千克一度涨至 6 877 元/千克，涨幅超 120%，沪金期货也涨超 37%。另外，铁矿石、焦炭、玉米、胶合板等期货都大涨超过 40%，整个期货市场超七成的交易品种均实现了上涨，商品市场风险因子累计净值也在 2020 年不断上涨。截至 2020 年底，商品市场风险因子累计净值 2.10 元，累计收益率 110%，年化收益率为 4.7%。

三、私募基金的风险因子归因分析

（一）样本选取

接下来，我们采用八个风险因子，分别对每只私募基金的业绩进行归因。私募基金样本的选取条件为截至 2020 年 12 月，有 24 个月及以上净值数据的基金。由于结构化基金的净值不能完全反映基金的收益情况，因此在样本中剔除了结构化基金。此外，我们还删除了基金净值重复率大于 10% 的基金，以提高样本数据的准确性。本章所用的私募基金数据来源于万得资讯数据库。图 6-11 展示了私募基金样本的选取流程和每个筛选步骤后剩余的基金数量。截至 2020 年底，从万得资讯数据库下载的有净值数据的私募基金数量为 94 761 只，在排除结构化基金和删除净值重复率大于 10% 的基金后，满足样本条件的基金有 15 823 只。

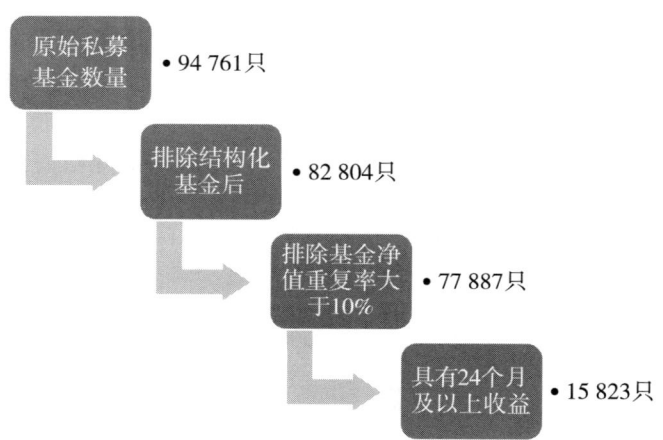

图 6-11 私募基金样本的选取步骤

表 6-4 展示的是不同策略私募基金数量的占比情况，样本基金囊括了普通股票型、相对价值型、股票多空型、债券型、事件驱动型、CTA 型和其他策略的私募基金。在 15 823 只基金中，普通股票策略的基金数量占比最高，为 78.9%，该

策略基金选股主要基于对公司的深入研究；其次为债券型基金（3.7%）和相对价值型基金（3.4%）；其他策略的基金数量相对较少。

表 6-4　　　　　　　　私募基金样本的基金策略分布情况

基金策略分类	基金数量（只）	数量占比（%）
普通股票型	12 480	78.9
相对价值型	536	3.4
股票多空型	490	3.1
债券型	579	3.7
事件驱动型	75	0.5
CTA 型	277	1.8
其他	1 386	8.8
总计	15 823	100.0

由于数据可得性的问题，不同因子的起始日期不同，此外，不同私募基金策略在我国开始出现、发展的时间也有所不一，表 6-5 展示了不同策略私募基金和不同风险因子净值的起始日期。我们发现，私募基金样本的起始日期最早为 2003 年，而在风险因子中，信用风险因子 CBMB10 和商品市场风险因子 FUTURES 的起始日期分别为 2008 年和 2005 年，晚于 2003 年。对于这种情况，我们将这两个因子从 2003 年到其起始日期之间的数据填充为 0，以避免损失私募基金的数据。

表 6-5　　　　　　　私募基金和风险因子净值的起始日期

基金策略	起始日期	因子	起始日期
普通股票型	2003-08-29	MKT	2002-01-31
股票多空型	2007-06-29	SMB	2000-01-31
相对价值型	2004-12-31	HML	2000-01-31
事件驱动型	2008-03-31	MOM	2000-01-31
债券型	2008-04-30	BOND10	2002-01-31
CTA 型	2012-05-31	CBMB10	2008-01-31
—		BOND_RET	2002-01-31
—		FUTURES	2005-01-31

(二) 私募基金风险归因模型

基于上述八个风险因子，我们构建出八因子模型对每只私募基金进行回归分析。具体模型为：

$$R_{i,t} = \alpha_i + \beta_{1,i} MKT_t + \beta_{2,i} SMB_t + \beta_{3,i} HML_t + \beta_{4,i} MOM_t + \beta_{5,i} BOND10_t \\ + \beta_{6,i} CBMB10_t + \beta_{7,i} BOND\_RET_t + \beta_{8,i} FUTURES_t + \varepsilon_{i,t} \quad (6.9)$$

其中，$R_{i,t}$ 为第 t 月私募基金 i 的超额收益率，我们采用考虑私募基金分红再投资的复权净值来计算基金的收益率，一年期定期存款利率作为无风险利率；α_i 为基金经理基于自身能力给投资者带来的超额收益；MKT_t、SMB_t、HML_t、MOM_t、$BOND10_t$、$CBMB10_t$、$BOND\_RET_t$ 和 $FUTURES_t$ 分别为第 t 月的股票市场风险因子、规模因子、价值因子、动量因子、债券因子、信用风险因子、债券市场综合因子和商品市场因子的风险溢价，回归后的估计值 $\beta_1 \sim \beta_8$ 反映了私募基金在各风险因子上的暴露程度。

(三) 归因分析结果

表 6-6 展示的是不同策略私募基金因子的回归结果。从表 6-6 可见，事件驱动型私募基金的调整后 R^2 最高，平均为 39.4%；其次为普通股票型私募基金，调整后 R^2 为 38.5%。即这些因子可以解释私募基金超额收益率方差的 38%~40%，股票多空型和相对价值型私募基金的调整后 R^2 也在 30% 以上。而债券型和 CTA 型私募基金的平均调整后 R^2 相对较低，分别为 10.3% 和 9.5%，表明我们构造的八因子模型未能较好地解释这两个策略基金的超额收益。对比不同策略基金的平均年化 α 可以发现，CTA 型私募基金年化 α 的平均值为 8.7%，在所有类型的私募基金中最高，说明该策略基金的收益更多是来自基金经理的投资能力，而不是承担风险所带来的风险溢价，其他策略私募基金的平均年化 α 则都在 5% 以内。

同时，我们还发现，不同策略的基金在不同风险因子上的暴露也不相同，β 为正且数值越接近于 1 时，说明私募基金在该因子上的暴露程度越大。举例来看，普通股票策略的基金对大盘指数对应的 MKT 因子的风险暴露较大，均值为 0.55，说明该策略基金对股票市场大盘指数的风险暴露较高，符合股票型基金的特征，而 β_{BOND_RET} 的均值为 -1.38，这意味着普通股票型基金的收益与债券市场的收益呈负相关。事件驱动型基金在 MKT 因子和 SMB 因子上的暴露程度较高，当这两个因子上涨时，该策略的基金收益率也会随之上涨。相对价值策略的私募基金又可细分为市场中性策略和套利策略，其中，市场中性策略基金在构建仓位时主要关注相关联证券之间的价差变化，同时持有空头头寸和多头头寸，因此该策略基金和股票市场收益的相关性较低。

表 6-6　　私募基金因子回归结果

投资策略	基金数量（只）	因子	均值	Q1	中位数	Q3	标准差
普通股票型	12 480	α	4.4%	-3.0%	4.2%	11.0%	17.9%
		β_{MKT}	0.55	0.27	0.55	0.78	0.42
		β_{SMB}	0.18	-0.01	0.15	0.34	0.45
		β_{HML}	-0.01	-0.31	-0.02	0.26	0.76
		β_{MOM}	0.11	-0.11	0.12	0.37	0.69
		β_{BOND10}	-0.22	-0.48	-0.18	0.06	0.69
		β_{CBMB10}	-0.06	-0.18	-0.06	0.06	0.33
		β_{BOND_RET}	-1.38	-2.97	-1.22	0.45	4.79
		$\beta_{FUTURES}$	-0.01	-0.14	-0.02	0.10	0.35
		调整后 R^2	38.5%	19.2%	40.7%	59.1%	26.2%
相对价值型	536	α	2.7%	-0.6%	2.2%	6.0%	9.9%
		β_{MKT}	0.16	-0.01	0.04	0.27	0.23
		β_{SMB}	0.14	0.03	0.14	0.26	0.20
		β_{HML}	0.04	-0.06	0.05	0.21	0.45
		β_{MOM}	0.06	-0.06	0.09	0.21	0.35
		β_{BOND10}	-0.03	-0.17	0.00	0.09	0.37
		β_{CBMB10}	-0.02	-0.08	-0.01	0.02	0.21
		β_{BOND_RET}	-0.13	-0.96	0.10	0.68	2.54
		$\beta_{FUTURES}$	-0.03	-0.09	-0.04	0.01	0.21
		调整后 R^2	31.0%	9.0%	30.8%	54.6%	24.9%
股票多空型	490	α	1.4%	-3.8%	1.9%	8.3%	11.9%
		β_{MKT}	0.34	0.06	0.31	0.58	0.36
		β_{SMB}	0.17	0.04	0.13	0.28	0.28
		β_{HML}	0.13	-0.08	0.11	0.34	0.55
		β_{MOM}	0.08	-0.05	0.08	0.24	0.37
		β_{BOND10}	-0.09	-0.24	-0.11	0.04	0.48
		β_{CBMB10}	-0.05	-0.16	-0.04	0.02	0.18
		β_{BOND_RET}	-0.67	-2.04	-0.64	0.24	3.05
		$\beta_{FUTURES}$	-0.07	-0.17	-0.05	0.06	0.21
		调整后 R^2	31.4%	14.5%	32.1%	50.8%	22.4%

续表

投资策略	基金数量(只)	因子	均值	Q1	中位数	Q3	标准差
事件驱动型	75	α	3.6%	-6.2%	4.3%	14.6%	16.9%
		β_{MKT}	0.64	0.26	0.57	0.93	0.60
		β_{SMB}	0.42	0.12	0.32	0.70	0.41
		β_{HML}	-0.20	-0.72	-0.04	0.36	1.03
		β_{MOM}	0.11	-0.28	0.06	0.41	0.76
		β_{BOND10}	-0.11	-0.48	-0.13	0.10	0.76
		β_{CBMB10}	-0.03	-0.17	0.01	0.22	0.57
		β_{BOND_RET}	-0.12	-2.30	-0.21	1.23	4.13
		$\beta_{FUTURES}$	-0.10	-0.18	-0.02	0.07	0.36
		调整后 R^2	39.4%	15.3%	43.3%	61.8%	28.2%
债券型	579	α	4.2%	-0.1%	3.6%	7.1%	38.7%
		β_{MKT}	0.05	-0.02	0.01	0.09	0.58
		β_{SMB}	0.06	-0.04	0.01	0.07	1.09
		β_{HML}	-0.09	-0.10	-0.01	0.10	2.76
		β_{MOM}	0.10	-0.08	0.00	0.07	2.52
		β_{BOND10}	-0.03	-0.11	-0.01	0.06	0.62
		β_{CBMB10}	-0.04	-0.07	-0.02	0.03	0.78
		β_{BOND_RET}	-0.65	-0.63	0.02	0.56	14.15
		$\beta_{FUTURES}$	0.05	-0.05	0.00	0.04	1.43
		调整后 R^2	10.3%	-6.3%	4.9%	22.5%	23.4%
CTA型	277	α	8.7%	-0.4%	6.3%	13.9%	17.1%
		β_{MKT}	0.07	-0.07	0.00	0.15	0.31
		β_{SMB}	0.04	-0.11	0.02	0.19	0.38
		β_{HML}	0.00	-0.31	-0.08	0.21	0.70
		β_{MOM}	-0.15	-0.33	-0.11	0.13	0.62
		β_{BOND10}	-0.12	-0.31	-0.09	0.11	0.64
		β_{CBMB10}	-0.07	-0.17	-0.04	0.08	0.34
		β_{BOND_RET}	-0.75	-2.44	-0.49	1.06	3.96
		$\beta_{FUTURES}$	0.13	-0.01	0.11	0.29	0.38
		调整后 R^2	9.5%	-3.9%	4.8%	21.4%	19.5%

表 6-7 中展示了不同策略私募基金回归在各因子上的显著程度。在 10% 的显著性水平下，普通股票型、相对价值型和股票多空型基金的 α 呈正显著的比例都超过了 25%。而债券型基金中有 47% 的基金呈正显著，CTA 型基金中有 40% 的基金呈正显著，说明债券型和 CTA 型基金具有投资能力的基金数量相对较多。此外，在四类股票型的私募基金里，除了相对价值型私募基金以外，其他三种类型的私募基金在股票市场风险因子 MKT 上呈正显著的比例都比较高。具体来看，普通股票型私募基金中有 82% 的基金在 MKT 因子上为正显著，股票多空型基金中有 75% 的基金在 MKT 因子上呈正显著，事件驱动型基金中有 72% 的基金在 MKT 因子上呈正显著，而相对价值型基金中有 42% 的基金在 MKT 因子上为正显著。如前面所述，相对价值策略中的市场中性策略基金会在持有股票多头头寸的同时做空股指期货，以对冲股票市场的风险，因此与其他主要投资股票的基金相比，较少比例的基金在 MKT 因子上的风险暴露是显著的。

表 6-7　　私募基金归因分析结果显著性比例统计　　　　单位：%

投资策略	样本数（只）	显著性	α	β_{MKT}	β_{SMB}	β_{HML}	β_{MOM}	β_{BOND10}	β_{CBMB10}	β_{BOND_RET}	$\beta_{FUTURES}$
普通股票型	12 480	正显著	28.7	81.8	37.1	12.2	24.3	5.4	5.8	4.7	9.3
		不显著	62.8	16.9	57.3	72.9	67.5	69.3	75.8	72.4	78.7
		负显著	8.5	1.4	5.6	14.9	8.2	25.3	18.5	22.9	12.0
相对价值型	536	正显著	26.9	41.8	59.1	22.2	38.6	7.8	6.3	9.0	5.8
		不显著	67.5	49.3	35.1	70.1	49.1	74.6	79.3	77.1	69.8
		负显著	5.6	9.0	5.8	7.6	12.3	17.5	14.4	14.0	24.4
股票多空型	490	正显著	25.5	74.9	47.3	26.5	24.1	5.9	2.9	5.3	7.8
		不显著	56.9	18.8	48.0	63.7	66.5	82.0	79.6	79.4	66.7
		负显著	17.6	6.3	4.7	9.8	9.4	12.0	17.6	15.3	25.5
事件驱动型	75	正显著	14.7	72.0	54.7	12.0	20.0	18.7	5.3	8.0	
		不显著	77.3	26.7	44.0	72.0	61.3	77.3	69.3	85.3	77.3
		负显著	8.0	1.3	1.3	16.0	18.7	14.7	12.0	9.3	14.7
债券型	579	正显著	46.6	28.7	13.0	11.1	10.2	7.1	6.9	9.8	12.8
		不显著	46.3	61.1	79.4	79.6	75.6	77.9	74.4	81.2	76.9
		负显著	7.1	10.2	7.6	9.3	14.2	15.0	18.7	9.0	10.4
CTA 型	277	正显著	40.1	21.3	20.2	10.1	7.2	8.3	6.1	7.2	36.5
		不显著	58.1	67.5	66.8	73.3	68.2	78.3	79.6	79.4	57.8
		负显著	1.8	11.2	13.0	16.6	24.5	13.4	14.1	13.4	5.8

注：显著性水平为 10%，$t = 1.282$，表中数字为处于各个显著水平基金的比例。

对于主要投资债券的债券型基金和主要投资期货的 CTA 型基金，我们发现债券型基金在债券类因子（BOND10、CBMB10、BOND_RET）上的正显著比例为 8% 左右，要低于其在 MKT 因子上的正显著比例，表明一定比例的债券型基金在策略上可能存在漂移，将资金投向了股票市场。CTA 型基金中，有 37% 的基金回归到 FUTURES 因子时是正显著的。

四、私募基金指数的风险因子归因分析

除了对每只私募基金进行因子回归分析之外，我们还以第五章所构建的私募基金指数为研究对象，对指数的收益率进行回归，分析不同策略基金指数在八个风险因子上的风险暴露。

（一）私募基金指数风险归因模型

基于八个风险因子，我们构建八因子模型对不同策略的私募基金指数进行回归分析。具体模型为：

$$INDEX_{Ri,t} = \alpha_i + \beta_{1,i}MKT_t + \beta_{2,i}SMB_t + \beta_{3,i}HML_t + \beta_{4,i}MOM_t + \beta_{5,i}BOND10_t \\ + \beta_{6,i}CBMB10_t + \beta_{7,i}BOND\_RET_t + \beta_{8,i}FUTURES_t + \varepsilon_{i,t} \quad (6.10)$$

其中，$INDEX\_R_{i,t}$ 为第 t 个月私募基金指数 i 的超额收益率，其他变量的含义与式（6.9）中的定义相同。

（二）归因结果分析

对于不同策略的私募基金指数，我们得到的风险因子回归的结果如表 6-8 所示。从模型的拟合程度来看，普通股票型、股票多空型和事件驱动型私募基金指数回归后的调整后 R^2 较高，都在 65% 以上。调整后 R^2 最低的私募基金指数是 CTA 型基金，主要原因在于 CTA 策略的基金采用多空双向交易的方式灵活切换持仓，既可以做多也可以做空，使基金能够在市场上涨和下跌的环境下均赚取收益，且不同的 CTA 基金所采取的具体策略有所不同，FUTURES 因子作为纯多头的因子无法对许多 CTA 基金的收益进行很好的解释，其调整后 R^2 为 1.0%。从超额收益 α 来看，普通股票型、股票多空型、债券型和 CTA 型基金的 α 为正显著，说明这些策略的私募基金是凭借基金经理的投资能力获得的超额收益。

我们还发现，不同策略的私募基金指数在不同风险因子上的暴露是不同的。在 10% 的显著性水平下，四类股票型私募基金指数都与股票市场风险呈显著正相关，

其中相对价值型私募基金的策略特征造成了其对 MKT 因子的暴露程度要低于其他三类股票型基金指数。此外，在 SMB、HML 和 MOM 这三个衡量股票市场风险的因子中，事件驱动型基金指数在 SMB 因子的暴露程度最高，表明该策略基金获得了来自投资小盘股的风险溢价；普通股票型和相对价值型基金指数对于 HML 因子的相关性为负显著，意味着这两类基金更偏向投资成长股；对于 MOM 因子，普通股票型和股票多空型私募基金指数与其相关性为正且显著，β 值分别为 0.16 和 0.13，可以发现这两种私募基金存在追涨杀跌的证据。此外，大部分股票型私募基金指数对三个债券类风险因子和一个商品市场风险因子的暴露均不显著，或暴露程度不高。对于债券型私募基金指数而言，可以发现其在 BOND_RET 因子上的风险暴露是显著的，且 β 系数为 0.46，与债券市场综合业绩相关性较高。同时，该策略基金与四个股票风险因子的相关性或不显著，或整体较低。

表6-8　　　　　　　不同策略的私募基金指数的风险因子回归结果

风险因子	不同策略及起始日期					
	普通股票型	相对价值型	股票多空型	事件驱动型	债券型	CTA 型
	2005-12	2010-12	2008-12	2011-12	2010-12	2012-12
α	5.6%	0.8%	3.5%	1.5%	4.1%	14.6%
（t 值）	(2.70)	(0.21)	(1.32)	(0.47)	(2.63)	(4.29)
β_{MKT}	0.45	0.19	0.43	0.55	0.04	0.05
（t 值）	(20.31)	(5.06)	(14.59)	(13.46)	(2.38)	(1.40)
β_{SMB}	0.18	0.13	0.21	0.45	0.02	0.00
（t 值）	(6.02)	(2.57)	(5.62)	(9.16)	(0.94)	(-0.03)
β_{HML}	-0.17	-0.22	-0.13	0.13	-0.04	0.05
（t 值）	(-2.63)	(-1.94)	(-1.30)	(0.89)	(-0.82)	(0.48)
β_{MOM}	0.16	0.10	0.13	0.08	-0.03	-0.03
（t 值）	(3.59)	(1.27)	(2.27)	(1.13)	(-0.96)	(-0.36)
β_{BOND10}	-0.10	0.15	-0.16	0.18	-0.06	0.02
（t 值）	(-1.73)	(1.09)	(-1.50)	(1.30)	(-1.18)	(0.17)
β_{CBMB10}	-0.08	-0.02	-0.09	-0.03	-0.04	-0.12
（t 值）	(-1.96)	(-0.23)	(-1.93)	(-0.42)	(-1.27)	(-1.83)
β_{BOND_RET}	-0.43	0.70	-1.04	1.01	0.46	-0.61
（t 值）	(-1.01)	(0.75)	(-1.55)	(1.18)	(1.31)	(-0.85)
$\beta_{FUTURES}$	0.02	-0.02	0.01	-0.03	-0.01	-0.04
（t 值）	(0.57)	(-0.44)	(0.33)	(-0.56)	(-0.43)	(-0.80)
调整后 R^2	71.8%	14.7%	65.4%	69.4%	10.8%	1.0%

(三) 稳健性检验

通过上述分析可以发现，一些因子在解释某些策略的私募基金收益时并不显著。例如，三个债券市场因子和一个商品市场因子回归到大多数股票型私募基金指数时不显著。因此，我们去掉了一些和某一只私募基金策略相关性不高的因子，对私募基金指数的回归分析进行稳健性检验。在普通股票型、相对价值型、股票多空型和事件驱动型私募基金指数的分析中，我们只保留了与股票市场相关的MKT、SMB、HML和MOM风险因子；在债券型基金指数的分析中只保留了债券市场的BOND10、CBMB10和BOND_RET三个风险因子；在CTA型基金指数的分析中，只保留了商品市场风险因子FUTURES。

表6-9展示了调整模型变量后不同策略的私募基金指数对不同因子的回归结果。其中，普通股票型、相对价值型、股票多空型和事件驱动型私募基金指数在去掉了三个债券市场因子和一个商品市场因子之后，模型的拟合程度几乎没有变化。债券型私募基金指数在去掉了四个股票市场因子和一个商品市场因子后，模型拟合程度和相关因子的显著性水平同样没有太大改变，表明回归结果是稳健的。但是，对于CTA型私募基金指数，当对风险因子进行调整后，调整后R^2由原来的1.0%进一步降低至-0.5%，这意味着该模型无法解释CTA型私募基金指数的风险来源。在前面我们提到，CTA型基金可以进行做多和做空的双向交易，策略包括趋势追踪、跨期套利、波动率套利等多种方式，且交易中包括商品、股指、利率等多种期货品种，仅通过单一做多的商品市场风险因子FUTURES对其风险暴露程度进行衡量并不准确，进而造成模型拟合程度低，FUTURES因子的回归结果不显著。

表6-9   不同策略私募基金指数的风险因子回归结果（稳健性检验）

风险因子	投资策略及起始日期					
	普通股票型	相对价值型	股票多空型	事件驱动型	债券型	CTA型
	2005-12	2010-12	2008-12	2011-12	2010-12	2012-12
α (t值)	4.7% (2.40)	1.1% (0.33)	1.9% (0.75)	2.0% (0.65)	4.9% (3.19)	13.5% (4.30)
β_{MKT} (t值)	0.44 (22.04)	0.20 (5.76)	0.42 (16.61)	0.55 (14.82)		
β_{SMB} (t值)	0.18 (6.07)	0.14 (2.65)	0.22 (5.66)	0.45 (9.39)		
β_{HML} (t值)	-0.18 (-2.67)	-0.22 (-1.97)	-0.13 (-1.30)	0.12 (0.89)		

续表

风险因子	投资策略及起始日期					
	普通股票型	相对价值型	股票多空型	事件驱动型	债券型	CTA型
	2005-12	2010-12	2008-12	2011-12	2010-12	2012-12
β_{MOM} (t值)	0.15 (3.52)	0.10 (1.24)	0.13 (2.13)	0.09 (1.17)		
β_{BOND10} (t值)					-0.04 (-0.73)	
β_{CBMB10} (t值)					-0.03 (-1.12)	
β_{BOND_RET} (t值)					0.55 (1.59)	
$\beta_{FUTURES}$ (t值)						0.01 (0.24)
调整后 R^2	71.5%	15.6%	65.4%	69.5%	9.4%	-0.5%

综合来看，在本章中我们所构造的八个风险因子对普通股票型、股票多空型和事件驱动型私募基金指数的风险来源能够进行较好的解释。但是，对于相对价值型、债券型，特别是CTA型私募基金指数，模型的拟合程度相对较低，还需要进一步挖掘能够对这些策略进行有效解释的风险因子。

五、小结

为了分析各策略私募基金在不同风险上的暴露程度，我们基于美国市场的风险因子，结合我国私募基金的发展情况构建出八个中国私募基金风险因子。其中，与股票市场风险相关的因子包括：股票市场风险因子（MKT）、规模因子（SMB）、价值因子（HML）和动量因子（MOM）；与债券市场风险相关的因子包括：债券因子（BOND10）、信用风险因子（CBMB10）和债券市场综合因子（BOND_RET）；与商品市场风险相关的因子包括商品市场风险因子（FUTURES）。

在分析过程中，我们分别以单只基金和私募基金指数为对象，对普通股票型、相对价值型、股票多空型、事件驱动型、债券型和CTA型基金进行了回归分析。研究结果显示，当对单只基金进行回归分析时，四类股票型基金的拟合程度较好，与MKT因子呈正相关的基金数量比例较高，体现出了股票型基金的特征。而债券型基金和CTA型基金回归到模型时调整后 R^2 偏低，意味着我们构造的八个风险因子不能较好地解释这两个策略私募基金的收益构成。

当对私募基金指数进行回归时，普通股票型、股票多空型和事件驱动型私募基金指数的模型拟合程度较高，其中，普通股票型私募基金指数与 MKT、SMB 和 MOM 因子显著正相关，与 HML 因子显著负相关。债券型基金与 BOND_RET 因子显著正相关，与另外两个债券类因子的相关性不显著。CTA 型基金由于其策略的特殊性，回归结果的拟合程度不好。通过这些分析，我们可以在一定程度上了解不同策略私募基金的风险暴露程度，从而使投资者更加了解自己所投资的私募基金的收益来源。

附录一 股票型私募基金近五年业绩描述统计表（按年化收益率由高到低排序）：2016~2020年

本表展示的是近五年股票型私募基金的收益和风险指标。其中，收益指标包括年化收益率，夏普比率，索丁诺比率，收益—最大回撤比率；风险指标包括年化波动率，年化下行风险及五年内最大回撤率。在评估基金的收益与风险时，我们选取万得全A指数作为评估标准，并在表中第0行给出相关指标的结果。

编号	基金名称	年化收益率(%)	年化波动率(%)	年化下行风险(%)	最大回撤率(%)	夏普比率	索丁诺比率	收益—最大回撤比率
0	万得全A指数	1.84	21.84	14.40	34.44	0.13	0.19	0.28
1	东方点赞	46.25	30.28	8.78	15.08	1.36	4.69	37.74
2	璟恒5期	40.08	29.15	12.21	21.84	1.26	3.00	20.12
3	汉和资本—私募学院菁英7号	39.97	19.19	9.02	14.29	1.79	3.81	30.60
4	卓铸卓趣1号	38.91	27.93	12.32	37.89	1.29	2.93	12.68
5	景林创新成长	37.41	21.98	11.15	32.88	1.51	2.97	11.85
6	睿璞投资—睿洪1号	36.30	19.46	7.64	12.95	1.63	4.15	28.61
7	林园	35.80	22.05	11.80	28.94	1.45	2.70	12.50
8	同望1期1号	35.76	19.29	6.61	16.84	1.62	4.72	21.45
9	石锋笃行一号	34.85	22.66	8.83	22.30	1.38	3.53	15.52
10	元达信资本—安稳特兴国2号	34.44	21.44	8.41	14.60	1.48	3.77	23.22
11	进化论复合策略1号	34.43	17.14	6.38	14.64	1.74	4.68	23.16
12	无量1期	32.87	26.62	10.51	20.06	1.16	2.95	15.66
13	利得汉景1期	32.02	21.79	9.33	22.16	1.32	3.10	13.58
14	幻方钱海01号	31.15	22.30	6.77	15.37	1.26	4.15	18.73

续表

编号	基金名称	年化收益率（%）	年化波动率（%）	年化下行风险（%）	最大回撤率（%）	夏普比率	索丁诺比率	收益—最大回撤比率
15	鸿道创新改革	31.07	24.21	10.55	19.77	1.18	2.71	14.51
16	细水醴醿	30.30	23.36	8.26	13.29	1.19	3.36	20.74
17	景林价值B类	30.10	20.90	10.59	25.06	1.30	2.57	10.88
18	东方先进制造优选	29.88	18.44	9.81	28.57	1.44	2.71	9.44
19	汉和恒聚	29.64	19.01	9.73	16.28	1.39	2.72	16.36
20	同犇尊享1号	29.27	20.30	7.12	22.38	1.32	3.77	11.66
21	新思哲成长	29.18	19.47	8.67	23.63	1.35	3.02	10.99
22	巴克夏月月利1号	29.00	43.71	18.78	48.24	0.75	1.75	5.33
23	幻方志远01号（B）	27.85	12.67	2.16	3.94	1.90	11.15	61.29
24	彤源7号	27.81	23.54	12.29	22.88	1.11	2.12	10.54
25	果实长期成长1号	27.78	18.70	9.12	19.53	1.33	2.74	12.32
26	盈定2号	27.57	32.30	10.27	15.50	0.85	2.66	15.34
27	新思哲1期	27.25	20.41	9.29	23.86	1.22	2.67	9.79
28	91金融东方港湾价值1号	27.22	22.65	10.39	20.30	1.12	2.43	11.49
29	汉和资本1期	27.14	19.20	9.95	17.72	1.28	2.47	13.11
30	榕树文明复兴3期	27.09	20.69	9.20	29.39	1.20	2.69	7.88
31	盈阳22号	27.09	29.07	8.53	14.02	0.90	3.08	16.51
32	东方消费服务优选	26.60	21.34	11.95	31.23	1.15	2.06	7.21
33	同犇1期	26.55	19.21	7.50	16.35	1.25	3.20	13.73

附录一 股票型私募基金近五年业绩描述统计表（按年化收益率由高到低排序）：2016~2020年

续表

编号	基金名称	年化收益率（%）	年化波动率（%）	年化下行风险（%）	最大回撤率（%）	夏普比率	索丁诺比率	收益—最大回撤比率
34	国润一期	26.27	22.35	8.32	17.05	1.09	2.93	12.96
35	佰天秦旸1期	26.17	16.05	7.12	15.78	1.45	3.26	13.92
36	清和泉成长2期	26.00	19.77	7.95	20.56	1.20	2.98	10.59
37	康曼德003号	25.35	19.11	5.88	12.70	1.20	3.90	16.49
38	泓澄投资	24.98	17.16	8.39	22.45	1.31	2.67	9.13
39	幻方鼎立01号	24.86	16.67	3.67	7.22	1.33	6.01	28.17
40	九青投资稳健成长2号	24.79	17.85	8.85	23.57	1.26	2.53	8.59
41	易同优选	24.71	21.85	7.79	16.82	1.05	2.95	11.99
42	溪牛长翔回报	24.56	28.38	15.40	29.90	0.87	1.60	6.68
43	鸿道创新改革尊享1号	24.35	22.16	10.69	20.09	1.03	2.14	9.82
44	坤德永盛1期	24.23	23.34	14.85	27.93	1.00	1.56	7.01
45	万利富达	23.92	19.74	10.82	26.09	1.12	2.04	7.37
46	东方港湾3号	23.86	22.68	10.27	21.70	0.99	2.19	8.82
47	汇合舒心1号	23.79	25.52	13.08	32.64	0.91	1.77	5.84
48	彤源6号	23.77	18.59	9.27	18.13	1.17	2.34	10.51
49	秦和长兴1期	23.76	22.81	14.23	27.37	1.00	1.60	6.96
50	宽远沪港深精选	23.69	16.18	7.25	18.08	1.31	2.93	10.48
51	金叩龙盛	23.45	26.28	9.65	16.82	0.87	2.37	11.10
52	淞银财富—清和泉优选1期	23.41	18.61	7.47	19.49	1.15	2.86	9.56

·177·

续表

编号	基金名称	年化收益率（%）	年化波动率（%）	年化下行风险（%）	最大回撤率（%）	夏普比率	索丁诺比率	收益—最大回撤比率
53	宝源胜知1号	23.33	26.56	12.35	34.72	0.87	1.87	5.34
54	宽远价值成长2期	23.27	15.16	6.76	18.56	1.37	3.07	9.95
55	相聚价格1期	23.18	14.32	5.01	13.73	1.43	4.10	13.37
56	彤源7号（A）	23.17	22.25	12.31	22.87	0.99	1.79	8.02
57	远望角咨远1号	23.03	14.60	6.74	12.70	1.40	3.03	14.33
58	金广资产一鑫1号	23.02	18.50	8.65	22.16	1.16	2.47	8.20
59	融通资本景港湾2号	22.97	21.76	9.28	23.09	0.99	2.33	7.85
60	天弓2号	22.90	25.34	13.44	31.90	0.89	1.67	5.66
61	融通资本盈东方汉景1号	22.89	21.39	9.62	24.78	1.00	2.23	7.27
62	清和泉金牛山4期	22.76	17.70	7.24	16.24	1.17	2.85	11.00
63	環恒1期	22.73	19.44	10.07	17.11	1.08	2.09	10.43
64	易同精选3期	22.39	13.37	5.70	19.40	1.48	3.47	9.00
65	双隆一隆腾1号	22.34	17.70	8.21	27.34	1.15	2.48	6.36
66	少数派8号	22.29	17.19	7.27	23.19	1.18	2.78	7.48
67	鹏山长期回报1号	22.10	25.40	13.88	35.23	0.86	1.57	4.86
68	新里程超越梦想	22.08	44.48	23.83	47.95	0.64	1.19	3.57
69	奕金安1期	21.99	21.03	12.44	27.12	0.99	1.67	6.27
70	红筹平衡选择	21.93	18.18	9.81	19.47	1.13	2.09	8.71
71	少数派7号	21.89	18.23	7.92	24.80	1.10	2.53	6.82

附录一 股票型私募基金近五年业绩描述统计表（按年化收益率由高到低排序）：2016~2020年

续表

编号	基金名称	年化收益率（%）	年化波动率（%）	年化下行风险（%）	最大回撤率（%）	夏普比率	索丁诺比率	收益—最大回撤比率
72	鼎萨价值成长	21.89	36.89	21.52	37.18	0.69	1.18	4.55
73	资瑞兴1号	21.83	16.25	5.79	11.49	1.21	3.40	14.65
74	同庆2期	21.83	22.99	13.25	25.82	0.92	1.59	6.52
75	远望角投资1期	21.77	16.48	7.85	12.75	1.19	2.51	13.16
76	榕树陈氏	21.75	22.20	9.02	27.84	0.93	2.29	6.02
77	通和富享1期	21.68	23.96	11.20	29.65	0.88	1.88	5.62
78	易同领先	21.52	23.07	8.46	18.24	0.89	2.43	9.05
79	格雷成长3号	21.22	21.53	11.69	32.11	0.95	1.76	5.04
80	宁聚满天星	21.09	20.03	9.29	28.05	0.98	2.12	5.72
81	少数派5号	21.06	15.11	6.84	21.07	1.25	2.76	7.60
82	利檀3期	20.96	16.58	9.44	24.02	1.15	2.02	6.62
83	昭图2期	20.79	17.81	8.34	13.16	1.07	2.29	11.94
84	汇信—惠正稳健	20.52	34.93	16.23	25.22	0.65	1.41	6.12
85	果实资本仁心回报1号	20.47	19.84	9.41	21.92	0.97	2.04	7.01
86	涌鑫2号	20.18	19.46	11.04	18.67	0.97	1.71	8.07
87	广金成长3期	20.14	18.34	10.07	17.58	1.02	1.85	8.55
88	浅湖达尔文2号	20.10	34.30	13.65	48.65	0.64	1.62	3.08
89	金蕴90期（相生）	20.00	20.57	11.39	21.74	0.92	1.67	6.85
90	东方医疗平衡1期	19.96	19.66	10.47	33.00	0.95	1.79	4.50

续表

编号	基金名称	年化收益率（%）	年化波动率（%）	年化下行风险（%）	最大回撤率（%）	夏普比率	索丁诺比率	收益—最大回撤比率
91	拾贝1号	19.93	16.13	5.84	12.52	1.12	3.09	11.83
92	弘尚资产中国机遇策略配置1号	19.78	17.18	8.11	16.02	1.05	2.23	9.15
93	深积稳健成长1期	19.71	16.69	7.69	24.44	1.10	2.38	5.97
94	盈阳15号	19.59	20.07	10.21	32.09	0.92	1.81	4.51
95	私募工场18期第5期（深积稳健成长1号）	19.58	16.73	7.70	24.47	1.09	2.36	5.90
96	红筹1号	19.54	19.54	9.44	21.05	0.94	1.94	6.85
97	兴聚财富1号	19.52	15.82	7.21	14.22	1.12	2.45	10.12
98	紫晶1号	19.51	18.70	10.41	21.80	0.97	1.75	6.59
99	幻方恒光01号	19.44	6.03	1.55	1.97	2.75	10.70	72.65
100	海洋之星1号	19.43	15.40	8.02	20.97	1.14	2.19	6.82
101	涌鑫3号	19.35	16.47	6.55	14.09	1.07	2.69	10.09
102	乐晟精选	19.29	19.10	9.22	29.64	0.94	1.95	4.77
103	大朴多维度6号	19.27	13.74	8.02	12.52	1.25	2.14	11.29
104	投资精英之景林（A类）	19.25	24.68	14.52	39.57	0.78	1.33	3.57
105	望正1号	19.11	18.07	6.67	11.48	0.98	2.64	12.17
106	仙童1期	18.92	18.21	7.40	14.77	0.96	2.37	9.34
107	进化论稳进2号	18.89	18.75	9.17	20.91	0.94	1.92	6.58
108	金舆财富之车1号	18.85	23.44	11.04	20.61	0.79	1.68	6.65

附录一 股票型私募基金近五年业绩描述统计表（按年化收益率由高到低排序）：2016~2020年

续表

编号	基金名称	年化收益率（%）	年化波动率（%）	年化下行风险（%）	最大回撤率（%）	夏普比率	索丁诺比率	收益—最大回撤比率
109	中环港沪深对冲	18.82	17.83	10.27	18.47	0.98	1.70	7.41
110	朴信3号	18.61	37.23	16.53	50.58	0.60	1.36	2.66
111	雅柏宝量化5号	18.54	13.65	5.27	7.45	1.23	3.19	17.99
112	米筲资产管理1号	18.46	14.19	7.39	18.30	1.17	2.24	7.28
113	百泉1号	18.16	18.64	5.74	11.82	0.92	2.99	11.03
114	盈阳19号	18.08	24.45	14.85	26.30	0.75	1.23	4.93
115	晨燕2号	18.04	15.34	5.80	12.39	1.06	2.81	10.42
116	源乐晟策略创新1期	17.98	18.55	9.28	25.67	0.91	1.81	5.01
117	进化论FOF1号	17.98	15.92	8.60	20.32	1.03	1.91	6.33
118	观富价值1号	17.87	15.47	8.10	18.37	1.05	2.00	6.94
119	泓澄锐进52期	17.85	15.46	8.08	25.56	1.09	2.08	4.98
120	新方程清和泉1期	17.83	19.22	8.21	24.26	0.87	2.04	5.24
121	浦来德天天开心对冲1号	17.80	13.42	6.41	11.08	1.18	2.48	11.45
122	阳光宝1号	17.79	15.97	8.43	26.24	1.02	1.93	4.83
123	泓澄尊A期	17.72	15.35	8.01	25.55	1.07	2.04	4.93
124	凤翔多利	17.61	21.30	11.93	31.57	0.80	1.43	3.96
125	康曼德106号	17.60	16.62	9.61	17.40	0.97	1.68	7.18
126	细水苦提	17.60	24.37	10.83	16.14	0.72	1.63	7.74
127	投资精英（星石A）	17.42	22.78	13.23	27.39	0.76	1.30	4.50

续表

编号	基金名称	年化收益率（%）	年化波动率（%）	年化下行风险（%）	最大回撤率（%）	夏普比率	索丁诺比率	收益—最大回撤比率
128	千合紫荆1号	17.41	16.68	8.30	19.62	0.96	1.93	6.28
129	明达	17.35	22.86	13.91	34.68	0.75	1.24	3.53
130	天勤1号	17.18	17.35	6.81	15.67	0.92	2.33	7.71
131	旭鑫价值成长1期	17.15	11.19	2.01	2.74	1.39	7.74	44.05
132	神农老院子基金	17.12	29.50	12.92	35.38	0.63	1.43	3.40
133	勤远动态平衡1号	17.10	15.66	5.91	8.15	1.01	2.67	14.75
134	星石10期	17.02	22.76	11.32	26.38	0.74	1.48	4.53
135	源洋长征	17.00	18.08	7.46	24.55	0.87	2.12	4.86
136	混沌1号（聚发11）	16.99	31.87	17.38	47.26	0.60	1.11	2.52
137	五岳归来量化贝塔	16.94	16.26	7.74	25.16	0.99	2.08	4.72
138	景林丰收	16.89	22.78	14.67	28.08	0.74	1.15	4.21
139	望正鹏辉	16.86	18.89	7.63	11.48	0.84	2.08	10.27
140	朴石1期	16.84	19.08	8.11	24.06	0.83	1.96	4.89
141	浦慧系列1号	16.83	22.78	14.68	28.06	0.74	1.15	4.19
142	明河成长2号	16.72	15.83	7.44	14.96	0.96	2.05	7.79
143	高信百诺1期	16.66	18.55	10.82	24.58	0.85	1.46	4.72
144	投资精英（朱雀A）	16.54	20.94	12.92	24.47	0.77	1.25	4.70
145	从容内需医疗3期	16.44	22.71	11.73	25.53	0.72	1.39	4.47
146	金蕴99期（谷寒长线回报）	16.42	15.12	8.42	14.03	0.99	1.77	8.11

附录一 股票型私募基金近五年业绩描述统计表（按年化收益率由高到低排序）：2016~2020 年

续表

编号	基金名称	年化收益率（%）	年化波动率（%）	年化下行风险（%）	最大回撤率（%）	夏普比率	索丁诺比率	收益—最大回撤比率
147	盈定 1 号	16.32	19.55	8.50	18.22	0.79	1.82	6.20
148	神农 1 期	16.23	20.46	10.56	28.40	0.77	1.48	3.95
149	金蕴 25 期（淡水泉）	16.21	20.49	11.45	27.10	0.77	1.37	4.13
150	展弘稳进 1 号	16.15	3.96	0.92	2.53	3.51	15.05	44.09
151	道谊红杨	16.15	17.20	7.29	19.11	0.90	2.13	5.83
152	鸿道国企改革	16.13	22.57	10.85	28.74	0.71	1.47	3.87
153	龙全进取 1 期	16.13	21.07	9.98	32.88	0.74	1.57	3.38
154	乐道成长优选 1 号 A 期	16.08	17.94	10.67	26.61	0.84	1.42	4.16
155	久富 1 期	16.02	19.09	10.17	25.47	0.80	1.50	4.33
156	丰岭远航母基金	16.00	15.30	7.13	21.58	0.95	2.04	5.10
157	宁聚量化精选	15.94	8.01	2.03	5.33	1.77	6.98	20.56
158	金百铸 1 期	15.90	21.11	9.36	22.27	0.73	1.65	4.90
159	观富策略 1 号	15.73	14.74	7.46	20.62	0.97	1.91	5.22
160	鼎锋成长 1 期 C 号	15.73	21.38	10.19	27.97	0.72	1.51	3.85
161	招商汇智之凤翔 1 号	15.65	20.93	12.15	33.80	0.73	1.26	3.16
162	惠正精选	15.56	15.61	7.24	13.12	0.91	1.96	8.09
163	中睿合银策略精选 1 号	15.53	21.96	5.51	23.82	0.69	2.76	4.44
164	明达 2 期	15.48	23.44	12.57	31.57	0.67	1.25	3.34
165	幻方欣荣 01 号	15.40	7.74	2.84	6.93	1.71	4.65	15.11

续表

编号	基金名称	年化收益率(%)	年化波动率(%)	年化下行风险(%)	最大回撤率(%)	夏普比率	索丁诺比率	收益—最大回撤比率
166	执耳医药	15.37	22.37	13.80	29.30	0.69	1.12	3.56
167	黑森6号	15.35	11.38	4.79	11.52	1.21	2.86	9.05
168	锐进16期中欧瑞博尊享A期	15.31	14.75	7.51	22.06	0.94	1.85	4.71
169	汇信惠正1号	15.21	21.50	8.23	22.92	0.69	1.80	4.49
170	悟空对冲量化5期	15.15	14.83	6.42	16.13	0.93	2.14	6.35
171	幻方之江01号	15.07	10.73	7.31	15.50	1.23	1.81	6.56
172	淡水泉2008	14.85	21.00	12.60	29.42	0.70	1.16	3.39
173	尚雅6期	14.82	21.18	10.57	22.77	0.69	1.38	4.37
174	德睿恒丰1号	14.81	27.11	13.95	37.40	0.59	1.14	2.66
175	果实资本精英汇2号	14.79	13.09	7.01	15.70	1.01	1.88	6.32
176	鸿道2期	14.75	21.06	10.82	25.17	0.69	1.34	3.93
177	润晖稳健增值	14.69	15.85	9.37	23.28	0.85	1.44	4.23
178	山东信托—同威3期	14.68	18.88	9.28	24.69	0.74	1.51	3.98
179	盈定5号	14.63	18.76	8.31	15.42	0.76	1.73	6.35
180	龙全2号	14.62	22.16	12.44	29.11	0.66	1.17	3.36
181	榜样多策略对冲	14.55	17.26	10.00	17.52	0.79	1.36	5.55
182	惠正成长	14.53	28.00	12.81	20.15	0.56	1.23	4.82
183	锐进41期	14.53	13.63	6.56	15.49	0.96	1.99	6.27
184	诚盛2期	14.52	10.97	4.47	11.42	1.16	2.85	8.49

附录一　股票型私募基金近五年业绩描述统计表（按年化收益率由高到低排序）：2016~2020年

续表

编号	基金名称	年化收益率（%）	年化波动率（%）	年化下行风险（%）	最大回撤率（%）	夏普比率	索丁诺比率	收益—最大回撤比率
185	道谊稳健	14.51	15.90	6.47	17.81	0.84	2.06	5.44
186	民森E号	14.32	18.77	11.45	22.37	0.73	1.20	4.26
187	私享—蓝筹1期	14.32	32.44	16.88	44.45	0.53	1.01	2.14
188	同威海源价值1期	14.16	19.79	9.92	18.16	0.69	1.38	5.17
189	鼎萨1期	14.16	30.88	18.11	34.08	0.54	0.92	2.75
190	神农长空集	14.14	24.62	9.98	29.12	0.59	1.47	3.22
191	昭时9期	14.13	25.33	12.28	21.13	0.59	1.21	4.43
192	笃道1期	13.98	12.33	4.39	9.31	1.00	2.82	9.93
193	华夏养老金玉良辰	13.98	20.32	12.29	33.36	0.68	1.12	2.77
194	金舆宏观配置1号	13.90	17.20	8.34	23.15	0.78	1.62	3.96
195	西藏隆源对冲1号	13.73	17.55	10.11	16.76	0.74	1.28	5.39
196	卓越理财1号	13.63	10.87	5.89	11.97	1.10	2.03	7.47
197	投资精英（淡水泉A）	13.61	20.48	12.11	28.79	0.66	1.11	3.10
198	新同方	13.58	10.88	4.20	9.46	1.09	2.83	9.42
199	鸿道4期	13.47	24.93	11.98	28.61	0.57	1.18	3.08
200	朱雀10期	13.41	18.31	12.50	24.45	0.70	1.03	3.58
201	大朴策略1号	13.32	13.20	6.88	13.14	0.90	1.73	6.61
202	果实资本精英汇4A号	13.32	14.03	7.64	17.91	0.86	1.58	4.85
203	兴聚财富3号	13.27	14.26	8.43	17.58	0.84	1.43	4.92

续表

编号	基金名称	年化收益率(%)	年化波动率(%)	年化下行风险(%)	最大回撤率(%)	夏普比率	索丁诺比率	收益—最大回撤比率
204	彼立弗复利1期	13.20	12.68	6.97	10.71	0.93	1.69	8.02
205	逸杉1期	13.19	14.83	7.64	15.35	0.81	1.57	5.59
206	丰岭稳健成长1期	13.10	14.44	7.25	23.71	0.82	1.64	3.59
207	中欧瑞博1期	13.07	15.04	7.96	24.66	0.81	1.53	3.44
208	五色土1期	12.96	47.79	25.32	70.37	0.46	0.87	1.19
209	智德1期	12.87	16.00	9.56	20.38	0.75	1.25	4.08
210	道谊泽时2号	12.76	17.03	7.50	20.51	0.73	1.65	4.01
211	渤源洋杨价值成长	12.69	12.51	7.31	11.27	0.93	1.60	7.25
212	保银中国价值	12.66	6.33	2.69	6.78	1.69	3.97	12.02
213	中国龙进取	12.59	13.71	7.52	12.77	0.83	1.51	6.34
214	衍航1号	12.56	11.30	4.98	11.50	0.97	2.21	7.01
215	七曜中信证券领奕1号	12.53	14.94	7.78	19.93	0.77	1.47	4.04
216	华夏养老新动力1号	12.49	16.59	9.78	26.50	0.70	1.20	3.02
217	私募工场丰收1号	12.44	18.73	10.72	19.29	0.64	1.12	4.13
218	神农尊享A期	12.44	19.27	9.83	28.11	0.63	1.23	2.84
219	锐进47期	12.28	12.94	6.02	16.46	0.85	1.82	4.77
220	易同成长	12.27	16.20	7.76	24.84	0.70	1.47	3.15
221	金太阳—果实资本精英汇1号	12.21	13.37	7.49	16.74	0.82	1.46	4.65
222	弘酬永泰	12.19	17.55	10.85	26.21	0.66	1.07	2.97

附录一 股票型私募基金近五年业绩描述统计表（按年化收益率由高到低排序）：2016~2020年

续表

编号	基金名称	年化收益率（%）	年化波动率（%）	年化下行风险（%）	最大回撤率（%）	夏普比率	索丁诺比率	收益—最大回撤比率
223	拾贝锐进51期	12.13	12.87	6.31	16.18	0.85	1.74	4.77
224	民森A号	11.92	21.16	13.36	26.03	0.57	0.90	2.90
225	金鑫105期（融科科信1号）	11.77	20.67	11.25	29.91	0.57	1.05	2.49
226	幻方印月01号	11.71	9.82	6.24	22.52	1.03	1.62	3.29
227	鸿道3期	11.63	22.72	12.47	30.64	0.53	0.97	2.39
228	成泉汇涌2期	11.58	30.60	11.71	32.17	0.45	1.17	2.27
229	洋杨锦绣	11.58	14.18	8.58	13.47	0.74	1.22	5.42
230	智德持续增长	11.57	14.21	8.71	19.26	0.74	1.21	3.78
231	观富价值1号—2	11.54	11.36	8.13	19.59	0.73	1.29	3.71
232	钜融1号	11.46	34.07	17.68	48.17	0.44	0.85	1.49
233	正则1期	11.45	8.70	4.36	6.69	1.17	2.32	10.76
234	七曜尊享A期	11.44	12.99	6.27	17.45	0.78	1.63	4.12
235	承泽资产趋势1号	11.41	20.24	11.46	23.21	0.56	0.99	3.09
236	森瑞医疗服务	11.35	29.20	16.27	32.04	0.46	0.83	2.22
237	源洋进取1号	11.32	26.98	15.99	36.43	0.48	0.81	1.95
238	明达6期	11.24	18.70	11.48	31.29	0.59	0.95	2.25
239	雷龙量化	11.24	16.74	9.15	20.10	0.63	1.15	3.50
240	金蕴28期（神农春生）	11.23	19.21	10.03	27.25	0.57	1.10	2.58
241	悟空对冲量化4期	11.23	12.71	5.85	19.13	0.78	1.70	3.67

续表

编号	基金名称	年化收益率（%）	年化波动率（%）	年化下行风险（%）	最大回撤率（%）	夏普比率	索丁诺比率	收益—最大回撤比率
242	神农医药A	11.22	17.73	11.26	30.39	0.61	0.96	2.31
243	神农价值精选1号	11.17	23.45	10.83	41.67	0.50	1.08	1.68
244	弘尚资产灵活配置	11.12	23.01	13.39	36.50	0.51	0.88	1.90
245	鑫兰瑞	11.09	21.28	6.06	27.05	0.52	1.83	2.56
246	珺容5期	11.04	11.86	6.55	11.69	0.82	1.48	5.89
247	致君基石投资1号	11.03	17.90	11.25	31.07	0.59	0.94	2.21
248	长青藤3期	10.94	17.46	8.30	20.37	0.59	1.25	3.34
249	德丰华1期	10.89	14.90	9.01	17.26	0.67	1.11	3.92
250	成泉汇涌1期	10.84	35.75	14.30	42.04	0.40	1.01	1.60
251	森瑞独立景气	10.83	26.12	13.70	29.59	0.46	0.88	2.27
252	金铸5号	10.82	3.34	0.80	0.96	2.66	11.10	69.72
253	双隆稳盈1号	10.80	10.21	5.00	9.07	0.93	1.89	7.38
254	康曼德101A	10.76	19.40	12.98	32.95	0.57	0.85	2.02
255	红宝石安心进取H-1001	10.76	20.59	11.24	26.66	0.53	0.96	2.50
256	昂坤资产配置型	10.75	13.24	6.19	16.54	0.72	1.55	4.03
257	承泽2号	10.70	17.92	10.23	24.85	0.57	1.01	2.67
258	雷钧2号	10.65	23.91	11.70	33.26	0.48	0.98	1.98
259	盘古1号	10.62	36.89	25.30	53.00	0.45	0.66	1.24
260	承泽资产—元泉绝对收益1号	10.59	19.57	10.05	27.87	0.53	1.04	2.35

附录一　股票型私募基金近五年业绩描述统计表（按年化收益率由高到低排序）：2016~2020年

续表

编号	基金名称	年化收益率(%)	年化波动率(%)	年化下行风险(%)	最大回撤率(%)	夏普比率	索丁诺比率	收益—最大回撤比率
261	毅木资产海阔天空1号	10.56	10.08	5.15	11.16	0.90	1.76	5.84
262	私募工场通度1号	10.54	22.21	11.50	33.62	0.49	0.95	1.94
263	金锝量化	10.51	4.78	1.76	6.31	1.81	4.91	10.27
264	大成创新资本灵活配置1期	10.44	15.57	6.41	17.64	0.62	1.50	3.65
265	中睿合银泺势1号	10.44	19.15	5.84	23.39	0.53	1.73	2.75
266	通和进取1号	10.42	18.54	10.17	18.75	0.55	1.00	3.42
267	鹤骄鹰奇异指数	10.36	15.97	8.13	19.79	0.60	1.18	3.22
268	颢瀚稳健1期	10.34	12.07	5.48	9.07	0.75	1.66	7.01
269	诚盛1期	10.34	10.18	5.21	12.29	0.87	1.71	5.17
270	智德精选5期	10.29	11.85	7.22	18.90	0.76	1.25	3.34
271	东方鼎泰1期	10.26	15.35	6.98	19.31	0.61	1.35	3.26
272	光大基金宝—均衡价值	10.24	16.77	10.27	23.28	0.58	0.94	2.70
273	永升致远1期	10.24	17.31	9.76	14.77	0.56	1.00	4.25
274	智诚2期	10.15	22.27	12.77	33.16	0.48	0.84	1.87
275	世诚投资6号	10.11	14.12	8.59	18.66	0.65	1.07	3.32
276	通和量化对冲6期	10.08	12.31	6.46	9.46	0.72	1.38	6.52
277	恒复利贞	9.98	25.80	15.22	44.18	0.44	0.75	1.38
278	博颐精选	9.98	25.24	15.35	41.32	0.45	0.73	1.47
279	富恩德1期	9.96	14.58	8.07	15.53	0.62	1.12	3.91

· 189 ·

续表

编号	基金名称	年化收益率（%）	年化波动率（%）	年化下行风险（%）	最大回撤率（%）	夏普比率	索丁诺比率	收益—最大回撤比率
280	少数派新三板创新1号	9.96	15.93	8.02	26.17	0.58	1.15	2.32
281	长河优势3号	9.93	15.29	8.31	35.21	0.60	1.10	1.72
282	华西神农复兴	9.90	18.32	9.96	29.75	0.53	0.97	2.03
283	TOP30对冲母基金1号	9.85	9.53	4.46	9.49	0.88	1.88	6.32
284	弘酬集结号FOF	9.83	12.09	7.30	12.78	0.71	1.18	4.68
285	睿远景泰复利回报第7期	9.82	11.78	7.01	13.16	0.73	1.23	4.54
286	凡宇证券A股1号	9.79	13.31	6.24	17.82	0.67	1.42	3.34
287	金锝6号	9.73	3.13	0.84	1.41	2.51	9.37	42.01
288	大朴进取1期	9.68	12.17	7.36	14.12	0.70	1.16	4.16
289	翼虎成长8期	9.52	17.68	7.31	26.08	0.52	1.27	2.21
290	博颐精选2期	9.50	25.74	15.49	42.17	0.42	0.70	1.36
291	华夏未来领时对冲1号尊享B期	9.47	19.27	10.85	26.24	0.49	0.87	2.18
292	承泽狩猎者丛1号	9.47	20.12	11.70	25.84	0.48	0.82	2.21
293	易同增长	9.44	15.63	7.26	24.78	0.56	1.20	2.30
294	远策4期	9.35	14.88	8.08	22.53	0.57	1.06	2.50
295	红宝石安心进取H—1003	9.30	8.54	3.42	9.13	0.91	2.28	6.14
296	兴聚1期	9.27	11.80	7.06	14.45	0.69	1.15	3.86
297	恒复趋势1号	9.22	27.67	17.09	41.16	0.41	0.67	1.35
298	名禹稳健增长	9.19	13.32	5.39	13.01	0.61	1.52	4.24

附录一　股票型私募基金近五年业绩描述统计表（按年化收益率由高到低排序）：2016~2020年

续表

编号	基金名称	年化收益率（%）	年化波动率（%）	年化下行风险（%）	最大回撤率（%）	夏普比率	索丁诺比率	收益—最大回撤比率
299	华西神农繁荣	9.04	18.97	10.20	30.56	0.47	0.88	1.77
300	汇信一众智组合1号	8.93	13.10	6.94	20.07	0.60	1.14	2.66
301	景熙1号	8.92	16.91	10.62	20.58	0.50	0.80	2.59
302	森林湖1号	8.86	20.69	10.77	29.03	0.44	0.85	1.82
303	鼎锋1期	8.83	21.00	11.44	34.06	0.44	0.80	1.55
304	聚洋1期	8.82	11.28	5.08	13.06	0.67	1.49	4.03
305	银帆7期	8.68	10.32	3.73	8.75	0.71	1.97	5.89
306	民晟红鹭6期	8.63	16.63	9.43	19.10	0.49	0.86	2.68
307	景泰复利回报1期（国投）	8.51	10.86	5.54	9.80	0.67	1.31	5.15
308	颢瀚稳健3期	8.47	11.20	5.06	9.34	0.65	1.43	5.37
309	巨杉银信宝10期	8.46	8.27	4.27	7.51	0.84	1.63	6.66
310	六禾光辉岁月1期	8.43	18.14	10.83	24.04	0.46	0.76	2.08
311	民生信托聚利1期	8.43	15.51	8.44	16.75	0.50	0.92	2.98
312	观富丰悦	8.41	15.42	9.07	28.82	0.51	0.87	1.73
313	博润价值成长	8.21	19.73	10.03	19.61	0.42	0.83	2.47
314	安进13期壹心1号	8.18	4.98	2.24	4.38	1.31	2.91	10.99
315	中睿合银策略优选1号	8.10	12.99	3.17	7.41	0.55	2.23	6.43
316	鼎润1期	8.08	18.52	10.63	30.37	0.43	0.75	1.56
317	康曼德002号	7.99	17.09	10.73	17.22	0.15	0.72	2.72

·191·

续表

编号	基金名称	年化收益率（%）	年化波动率（%）	年化下行风险（%）	最大回撤率（%）	夏普比率	索丁诺比率	收益—最大回撤比率
318	尚雅12期	7.99	24.32	13.85	36.29	0.38	0.66	1.29
319	裕晋5期	7.88	17.76	9.53	27.11	0.43	0.80	1.70
320	东方汇智—洋杨飞越	7.87	12.37	7.12	17.13	0.55	0.96	2.69
321	华宝兴业—锐锋量化1号	7.83	19.90	12.73	26.48	0.41	0.63	1.73
322	雀跃进取1号	7.69	22.28	11.92	38.32	0.38	0.71	1.17
323	弘酬开元	7.66	6.32	3.17	4.20	0.97	1.93	10.62
324	私募工场19期第7期（红角1号）	7.59	22.63	12.04	44.42	0.37	0.69	0.99
325	开宝1期	7.53	16.71	7.88	23.37	0.43	0.90	1.87
326	对冲精英之民森1期A类	7.44	11.22	5.22	17.23	0.56	1.21	2.51
327	中国龙平衡对冲增强	7.13	7.60	3.70	8.04	0.75	1.54	5.11
328	理成转子2号	7.03	23.25	13.22	26.80	0.34	0.60	1.51
329	谦熙多策略进取1号	7.00	23.07	9.98	28.60	0.34	0.78	1.41
330	炳富1号（华宝）	6.97	13.12	6.18	14.92	0.46	0.98	2.69
331	申毅多策略量化套利3号	6.94	3.85	1.75	2.94	1.38	3.04	13.58
332	珠池量化稳健投资母基金1号	6.93	3.05	1.13	1.34	1.73	4.64	29.67
333	神农医药A—阿司匹林	6.90	17.26	11.18	31.53	0.40	0.62	1.26
334	徐星投资	6.89	19.55	10.98	32.80	0.36	0.64	1.21
335	金蕴56期（恒复）	6.85	24.76	14.80	43.70	0.33	0.55	0.90
336	国信红岭	6.84	5.89	2.36	4.33	0.90	2.25	9.06

附录一　股票型私募基金近五年业绩描述统计表（按年化收益率由高到低排序）：2016~2020年

续表

编号	基金名称	年化收益率(%)	年化波动率(%)	年化下行风险(%)	最大回撤率(%)	夏普比率	索丁诺比率	收益—最大回撤比率
337	雷球1号	6.82	24.58	11.29	30.83	0.33	0.71	1.27
338	紫金港1号	6.81	28.18	16.68	38.08	0.32	0.54	1.03
339	智诚7期	6.80	25.76	13.93	29.87	0.32	0.60	1.30
340	金狮154号	6.68	8.64	2.98	6.56	0.62	1.79	5.82
341	雪球2期	6.65	21.68	11.91	37.91	0.34	0.61	1.00
342	盈阳资产38号	6.56	15.54	8.12	21.37	0.39	0.74	1.75
343	华骏海石1号	6.55	12.64	6.34	20.05	0.45	0.89	1.86
344	尚诚	6.52	18.36	12.39	30.64	0.36	0.53	1.21
345	千石资本—洋杨超越	6.51	12.01	7.39	18.03	0.46	0.75	2.06
346	鼎锋5期	6.48	19.16	9.97	31.39	0.34	0.66	1.17
347	睿部众享3号	6.47	9.26	6.35	11.13	0.59	0.86	3.31
348	米牛沪港深精选	6.47	16.81	10.35	32.75	0.37	0.61	1.12
349	投资精英之重阳（A）	6.44	12.51	7.65	15.69	0.44	0.72	2.34
350	道睿择1期	6.40	8.84	3.13	9.46	0.58	1.63	3.84
351	明曜精选1期	6.39	20.09	11.16	24.01	0.33	0.60	1.51
352	翼虎成长1期（翼虎）	6.35	16.48	7.53	27.40	0.36	0.79	1.32
353	资舟观复	6.34	2.28	0.66	1.08	2.06	7.09	33.40
354	鼎萨价值精选1期	6.33	31.25	18.81	45.30	0.31	0.51	0.79
355	品正理翔2期	6.32	17.35	9.53	25.64	0.35	0.64	1.40

· 193 ·

续表

编号	基金名称	年化收益率（%）	年化波动率（%）	年化下行风险（%）	最大回撤率（%）	夏普比率	索丁诺比率	收益—最大回撤比率
356	泛涵康元1号	6.30	3.52	1.12	2.24	1.33	4.18	15.96
357	平石2n对冲基金	6.30	17.36	13.18	27.23	0.36	0.48	1.31
358	彩瑞3期	6.20	20.42	11.81	23.64	0.32	0.56	1.49
359	博道精选1期	6.20	20.38	13.34	36.70	0.34	0.51	0.96
360	睿信5期	6.17	20.17	11.20	21.62	0.32	0.58	1.61
361	紫鑫盈泰1号	6.17	11.92	7.27	14.56	0.44	0.72	2.40
362	陆宝成全浮石新三板	6.06	14.34	7.17	17.54	0.38	0.75	1.95
363	沃胜2期	6.01	15.89	9.00	24.19	0.35	0.62	1.40
364	航长常春藤3号	5.93	10.68	4.39	9.98	0.45	1.10	3.34
365	中国龙精选	5.85	22.81	13.36	35.79	0.30	0.51	0.92
366	重阳1期	5.68	17.69	12.15	23.76	0.32	0.46	1.34
367	智诚19期	5.67	22.00	12.67	25.93	0.29	0.51	1.22
368	展博2期	5.30	15.35	8.45	25.97	0.31	0.57	1.13
369	锐进12期	5.24	28.67	16.22	49.47	0.27	0.47	0.59
370	平安鼎神农春风1号	5.22	15.33	7.37	28.89	0.31	0.64	1.00
371	涌盛1号	5.05	16.98	11.15	21.60	0.29	0.44	1.29
372	康曼德001号	5.04	14.61	9.79	15.39	0.31	0.46	1.81
373	兆信1期	5.03	14.27	6.09	19.40	0.31	0.72	1.43
374	稳进8期宽德对冲	4.83	4.21	1.87	4.05	0.79	1.77	6.56

附录一　股票型私募基金近五年业绩描述统计表（按年化收益率由高到低排序）：2016~2020 年

续表

编号	基金名称	年化收益率（%）	年化波动率（%）	年化下行风险（%）	最大回撤率（%）	夏普比率	索丁诺比率	收益—最大回撤比率
375	金海 8 号	4.82	12.31	7.00	13.37	0.32	0.57	1.98
376	金晟 5 号	4.80	46.59	14.61	45.83	0.24	0.77	0.58
377	鑫安 1 期	4.77	11.48	6.11	13.53	0.33	0.62	1.94
378	投资精英之尚雅（A）	4.71	25.19	13.99	47.11	0.25	0.44	0.55
379	开宝 2 期	4.59	18.25	10.82	26.62	0.25	0.43	0.94
380	瀚信成长 10 期	4.54	17.51	9.86	37.70	0.25	0.45	0.66
381	雀跃岩辰量化投资 1 期	4.49	23.55	13.21	44.68	0.24	0.42	0.55
382	乾元 TOT	4.49	3.75	2.39	4.70	0.79	1.24	5.22
383	柘号 1 期	4.46	24.17	15.29	36.27	0.24	0.38	0.67
384	国联安—弘尚资产成长精选 1 号	4.45	19.42	12.32	28.99	0.24	0.39	0.84
385	金海 5 号	4.39	15.62	10.62	20.41	0.26	0.38	1.18
386	稳进 5 期博普对冲尊享 C 期	4.31	3.91	1.65	3.51	0.72	1.70	6.68
387	投资精英（汇利 A）	4.25	23.93	14.24	38.51	0.23	0.39	0.60
388	沃胜 5 期	4.20	11.33	6.60	12.31	0.29	0.49	1.86
389	盛世知己 1 期	4.19	21.09	9.88	34.33	0.22	0.48	0.66
390	泉上圣斗士	4.16	15.67	9.18	26.93	0.24	0.41	0.84
391	紫鑫盈泰 2 号	4.06	10.31	6.61	14.82	0.29	0.46	1.48
392	清水源 1 号	3.95	19.73	13.20	33.88	0.22	0.33	0.63
393	得大 1 期	3.95	16.23	8.33	20.30	0.22	0.44	1.05

续表

编号	基金名称	年化收益率(%)	年化波动率(%)	年化下行风险(%)	最大回撤率(%)	夏普比率	索丁诺比率	收益—最大回撤比率
394	御峰2号	3.88	23.04	11.55	23.88	0.21	0.42	0.88
395	翼虎成长3期	3.88	17.42	8.04	30.57	0.21	0.47	0.69
396	汇利优选	3.88	23.33	14.30	37.39	0.22	0.35	0.56
397	富承成长1号	3.83	33.76	20.89	44.22	0.24	0.38	0.47
398	展博1期	3.79	18.55	10.70	21.69	0.21	0.37	0.94
399	坤元TOT	3.78	1.53	0.99	1.69	1.45	2.26	12.04
400	博识众彩TOF投资	3.75	11.55	6.67	24.98	0.25	0.43	0.81
401	紫鑫6号	3.68	6.09	3.72	5.69	0.38	0.62	3.48
402	中国龙	3.63	13.38	7.76	21.00	0.22	0.38	0.93
403	飞天财富宝	3.59	9.19	5.75	16.06	0.27	0.43	1.20
404	东源1期	3.58	17.54	10.04	24.01	0.20	0.35	0.80
405	申毅量化	3.57	4.37	2.33	3.81	0.48	0.91	5.04
406	朴石8期	3.49	13.65	7.25	19.63	0.21	0.39	0.95
407	银帆5期	3.48	11.50	5.82	11.26	0.22	0.44	1.66
408	投资精英之翼虎(A)	3.44	17.49	8.45	30.06	0.19	0.40	0.61
409	若愚量化配置1期	3.43	21.77	10.42	30.39	0.19	0.39	0.61
410	盈定3号	3.43	19.18	12.69	22.18	0.19	0.29	0.83
411	展博专注A期	3.28	13.71	8.01	20.47	0.19	0.33	0.86
412	锐进2期	3.20	18.08	10.76	21.02	0.18	0.30	0.81

附录一 股票型私募基金近五年业绩描述统计表（按年化收益率由高到低排序）：2016~2020年

续表

编号	基金名称	年化收益率（%）	年化波动率（%）	年化下行风险（%）	最大回撤率（%）	夏普比率	索丁诺比率	收益—最大回撤比率
413	宾悦成长1号	3.13	22.74	13.74	27.04	0.18	0.30	0.62
414	国泰君安兴富进取2期	3.08	28.59	13.88	26.80	0.18	0.38	0.61
415	汇利3期	3.06	24.65	15.73	39.29	0.19	0.29	0.41
416	中国龙价值	3.02	9.02	5.78	16.30	0.21	0.33	0.98
417	得大3期	3.02	16.00	7.66	25.28	0.17	0.36	0.63
418	信复创值5号	2.99	18.49	10.73	30.00	0.17	0.29	0.53
419	航长常春藤	2.88	16.39	7.80	26.09	0.16	0.33	0.58
420	工银量化佰盛精选	2.80	3.79	2.07	3.84	0.35	0.64	3.86
421	昭时5期	2.76	21.93	13.72	33.94	0.17	0.27	0.43
422	尚雅5期	2.71	20.98	12.35	35.92	0.16	0.27	0.40
423	惠安1号	2.68	13.07	6.95	16.13	0.15	0.28	0.88
424	中国龙稳健	2.62	13.36	8.28	19.63	0.15	0.24	0.70
425	淘利多策略量化套利	2.60	3.76	2.09	2.94	0.30	0.54	4.65
426	昭时新三板A	2.50	20.26	9.55	35.12	0.14	0.31	0.37
427	合正普惠1期	2.43	15.19	8.84	27.74	0.13	0.23	0.46
428	睿信2期	2.43	17.93	11.06	31.96	0.14	0.23	0.40
429	质嘉尊享A	2.40	17.83	12.29	36.45	0.14	0.20	0.35
430	广金成长6期	2.31	24.56	15.02	37.00	0.16	0.25	0.33
431	昆仑26号	2.22	13.20	8.73	26.12	0.12	0.18	0.44

续表

编号	基金名称	年化收益率(%)	年化波动率(%)	年化下行风险(%)	最大回撤率(%)	夏普比率	索丁诺比率	收益—最大回撤比率
432	方向优选1号	2.15	10.55	7.08	23.63	0.11	0.17	0.47
433	京福1号	2.12	28.84	14.48	53.63	0.16	0.32	0.21
434	合德丰泰	1.95	4.53	3.20	6.49	0.12	0.17	1.56
435	永兴量化对冲2号	1.95	4.35	3.36	7.10	0.12	0.16	1.43
436	归富长乐1号	1.89	9.37	5.80	16.21	0.09	0.14	0.61
437	常春藤6期	1.86	18.82	11.06	37.16	0.11	0.19	0.26
438	爱心稳健收益型	1.85	1.11	0.60	1.17	0.31	0.57	8.19
439	冰冷2期	1.82	29.99	20.97	50.75	0.17	0.24	0.19
440	金蕴21期（泓濮1号）	1.82	28.69	14.61	45.09	0.15	0.29	0.21
441	投资精英之展博	1.49	13.71	8.44	16.82	0.07	0.11	0.46
442	大钧盛世精博（A）	1.48	15.30	9.99	20.67	0.07	0.11	0.37
443	汇利优选6期	1.47	19.52	13.29	28.98	0.10	0.15	0.26
444	融通3号	1.47	34.98	25.02	57.95	0.19	0.27	0.13
445	长阳似锦1期	1.43	18.58	10.57	33.99	0.09	0.15	0.22
446	盈丰康伦1期	1.14	32.86	17.66	43.31	0.14	0.26	0.14
447	华鑫279号	1.07	20.37	10.82	26.45	0.08	0.14	0.21
448	龙腾3期	1.02	22.04	13.63	48.45	0.09	0.14	0.11
449	佰天紫鑫2号	1.01	8.88	5.52	14.23	-0.01	-0.02	0.36
450	正弘2号	0.75	31.68	17.56	45.13	0.13	0.24	0.08

附录一 股票型私募基金近五年业绩描述统计表（按年化收益率由高到低排序）：2016~2020年

续表

编号	基金名称	年化收益率（%）	年化波动率（%）	年化下行风险（%）	最大回撤率（%）	夏普比率	索丁诺比率	收益—最大回撤比率
451	R2007ZX065	0.73	15.78	9.38	31.59	0.03	0.05	0.12
452	铭深1号	0.57	15.82	10.12	27.82	0.02	0.03	0.10
453	得大2期	0.54	15.45	7.97	17.19	0.01	0.02	0.16
454	私募工场君洽精选1期	0.52	13.08	8.01	22.23	-0.01	-0.02	0.12
455	论德1期	0.36	16.69	8.61	31.94	0.01	0.02	0.06
456	冰剑10号之冰剑专享1期	0.27	12.94	8.49	29.20	-0.03	-0.05	0.05
457	申毅对冲1号	0.24	1.02	0.64	2.34	-1.23	-1.96	0.51
458	旭为东洋1号	0.23	15.24	9.08	33.43	-0.01	-0.01	0.03
459	承顺9号	0.15	25.62	12.44	41.71	0.06	0.13	0.02
460	冰剑10号	0.04	11.12	7.25	27.56	-0.08	-0.12	0.01
461	朱雀20期之慧选10号	-0.05	15.01	12.70	25.25	-0.02	-0.02	-0.01
462	利得宝	-0.09	3.90	3.68	5.18	-0.39	-0.41	-0.09
463	私募工场磐久价值1期	-0.17	21.48	11.66	40.86	0.03	0.05	-0.02
464	慧安浙商家族1号	-0.29	19.25	10.60	31.78	0.00	0.00	-0.05
465	聚星2号	-0.38	28.77	17.46	45.06	0.08	0.13	-0.04
466	稳健流动性	-0.51	1.48	1.25	2.64	-1.36	-1.61	-0.96
467	新里程藏宝图2号	-0.59	30.08	18.40	38.11	0.08	0.13	-0.08
468	慧安财富2期	-0.61	18.64	9.87	33.67	-0.02	-0.05	-0.09
469	华润信托大岩绝对	-0.68	5.77	4.28	15.03	-0.35	-0.47	-0.22

续表

编号	基金名称	年化收益率（%）	年化波动率（%）	年化下行风险（%）	最大回撤率（%）	夏普比率	索丁诺比率	收益—最大回撤比率
470	融昌 3 期	-0.71	19.42	15.26	36.67	-0.01	-0.01	-0.10
471	冰剑 1 号	-0.84	12.86	8.08	31.70	-0.12	-0.19	-0.13
472	和聚民享 1 号	-0.90	8.62	5.21	9.60	-0.24	-0.39	-0.46
473	品质生活 2 期	-0.97	22.04	13.91	32.59	0.00	0.00	-0.15
474	融临 55 号	-1.10	42.70	22.48	55.91	0.14	0.27	-0.10
475	和聚 12 期汇智 A 期	-1.22	12.49	7.24	14.27	-0.16	-0.27	-0.42
476	华鑫 280 号	-1.35	20.69	12.42	33.37	-0.04	-0.06	-0.20
477	尚雅 11 期	-1.72	25.62	12.80	45.20	0.00	-0.01	-0.18
478	和聚 10 期	-1.83	18.50	10.97	33.28	-0.09	-0.15	-0.26
479	和聚 6 期 (2014)	-2.21	18.46	11.23	31.42	-0.11	-0.18	-0.34
480	九鼎新三板 1 号	-2.22	10.76	1.22	19.87	-0.30	-2.65	-0.53
481	金蕴 30 期	-2.25	32.08	19.90	60.93	0.04	0.07	-0.18
482	承源 10 号	-2.37	34.69	20.36	56.94	0.06	0.10	-0.20
483	蕴泽 5 号	-2.52	59.59	26.07	54.02	0.17	0.39	-0.22
484	谦石 1 期	-2.53	20.55	15.55	37.04	-0.09	-0.12	-0.33
485	慧安财富 3 期	-3.04	19.07	10.46	37.70	-0.15	-0.27	-0.38
486	和聚 1 期	-3.08	18.49	10.91	33.21	-0.16	-0.27	-0.44
487	睿信	-3.09	17.20	10.66	31.08	-0.19	-0.30	-0.47
488	美联融通 1 期	-3.23	29.23	15.36	40.91	-0.02	-0.05	-0.37

附录一 股票型私募基金近五年业绩描述统计表（按年化收益率由高到低排序）：2016~2020年

续表

编号	基金名称	年化收益率（%）	年化波动率（%）	年化下行风险（%）	最大回撤率（%）	夏普比率	索丁诺比率	收益—最大回撤比率
489	九旭2号	-3.37	16.89	10.74	30.56	-0.21	-0.33	-0.52
490	富承高息1号	-3.38	74.00	34.79	81.06	0.24	0.51	-0.19
491	普尔1号	-3.42	23.79	17.09	45.50	-0.08	-0.11	-0.35
492	和聚7期之和聚专享1期	-3.48	20.91	9.91	31.30	-0.14	-0.30	-0.52
493	武当1期	-3.80	17.21	11.50	37.51	-0.22	-0.34	-0.47
494	温莎简毅策略成长10号	-3.96	12.20	8.66	39.13	-0.39	-0.55	-0.47
495	慧安财富6期	-4.04	15.06	9.17	32.27	-0.30	-0.49	-0.58
496	中城增值1期	-4.10	29.64	19.10	69.39	-0.04	-0.06	-0.27
497	慧安财富5期	-4.11	14.66	8.66	32.45	-0.32	-0.54	-0.58
498	塔晶狮王	-4.31	30.73	19.08	46.31	-0.04	-0.06	-0.43
499	睿信成长1期	-4.52	15.27	10.05	28.54	-0.32	-0.49	-0.72
500	和聚鼎宝1期	-4.62	19.73	10.53	38.86	-0.22	-0.41	-0.54
501	私募工场盈洋睿信2期	-4.83	12.09	8.28	33.51	-0.47	-0.69	-0.65
502	金海1号	-5.43	12.25	11.29	37.79	-0.51	-0.55	-0.64
503	乐正增长	-5.71	16.31	10.83	35.84	-0.37	-0.56	-0.71
504	塔晶老虎1期	-5.86	34.14	17.01	54.85	-0.06	-0.12	-0.47
505	宝晟1期	-5.88	15.37	11.97	43.61	-0.41	-0.53	-0.60
506	蕴泽3号	-6.11	56.98	26.11	61.71	0.10	0.22	-0.44
507	禾木1号	-6.58	19.32	10.97	49.70	-0.34	-0.59	-0.58

续表

编号	基金名称	年化收益率(%)	年化波动率(%)	年化下行风险(%)	最大回撤率(%)	夏普比率	索丁诺比率	收益—最大回撤比率
508	云程泰资本（1期）	-6.61	27.44	16.64	56.96	-0.17	-0.28	-0.51
509	泽泉景渤财富	-7.15	23.22	14.33	50.20	-0.27	-0.44	-0.62
510	私募工场兴富进取1期	-7.26	36.24	21.01	61.76	-0.07	-0.12	-0.51
511	龙票1期（华润）	-7.50	7.31	7.22	32.26	-1.23	-1.24	-1.00
512	资财1号	-7.57	31.71	18.95	63.67	-0.14	-0.23	-0.51
513	睿源1号	-7.88	14.75	9.95	46.30	-0.58	-0.86	-0.73
514	稠峰1号	-8.23	23.87	13.74	55.81	-0.31	-0.53	-0.63
515	承泰淇1号	-8.66	32.07	19.93	49.30	-0.16	-0.26	-0.74
516	神州牧1号	-9.12	22.48	11.86	47.60	-0.38	-0.73	-0.80
517	铀链金大盘波段1号	-9.37	17.38	15.50	38.94	-0.55	-0.62	-1.00
518	投资精英之云程泰（A）	-9.67	28.15	18.38	59.48	-0.27	-0.41	-0.67
519	万思艾瑞斯1号	-10.04	8.13	6.62	41.08	-1.44	-1.77	-1.00
520	至信40号聚信2期	-11.87	21.68	15.94	66.10	-0.53	-0.73	-0.71
521	保证金交易1号	-12.23	12.47	12.25	48.42	-1.09	-1.11	-0.99
522	富承价值1号	-13.23	141.89	52.28	89.44	0.33	0.90	-0.57
523	融晖6号	-13.44	34.01	19.43	66.61	-0.30	-0.53	-0.77
524	浦江之星165号	-14.34	50.70	33.64	87.14	-0.03	-0.05	-0.62
525	海西晟乾7号	-14.37	33.28	21.46	70.13	-0.34	-0.52	-0.77
526	新价值精选2期	-15.35	25.65	18.55	57.27	-0.57	-0.78	-0.99

附录一　股票型私募基金近五年业绩描述统计表（按年化收益率由高到低排序）：2016~2020年

续表

编号	基金名称	年化收益率（%）	年化波动率（%）	年化下行风险（%）	最大回撤率（%）	夏普比率	索丁诺比率	收益—最大回撤比率
527	德源安战略成长1号	-16.39	35.32	18.59	71.49	-0.38	-0.72	-0.83
528	映雪霜霜1期	-16.53	23.60	19.38	59.52	-0.69	-0.84	-1.00
529	新价值11号	-17.05	26.16	19.08	66.24	-0.63	-0.86	-0.92
530	共青城新里程	-18.27	15.80	11.75	63.54	-1.28	-1.72	-1.00
531	浦江之星96号2期	-18.94	30.32	30.25	67.59	-0.44	-0.45	-0.96
532	冰冷1期	-20.45	18.38	16.49	70.12	-1.21	-1.35	-0.97
533	泰石1期	-23.88	34.14	23.56	83.26	-0.65	-0.94	-0.89
534	私募工场君祺成长1号	-30.97	30.88	20.31	88.78	-1.08	-1.64	-0.95
	指标平均值	10.36	19.09	10.13	26.21	0.58	1.33	5.04

附录二 股票型私募基金经理的选股能力和择时能力（按年化 α 排序）：2016~2020 年

本表展示的是基于 Carhart 四因子模型改进得到的 Treynor-Mazuy 四因子模型对过去五年股票型私募基金的月度收益率进行回归拟合所得结果，所用模型为：

$$R_{i,t} - R_{f,t} = \alpha_i + \beta_{i,mkt} \times (R_{mkt,t} - R_{f,t}) + \gamma_i \times (R_{mkt,t} - R_{f,t})^2 + \beta_{i,smb} \times SMB_t + \beta_{i,hml} \times HML_t + \beta_{i,mom} \times MOM_t + \varepsilon_{i,t}$$

其中，i 指的是第 i 只基金，$R_{i,t} - R_{f,t}$ 为 t 月基金 i 的超额收益率，$R_{mkt,t} - R_{f,t}$ 为 t 月大盘股与小盘股之间的溢价，是第 t 月小公司的收益率与大公司的收益率之差；HML_t 为价值因子，代表价值股与成长股之间的溢价，是第 t 月价值股（高账面市值比公司）与成长股（低账面市值比公司）收益率之差；MOM_t 为动量因子，代表过去一年（后 30%）股票与收益率最低的（前 30%）股票之间的溢差。我们用 A 股所有上市公司自行计算规模因子、价值因子和动量因子。α_i 代表基金经理的选股能力给投资者带来的超额收益，γ_i 表示基金经理的择时能力。本表还展示了每只基金对于万得全 A 指数、规模因子、价值因子和动量因子的风险暴露（β_{mkt}、β_{smb}、β_{hml}、β_{mom}）。表中 * 表示在 5% 的显著水平下，具有选股能力或择时能力的基金。另外，本表还展示了这些基金的年化收益率、年化波动率、年化夏普比率及最大回撤率，供读者查阅。

编号	基金名称	年化 α(%)	$t(\alpha)$	γ	$t(\gamma)$	β_{mkt}	β_{smb}	β_{hml}	β_{mom}	年化收益率(%)	年化波动率(%)	年化夏普比率	最大回撤率(%)	调整后 R^2(%)
1	盘古1号	43.13	3.19*	-5.06	-4.78	0.44	0.35	0.87	0.08	10.62	36.89	0.45	53.00	49
2	东方点赞	38.38	3.21*	0.23	0.25	0.90	-0.17	-0.22	-0.79	46.25	30.28	1.36	15.08	40
3	璟恒5期	38.38	3.40*	-1.29	-1.45	0.86	-0.66	-0.63	-0.54	40.08	29.15	1.26	21.84	42
4	卓铸卓越1号	37.09	3.83*	-2.83	-1.84	1.31	-0.82	0.35	-0.35	38.91	27.93	1.29	32.89	58
5	汉和资本—私募学院菁英7号	32.68	4.94*	-0.35	-0.68	0.61	-0.09	-0.29	0.13	39.97	19.19	1.79	14.29	54
6	朴信3号	31.41	1.97*	-6.36	-2.51	1.45	0.48	0.74	0.59	18.61	37.23	0.60	50.58	36
7	景林创新成长	30.69	3.38*	-0.02	-0.02	0.61	-0.49	-0.21	-0.19	37.41	21.98	1.51	32.88	34

附录二　股票型私募基金经理的选股能力和择时能力（按年化α排序）：2016~2020年

续表

编号	基金名称	年化α(%)	$t(\alpha)$	γ	$t(\gamma)$	β_{mkt}	β_{smb}	β_{hml}	β_{mom}	年化收益率(%)	年化波动率(%)	年化夏普比率	最大回撤率(%)	调整后R^2(%)
8	元达信资本—安易持兴国2号	28.73	3.19*	-2.25	-1.59	0.79	0.17	-0.37	0.36	34.44	21.44	1.48	14.60	40
9	鸿道创新改革	28.32	3.38*	-0.12	-0.19	0.80	0.10	0.21	-0.15	31.07	24.21	1.18	19.77	54
10	新里程超越梦想	27.93	1.82*	1.00	0.83	1.32	-0.35	2.16	0.74	22.08	44.48	0.64	47.95	54
11	林园	27.57	2.97*	-0.10	-0.14	0.50	-0.11	-0.60	0.27	35.80	22.05	1.45	28.94	32
12	同棒尊享1号	27.54	3.16*	-2.30	-1.66	0.77	0.03	0.32	0.40	29.27	20.30	1.32	22.38	36
13	石锋笃行一号	26.31	3.17*	0.13	0.20	0.50	0.40	-0.17	0.96	34.85	22.66	1.38	22.30	48
14	东方先进制造优选	26.03	3.49*	-0.39	-0.66	0.50	-0.13	-0.22	-0.02	29.88	18.44	1.44	28.57	37
15	睿璞投资—睿洪1号	25.81	3.19*	1.06	1.68	0.51	0.01	0.29	0.32	36.30	19.46	1.63	12.95	34
16	利得汉景1期	25.73	2.81*	0.23	0.31	0.52	-0.37	0.04	0.26	32.02	21.79	1.32	22.16	32
17	进化论复合策略1号	25.53	3.15*	0.83	1.30	0.30	0.02	0.09	0.01	34.43	17.14	1.74	14.64	14
18	无量1期	25.48	2.82*	-1.70	-1.19	1.14	0.47	-0.13	0.17	32.87	26.62	1.16	20.06	60
19	坤德永盛1期	25.25	4.11*	-1.24	-2.57	0.79	0.11	-0.26	0.18	24.23	23.34	1.00	27.93	73
20	泰和长兴1期	24.99	4.06*	-1.22	-2.54	0.76	0.12	-0.21	0.20	23.76	22.81	1.00	27.37	72
21	景林价值B类	24.69	3.40*	0.19	0.34	0.70	-0.08	0.18	0.21	30.10	20.90	1.30	25.06	54
22	汉和恒聚	24.29	3.68*	-0.34	-0.66	0.60	-0.14	-0.39	0.14	29.64	19.01	1.39	16.28	54
23	同望1期1号	24.17	3.51*	0.81	1.49	0.58	0.17	-0.12	0.50	35.76	19.29	1.62	16.84	51
24	盈阳22号	24.14	1.72*	0.34	0.31	0.34	0.10	0.40	0.60	27.09	29.07	0.90	14.02	11
25	果实长期成长1号	23.90	3.69*	-0.28	-0.56	0.56	-0.24	0.02	0.34	27.78	18.70	1.33	19.53	54

续表

编号	基金名称	年化α(%)	t(α)	γ	t(γ)	β_mkt	β_smb	β_hml	β_mom	年化收益率(%)	年化波动率(%)	年化夏普比率	最大回撤率(%)	调整后R²(%)
26	彤源7号（B）	23.63	3.47*	−0.32	−0.59	0.75	0.28	−0.10	0.62	27.81	23.54	1.11	22.88	68
27	鸿道创新改革尊享1号	23.46	3.15*	−0.15	−0.26	0.75	0.01	0.43	−0.01	24.35	22.16	1.03	20.09	57
28	东方消费服务优选	23.10	3.05*	−0.42	−0.70	0.68	−0.16	−0.28	0.08	26.60	21.34	1.15	31.23	52
29	金广资产一鑫1号	23.09	3.02*	−3.05	−2.51	0.76	−0.22	−0.17	0.25	23.02	18.50	1.16	22.16	41
30	九霄投资稳健成长2号	22.90	2.95*	−0.31	−0.51	0.42	−0.20	0.07	0.00	24.79	17.85	1.26	23.57	27
31	格雷成长3号	22.76	2.45*	−3.34	−2.27	0.82	0.19	−0.06	0.33	21.22	21.53	0.95	32.11	35
32	康曼德003号	22.62	2.56*	−0.22	−0.32	0.32	0.14	−0.09	0.06	25.35	19.11	1.20	12.70	18
33	红筹平衡复选择	22.42	3.20*	−2.97	−2.67	0.85	−0.17	0.01	0.14	21.93	18.18	1.13	19.47	48
34	格树文明复兴3期	22.36	2.74*	−0.10	−0.16	0.60	−0.13	−0.27	−0.03	27.09	20.69	1.20	29.39	40
35	汉和资本1期	22.20	3.28*	−0.35	−0.67	0.59	−0.03	−0.46	0.11	27.14	19.20	1.28	17.72	52
36	奕金安1期	21.99	3.41*	−0.76	−1.51	0.74	−0.12	−0.08	−0.05	21.99	21.03	0.99	27.12	64
37	璟恒1期	21.87	3.27*	−0.64	−1.22	0.63	−0.26	−0.03	0.06	22.73	19.44	1.08	17.11	54
38	同犇1期	21.62	2.82*	0.27	0.44	0.51	0.04	0.26	0.39	26.55	19.21	1.25	16.35	39
39	雅柏宝量化5号	21.62	3.09*	−1.71	−1.54	0.13	−0.31	−0.09	−0.20	18.54	13.65	1.23	7.45	9
40	彤源7号（A）	21.16	3.29*	−0.50	−0.98	0.72	0.25	−0.02	0.50	23.17	22.25	0.99	22.87	68
41	鼎萨价值成长	20.97	2.24*	−0.48	−0.65	1.47	−0.21	−0.68	−0.26	21.89	36.89	0.69	37.18	75
42	金蕴99期（谷寒长线回报）	20.88	3.57*	−1.18	−2.57	0.39	−0.30	0.18	−0.35	16.42	15.12	0.99	14.03	42
43	新思哲1期	20.84	2.70*	0.46	0.75	0.63	−0.09	0.10	0.23	27.25	20.41	1.22	23.86	45

附录二　股票型私募基金经理的选股能力和择时能力（按年化 α 排序）：2016~2020 年

续表

编号	基金名称	年化 α(%)	$t(\alpha)$	γ	$t(\gamma)$	β_{mkt}	β_{smb}	β_{hml}	β_{mom}	年化收益率(%)	年化波动率(%)	年化夏普比率	最大回撤率(%)	调整后 R^2 (%)
44	远望角投资1期	20.66	3.27*	−0.51	−1.04	0.48	−0.05	−0.19	−0.34	21.77	16.48	1.19	12.75	44
45	佰天泰旸1期	20.62	3.28*	−0.02	−0.03	0.41	−0.02	−0.15	0.35	26.17	16.05	1.45	15.78	41
46	同庆2期	20.50	3.33*	−0.65	−1.34	0.77	0.22	−0.10	0.47	21.83	22.99	0.92	25.82	72
47	万利富达	20.43	2.54*	−0.49	−0.78	0.49	−0.34	−0.48	0.09	23.92	19.74	1.12	26.09	37
48	私享一蓝筹1期	20.39	1.68*	−0.20	−0.21	0.91	−0.80	1.07	−0.17	14.32	32.44	0.53	44.45	46
49	新思哲成长	20.17	2.60*	0.96	1.57	0.52	−0.10	0.22	0.45	29.18	19.47	1.35	23.63	39
50	景林丰收	20.03	3.09*	−1.28	−2.52	0.79	−0.24	−0.10	0.05	16.89	22.78	0.74	28.08	69
51	浦誉系列1号	19.98	3.08*	−1.28	−2.52	0.79	−0.24	−0.10	0.05	16.83	22.78	0.74	28.06	69
52	彤源6号	19.96	3.51*	−0.34	−0.76	0.58	0.14	−0.14	0.48	23.77	18.59	1.17	18.13	64
53	91金融东方港湾价值1号	19.92	2.00*	0.38	0.49	0.48	−0.17	−0.29	0.35	27.22	22.65	1.12	20.30	26
54	高信百诺1期	19.17	3.31*	−1.23	−2.71	0.62	−0.35	−0.17	−0.15	16.66	18.55	0.85	24.58	63
55	利檀3期	19.14	3.44*	−0.28	−0.65	0.55	−0.25	0.14	0.09	20.96	16.58	1.15	24.02	57
56	泓澄投资	19.13	3.48*	0.06	0.13	0.61	−0.11	−0.26	0.03	24.98	17.16	1.31	22.45	61
57	盈定2号	19.11	1.27	0.21	0.17	0.49	−0.37	−1.50	−0.47	27.57	32.30	0.85	15.50	17
58	红筹1号	18.97	2.53*	−0.52	−0.88	0.54	−0.07	0.05	0.20	19.54	19.54	0.94	21.05	44
59	溪牛长翔回报	18.91	2.06*	0.23	0.31	0.94	0.13	−0.21	0.48	24.56	28.38	0.87	29.90	60
60	东方港湾3号	18.88	1.89*	0.09	0.12	0.50	−0.47	−0.33	0.05	23.86	22.68	0.99	21.70	25
61	宽远价值成长2期	18.85	3.57*	0.11	0.27	0.51	−0.12	0.08	0.09	23.27	15.16	1.37	18.56	53

续表

编号	基金名称	年化 α(%)	$t(\alpha)$	γ	$t(\gamma)$	β_{mkt}	β_{smb}	β_{hml}	β_{mom}	年化收益率(%)	年化波动率(%)	年化夏普比率	最大回撤率(%)	调整后 R^2(%)
62	宽远沪港深精选	18.76	3.41*	0.06	0.14	0.54	−0.13	−0.04	0.17	23.69	16.18	1.31	18.08	56
63	少数派7号	18.67	2.58*	0.36	0.63	0.49	−0.38	0.44	0.06	21.89	18.23	1.10	24.80	40
64	星石10期	18.64	1.93*	−0.61	−0.81	0.37	0.53	−0.11	−0.10	17.02	22.76	0.74	26.38	31
65	汇谷舒心1号	18.57	1.88*	−0.14	−0.18	0.68	−0.10	−0.54	0.37	23.79	25.52	0.91	32.64	42
66	金蕴90期（相生）	18.50	2.55*	−0.45	−0.79	0.65	−0.13	−0.10	0.10	20.00	20.57	0.92	21.74	52
67	大朴多维度6号	18.48	3.88*	−0.58	−1.55	0.40	−0.02	0.03	0.18	19.27	13.74	1.25	12.52	54
68	相聚芒格1期	18.45	3.20*	0.04	0.10	0.31	0.25	−0.30	−0.11	23.18	14.32	1.43	13.73	38
69	广金成长3期	18.44	3.21*	−0.59	−1.30	0.62	−0.07	−0.22	0.10	20.14	18.34	1.02	17.58	62
70	宝源胜知1号	18.40	2.18*	0.43	0.64	0.96	−0.33	0.16	0.23	23.33	26.56	0.87	34.72	61
71	海洋之星1号	18.38	3.45*	−0.64	−1.54	0.51	−0.33	−0.20	−0.12	19.43	15.40	1.14	20.97	54
72	投资精英之景林（A类）	18.22	2.60*	−0.47	−0.85	0.96	−0.42	−0.21	−0.23	19.25	24.68	0.78	39.57	69
73	清和成长2期	18.20	2.41*	0.32	0.55	0.58	−0.14	−0.39	0.21	26.00	19.77	1.20	20.56	44
74	勤远动态平衡1号	18.15	2.83*	−2.65	−2.60	0.67	0.01	0.13	0.28	17.10	15.66	1.01	8.15	42
75	成泉汇涌1期	18.03	1.08	−0.52	−0.40	0.55	0.36	0.59	0.07	10.84	35.75	0.40	42.04	17
76	果实资本仁心回报1号	18.02	2.41*	−0.27	−0.46	0.58	−0.31	−0.06	0.17	20.47	19.84	0.97	21.92	46
77	淡银财富一清和泉优选1期	17.99	2.55*	−0.01	−0.03	0.55	−0.22	−0.31	0.17	23.41	18.61	1.15	19.49	45
78	五岳归来量化贝塔	17.95	4.29*	−3.30	−5.00	0.93	0.14	0.24	0.32	16.94	16.26	0.99	25.16	77
79	成泉汇涌2期	17.91	1.18	−2.12	−0.88	0.64	0.46	0.78	0.12	11.58	30.60	0.45	32.17	15

附录二 股票型私募基金经理的选股能力和择时能力（按年化 α 排序）：2016~2020 年

续表

编号	基金名称	年化 α(%)	t(α)	γ	t(γ)	β_{mkt}	β_{smb}	β_{hml}	β_{mom}	年化收益率（%）	年化波动率（%）	年化夏普比率	最大回撤率（%）	调整后 R^2（%）
80	少数派 5 号	17.86	2.85*	0.36	0.73	0.37	−0.39	0.37	−0.08	21.06	15.11	1.25	21.07	34
81	少数派 8 号	17.85	2.53*	0.46	0.83	0.43	−0.40	0.30	0.07	22.29	17.19	1.18	23.19	35
82	东方医疗平衡 1 期	17.68	2.17*	−0.47	−0.74	0.51	−0.28	−0.39	−0.03	19.96	19.66	0.95	33.00	34
83	远望角谷远 1 号	17.53	2.80*	0.31	0.64	0.36	−0.01	−0.22	−0.25	23.03	14.60	1.40	12.70	30
84	执耳医药	17.46	2.53*	−0.92	−1.70	0.80	−0.28	−0.10	−0.22	15.37	22.37	0.69	29.30	63
85	泓澄尊 A 期	17.44	3.89*	−2.95	−4.15	0.85	−0.04	−0.20	0.10	17.72	15.35	1.07	25.55	70
86	融通资本汉景港湾 2 号	17.42	1.84*	0.21	0.29	0.53	−0.50	−0.39	−0.13	22.97	21.76	0.99	23.09	27
87	泓澄锐进 52 期	17.33	3.80*	−2.96	−4.11	0.85	−0.04	−0.20	0.10	17.85	15.46	1.09	25.56	70
88	天弓 2 号	17.25	1.83*	−0.08	−0.11	0.71	−0.03	−0.58	0.39	22.90	25.34	0.89	31.90	47
89	明达	17.19	2.58*	−0.46	−0.88	0.85	−0.11	0.00	−0.09	17.35	22.86	0.75	34.68	67
90	鸿道国企改革	17.17	1.97*	−0.58	−0.84	0.63	0.10	0.02	−0.05	16.13	22.57	0.71	28.74	43
91	神农老院子基金	17.07	1.31	−0.36	−0.35	0.58	0.25	−0.18	0.33	17.12	29.50	0.63	35.38	25
92	深积稳健成长 1 期	17.03	3.38*	−2.15	−2.69	0.83	0.00	−0.45	−0.23	19.71	16.69	1.10	24.44	68
93	民森 E 号	16.92	2.85*	−1.32	−2.83	0.60	−0.20	−0.30	−0.05	14.32	18.77	0.73	22.37	62
94	私募工场 18 期第 5 期（深积稳健成长 1 号）	16.80	3.34*	−2.12	−2.65	0.83	0.00	−0.45	−0.22	19.58	16.73	1.09	24.47	69
95	易同精选 3 期	16.63	3.22*	0.40	0.98	0.41	−0.09	0.04	0.09	22.39	13.37	1.48	19.40	43
96	中环港沪深对冲	16.57	2.18*	−0.29	−0.49	0.45	−0.56	−0.30	−0.27	18.82	17.83	0.98	18.47	30

· 209 ·

续表

编号	基金名称	年化 α (%)	$t(\alpha)$	γ	$t(\gamma)$	β_{mkt}	β_{smb}	β_{hml}	β_{mom}	年化收益率 (%)	年化波动率 (%)	年化夏普比率	最大回撤率 (%)	调整后 R^2 (%)
97	金舆财富之车1号	16.55	1.75*	−0.35	−0.47	0.53	0.22	−0.69	−0.37	18.85	23.44	0.79	20.61	38
98	幻方鼎立01号	16.53	2.02*	1.06	1.65	0.10	−0.14	−0.05	0.01	24.86	16.67	1.33	7.22	7
99	融通资本盈东方汉景1号	16.48	1.80*	0.44	0.61	0.54	−0.36	−0.24	0.08	22.89	21.39	1.00	24.78	30
100	鸿道4期	16.46	1.67*	−0.28	−0.37	0.65	0.22	0.68	0.18	13.47	24.93	0.57	28.61	40
101	千合紫荆1号	16.37	2.30*	−0.09	−0.16	0.26	0.52	0.25	0.31	17.41	16.68	0.96	19.62	30
102	榕树陈氏	16.33	1.93*	0.27	0.41	0.71	−0.54	−0.27	−0.18	21.75	22.20	0.93	27.84	44
103	源乐晟策略创新1期	16.30	2.55*	−0.41	−0.81	0.54	−0.12	0.03	0.43	17.98	18.55	0.91	25.67	55
104	尚雅6期	16.22	1.69*	−0.68	−0.91	0.16	0.53	−0.28	0.03	14.82	21.18	0.69	22.77	21
105	金舆宏观配置1号	16.07	1.88*	−2.28	−1.69	0.37	0.22	−0.16	0.19	13.90	17.20	0.78	23.15	15
106	平石2n对冲基金	16.02	3.31*	−2.05	−5.40	0.47	−0.09	0.33	0.01	6.30	17.36	0.36	27.23	70
107	望正1号	16.00	1.89*	−0.32	−0.48	0.11	0.26	−0.62	0.05	19.11	18.07	0.98	11.48	16
108	进化论稳进2号	15.70	1.91*	−0.11	−0.17	0.39	0.11	−0.25	0.12	18.89	18.75	0.94	20.91	26
109	紫晶1号	15.61	3.26*	−0.35	−0.92	0.65	0.05	−0.33	0.39	19.51	18.70	0.97	21.80	75
110	幻方志远01号	15.60	2.92*	1.15	2.75	0.15	0.19	−0.31	0.55	27.85	12.67	1.90	3.94	32
111	国润一期	15.40	2.03*	0.46	0.76	0.66	−0.09	−0.84	0.46	26.27	22.35	1.09	17.05	56
112	乐晟精选	15.23	2.30*	−0.14	−0.27	0.53	−0.10	−0.13	0.56	19.29	19.10	0.94	29.64	54
113	投资精英（朱雀A）	15.15	2.88*	−0.55	−1.34	0.78	0.02	−0.24	0.13	16.54	20.94	0.77	24.47	76
114	源洋进取1号	15.04	1.62	−0.51	−0.69	0.86	−0.05	0.57	0.18	11.32	26.98	0.48	36.43	54

附录二　股票型私募基金经理的选股能力和择时能力（按年化 α 排序）：2016～2020 年

续表

编号	基金名称	年化 α(%)	$t(\alpha)$	γ	$t(\gamma)$	β_{mkt}	β_{smb}	β_{hml}	β_{mom}	年化收益率(%)	年化波动率(%)	年化夏普比率	最大回撤率(%)	调整后 R^2 (%)
115	幻方钱海01号	15.03	1.55	2.57	3.37	0.20	0.78	0.30	0.91	31.15	22.30	1.26	15.37	27
116	从容内需医疗3期	15.03	1.64	-1.16	-1.61	0.38	0.06	-1.19	0.13	16.44	22.71	0.72	25.53	37
117	兴聚财富1号	14.93	2.96*	0.03	0.07	0.52	-0.07	-0.07	0.34	19.52	15.82	1.12	14.22	61
118	明达2期	14.89	1.32	-0.12	-0.13	0.29	0.19	-0.20	-0.13	15.48	23.44	0.67	31.57	11
119	细水醍醐	14.88	1.64	1.88	2.64	0.66	0.05	-0.44	0.11	30.30	23.36	1.19	13.29	42
120	阳光宝1号	14.83	2.53*	-0.33	-0.72	0.50	-0.19	-0.34	-0.02	17.79	15.97	1.02	26.24	48
121	宁聚满天星	14.80	2.20*	0.76	1.45	0.71	0.06	0.10	-0.06	21.09	20.03	0.98	28.05	57
122	仙童1期	14.77	2.07*	-0.24	-0.44	0.50	-0.19	-0.17	0.12	18.92	18.21	0.96	14.77	41
123	易同优选	14.73	1.70*	0.98	1.45	0.61	0.09	-0.31	0.24	24.71	21.85	1.05	16.82	40
124	盈阳19号	14.72	1.72*	-0.29	-0.43	0.76	-0.10	-0.46	0.26	18.08	24.45	0.75	26.30	53
125	展弘稳进1号	14.68	7.03*	-0.34	-1.02	0.02	-0.03	-0.02	0.01	16.15	3.96	3.51	2.53	3
126	昭时9期	14.64	1.37	-0.21	-0.25	0.54	0.25	0.35	0.60	14.13	25.33	0.59	21.13	32
127	华夏养老金玉良辰	14.60	2.50*	-0.56	-1.23	0.76	-0.13	0.04	-0.09	13.98	20.32	0.68	33.36	68
128	民森A号	14.58	2.12*	-1.47	-2.72	0.64	-0.20	-0.57	-0.05	11.92	21.16	0.57	26.03	59
129	望正鹏辉	14.56	1.70*	-0.62	-0.91	0.17	0.14	-0.89	-0.12	16.86	18.89	0.84	11.48	21
130	正则1期	14.55	3.31*	-1.22	-1.76	0.05	0.16	0.16	-0.05	11.45	8.70	1.17	6.69	13
131	鹏山长期回报1号	14.43	1.53	0.46	0.63	0.69	-0.13	-0.33	0.71	22.10	25.40	0.86	35.23	47
132	巴克夏月月利1号	14.26	0.97	3.32	2.88	1.54	-0.34	0.52	0.43	29.00	43.71	0.75	48.24	57

续表

编号	基金名称	年化 α(%)	$t(\alpha)$	γ	$t(\gamma)$	β_{mkt}	β_{smb}	β_{hml}	β_{mom}	年化收益率(%)	年化波动率(%)	年化夏普比率	最大回撤率(%)	调整后 R^2(%)
133	智诚2期	14.25	1.83*	-1.42	-2.33	0.66	-0.11	-0.35	-0.17	10.15	22.27	0.48	33.16	53
134	盈阳15号	14.22	1.95*	0.33	0.58	0.53	0.44	-0.07	0.46	19.59	20.07	0.92	32.09	49
135	涌鑫2号	14.05	1.99*	0.10	0.17	0.59	-0.01	-0.56	0.07	20.18	19.46	0.97	18.67	50
136	康曼德106号	14.05	2.04*	-0.26	-0.48	0.45	-0.45	-0.56	-0.28	17.60	16.62	0.97	17.40	34
137	朱雀10期	14.03	3.35*	-0.89	-2.72	0.67	0.00	-0.19	0.14	13.41	18.31	0.70	24.45	80
138	进化论FOF1号	14.02	2.08*	0.09	0.17	0.40	0.00	-0.15	0.06	17.98	15.92	1.03	20.32	31
139	私募工场丰收1号	14.01	2.17*	-0.45	-0.90	0.44	0.56	0.47	0.55	12.44	18.73	0.64	19.29	54
140	长青藤3期	13.89	1.78*	-0.31	-0.51	0.29	0.23	0.60	-0.01	10.94	17.46	0.59	20.37	23
141	智德持续增长	13.79	3.01*	-1.07	-2.97	0.46	-0.48	-0.19	-0.27	11.57	14.21	0.74	19.26	60
142	丰岭远航母基金	13.78	2.37*	-0.04	-0.09	0.48	-0.49	0.00	-0.26	16.00	15.30	0.95	21.58	45
143	双隆一隆腾1号	13.72	2.50*	1.25	2.92	0.66	0.04	0.22	-0.04	22.34	17.70	1.15	27.34	63
144	晨燕2号	13.69	2.10*	0.23	0.45	0.37	-0.01	0.01	0.23	18.04	15.34	1.06	12.39	30
145	浦来德天天开心对冲1号	13.66	2.96*	-0.15	-0.40	0.25	0.45	-0.43	0.20	17.80	13.42	1.18	11.08	55
146	鸿道2期	13.65	1.84*	-0.27	-0.47	0.67	0.11	-0.07	0.00	14.75	21.06	0.69	25.17	53
147	资瑞兴1号	13.63	2.10*	0.90	1.77	0.47	-0.14	-0.03	0.13	21.83	16.25	1.21	11.49	39
148	清和泉金牛山4期	13.58	1.85*	0.74	1.28	0.47	-0.21	-0.50	-0.04	22.76	17.70	1.17	16.24	34
149	幻方恒光01号	13.48	4.98*	0.79	3.73	0.00	0.06	0.19	0.12	19.44	6.03	2.75	1.97	22
150	乐道成长优选1号A期	13.45	2.53*	-0.20	-0.47	0.65	-0.12	-0.06	0.18	16.08	17.94	0.84	26.61	66

附录二　股票型私募基金经理的选股能力和择时能力（按年化 α 排序）：2016~2020 年

续表

编号	基金名称	年化 α(%)	$t(\alpha)$	γ	$t(\gamma)$	β_{mkt}	β_{smb}	β_{hml}	β_{mom}	年化收益率(%)	年化波动率(%)	年化夏普比率	最大回撤率(%)	调整后 R^2(%)
151	细水菩提	13.44	1.36	0.14	0.18	0.61	0.24	−0.28	0.28	17.60	24.37	0.72	16.14	37
152	康曼德 101A	13.29	1.69*	−3.07	−2.48	0.75	−0.73	−0.27	−0.10	10.76	19.40	0.57	32.95	44
153	鸿道 3 期	13.26	1.75*	−0.45	−0.75	0.75	0.10	0.22	−0.05	11.63	22.72	0.53	30.64	57
154	观富价值 1 号	13.23	2.63*	0.02	0.05	0.57	−0.29	−0.34	−0.17	17.87	15.47	1.05	18.37	60
155	昭图 2 期	13.19	2.22*	0.56	1.20	0.61	0.04	−0.39	−0.09	20.79	17.81	1.07	13.16	57
156	果实资本精英汇 2 号	13.16	3.25*	−0.27	−0.84	0.46	−0.19	0.05	0.08	14.79	13.09	1.01	15.70	63
157	鼎锋成长 1 期 C 号	13.14	1.78*	−0.27	−0.47	0.67	0.00	−0.25	0.22	15.73	21.38	0.72	27.97	54
158	富恩德 1 期	13.14	2.43*	0.81	−1.90	0.40	0.00	0.29	−0.03	9.96	14.58	0.62	15.53	47
159	森瑞医疗服务	13.11	1.22	−1.59	−1.88	0.68	0.09	−1.43	−0.23	11.35	29.20	0.46	32.04	48
160	通和富享 1 期	13.05	1.26	1.21	1.48	0.59	0.00	−0.14	0.03	21.68	23.96	0.88	29.65	28
161	幻方之江 01 号	13.02	2.44*	0.23	0.54	0.04	−0.03	0.12	−0.19	15.07	10.73	1.23	15.50	5
162	投资精英（星石 A）	12.92	2.84*	−0.08	−0.23	0.98	−0.21	−0.57	−0.29	17.42	22.78	0.76	27.39	85
163	混沌 1 号（聚发 11）	12.87	1.24	−0.33	−0.41	0.95	0.27	−0.95	0.48	16.99	31.87	0.60	47.26	60
164	朴石 1 期	12.84	1.67*	0.03	0.05	0.48	−0.13	−0.15	0.35	16.84	19.08	0.83	24.06	37
165	拾贝锐进 51 期	12.80	3.26*	−2.47	−3.96	0.70	−0.06	0.14	0.22	12.13	12.87	0.85	16.18	68
166	明河成长 2 号	12.78	2.09*	0.17	0.36	0.44	0.07	0.07	0.34	16.72	15.83	0.96	14.96	43
167	天勤 1 号	12.76	1.75*	−0.03	−0.05	0.39	0.08	−0.38	0.21	17.18	17.35	0.92	15.67	32
168	恒复利贞	12.76	1.50	−0.75	−1.13	0.87	−0.02	−0.17	−0.45	9.98	25.80	0.44	44.18	58

续表

编号	基金名称	年化 α(%)	$t(\alpha)$	γ	$t(\gamma)$	β_{mkt}	β_{smb}	β_{hml}	β_{mom}	年化收益率(%)	年化波动率(%)	年化夏普比率	最大回撤率(%)	调整后 R^2(%)
169	淡水泉2008	12.75	2.49*	-0.31	-0.77	0.85	-0.09	-0.30	-0.19	14.85	21.00	0.70	29.42	77
170	新方程清和泉1期	12.74	1.67*	0.16	0.27	0.55	-0.12	-0.31	0.12	17.83	19.22	0.87	24.26	40
171	榜样多策略对冲	12.55	2.30*	-0.36	-0.85	0.57	0.00	-0.13	0.25	14.55	17.26	0.79	17.52	62
172	米筌资产管理1号	12.50	2.30*	0.49	1.14	0.42	0.07	-0.08	0.11	18.46	14.19	1.17	18.30	44
173	智德1期	12.50	2.53*	-0.74	-1.92	0.56	-0.28	-0.32	-0.09	12.87	16.00	0.75	20.38	63
174	恒复趋势1号	12.36	1.40	-0.75	-1.10	0.96	-0.01	-0.20	-0.40	9.22	27.67	0.41	41.16	62
175	拾贝1号	12.27	1.90*	0.87	1.73	0.47	-0.13	0.00	0.12	19.93	16.13	1.12	12.52	39
176	渤源洋杨价值成长	12.25	3.21*	-2.83	-4.70	0.64	-0.13	-0.57	0.09	12.69	12.51	0.93	11.27	68
177	道道红杨	12.20	1.71*	-1.50	-1.34	0.67	-0.26	-0.35	0.12	16.15	17.20	0.90	19.11	41
178	兴聚财富3号	12.12	2.89*	-0.57	-1.73	0.48	0.01	-0.21	0.12	13.27	14.26	0.84	17.58	67
179	凤翱多利	11.96	2.16*	0.34	0.78	0.82	0.09	-0.15	0.26	17.61	21.30	0.80	31.57	74
180	宁聚量化精选	11.82	2.97*	0.68	1.09	0.09	0.10	0.16	0.00	15.94	8.01	1.77	5.33	15
181	久富1期	11.74	1.94*	-0.21	-0.44	0.55	0.23	-0.40	0.52	16.02	19.09	0.80	25.47	62
182	明达6期	11.74	1.98*	-0.66	-1.42	0.63	-0.02	-0.10	0.04	11.24	18.70	0.59	31.29	62
183	富承高息1号	11.67	0.34	0.45	0.17	1.59	-1.06	-0.37	-1.18	-3.38	74.00	0.24	81.06	19
184	弘尚资产中国机遇策略配置1号	11.64	2.08*	0.62	1.41	0.58	0.02	-0.27	0.31	19.78	17.18	1.05	16.02	59
185	易同领先	11.61	1.29	1.13	1.61	0.66	0.10	-0.28	0.23	21.52	23.07	0.89	18.24	42

附录二 股票型私募基金经理的选股能力和择时能力（按年化α排序）：2016~2020年

续表

编号	基金名称	年化α(%)	t(α)	γ	t(γ)	β_{mkt}	β_{smb}	β_{hml}	β_{mom}	年化收益率(%)	年化波动率(%)	年化夏普比率	最大回撤率(%)	调整后R^2(%)
186	卓越理财1号	11.51	3.64*	-0.23	-0.93	0.39	-0.03	-0.04	0.10	13.63	10.87	1.10	11.97	68
187	睿远景泰复利回报第7期	11.50	2.64*	-0.91	-2.66	0.29	0.00	-0.11	0.01	9.82	11.78	0.73	13.16	47
188	神农医药A—阿司匹林	11.50	1.77*	-4.26	-4.15	0.81	-0.28	-0.59	-0.19	6.90	17.26	0.40	31.53	51
189	锐进41期	11.46	2.61*	-0.14	-0.41	0.47	-0.13	-0.15	0.08	14.53	13.63	0.96	15.49	60
190	果实资本精选4A号	11.41	2.63*	-0.14	-0.41	0.50	-0.20	0.11	0.12	13.32	14.03	0.86	17.91	63
191	金盈25期（淡水泉）	11.31	2.67*	0.21	0.63	0.90	-0.23	-0.26	-0.18	16.21	20.49	0.77	27.10	84
192	智德精选5期	11.25	2.77*	-0.70	-2.18	0.37	-0.19	-0.02	-0.08	10.29	11.85	0.76	18.90	55
193	彼立弗复利1期	11.22	2.63*	0.26	-0.79	0.42	-0.03	-0.12	0.02	13.20	12.68	0.93	10.71	56
194	盈定5号	11.22	1.32	-1.27	-0.95	0.57	0.06	-0.46	0.01	14.63	18.76	0.76	15.42	29
195	山东信托—同威3期	11.17	1.50	0.37	0.64	0.58	-0.11	0.10	-0.05	14.68	18.88	0.74	24.69	40
196	华夏养老新动力1号	11.16	2.22*	-0.32	-0.82	0.60	-0.06	-0.07	0.01	12.49	16.59	0.70	26.50	65
197	双隆稳盈1号	11.00	2.08*	-0.64	-0.76	0.09	-0.16	-0.24	-0.31	10.80	10.21	0.93	9.07	6
198	西藏源对冲1号	10.97	2.23*	-0.19	-0.50	0.66	-0.13	-0.16	0.10	13.73	17.55	0.74	16.76	70
199	源洋长征	10.96	1.45	0.93	1.58	0.45	0.05	0.37	0.40	17.00	18.08	0.87	24.55	33
200	德丰华1期	10.94	2.35*	-0.58	-1.61	0.51	-0.11	-0.07	0.00	10.89	14.90	0.67	17.26	63
201	弘酬永泰	10.86	2.63*	-0.33	-1.01	0.70	-0.06	-0.02	0.08	12.19	17.55	0.66	26.21	79
202	悟空对冲量化5期	10.64	1.97*	0.11	0.26	0.49	-0.21	-0.25	-0.01	15.15	14.83	0.93	16.13	49
203	润晖稳健增值	10.63	2.94*	-0.01	-0.04	0.66	-0.12	-0.25	-0.02	14.69	15.85	0.85	23.28	80

续表

编号	基金名称	年化 α(%)	$t(\alpha)$	γ	$t(\gamma)$	β_{mkt}	β_{smb}	β_{hml}	β_{mom}	年化收益率(%)	年化波动率(%)	年化夏普比率	最大回撤率(%)	调整后 R^2(%)
204	民生信托聚利1期	10.55	1.84*	-0.33	-0.74	0.45	-0.22	0.52	-0.08	8.43	15.51	0.50	16.75	48
205	冰岭2期	10.49	0.90	-1.66	-1.82	0.85	-0.35	-0.23	-0.53	1.82	29.99	0.17	50.75	43
206	道道泽时2号	10.48	1.44	-1.71	-1.49	0.66	-0.25	-0.28	0.03	12.76	17.03	0.73	20.51	38
207	金太阳-果实资本精英汇1号	10.40	2.57*	-0.18	-0.58	0.49	-0.21	0.04	0.06	12.21	13.37	0.82	16.74	65
208	投资精英(淡水泉A)	10.37	2.55*	0.02	0.07	0.90	-0.24	-0.19	-0.24	13.61	20.48	0.66	28.79	85
209	尚雅12期	10.37	1.16	-0.81	-1.15	0.73	-0.13	-0.06	0.09	7.99	24.32	0.38	36.29	49
210	新里程藏宝图2号	10.36	0.87	-1.06	-1.13	0.68	-0.28	1.20	0.21	-0.59	30.08	0.08	38.11	40
211	珺容5期	10.35	2.44*	-0.42	-1.26	0.37	-0.03	-0.10	-0.07	11.04	11.86	0.82	11.69	51
212	招商汇智之凤翔1号	10.32	1.93*	0.26	0.63	0.80	0.11	-0.22	0.25	15.65	20.93	0.73	33.80	75
213	鼎萨1期	10.30	1.08	0.06	0.08	1.18	-0.57	-0.75	-0.40	14.16	30.88	0.54	34.08	63
214	雀跃进取1号	10.30	1.59	-3.90	-3.80	1.14	-0.15	-0.80	-0.63	7.69	22.28	0.38	38.32	71
215	丰岭稳健成长1期	10.21	1.85*	0.18	0.41	0.45	-0.43	0.03	-0.20	13.10	14.44	0.82	23.71	44
216	国泰君安兴富进取2期	10.21	0.79	-0.90	-0.88	0.49	0.10	0.13	-0.60	3.08	28.59	0.18	26.80	21
217	幻方欣荣01号	10.07	2.69*	0.47	1.61	0.08	0.03	-0.12	0.06	15.40	7.74	1.71	6.93	10
218	神农1期	9.96	1.28	0.38	0.63	0.63	-0.11	-0.55	-0.16	16.23	20.46	0.77	28.40	44
219	红宝石安心进取H-1001	9.93	1.28	0.12	0.19	0.58	0.31	0.36	0.21	10.76	20.59	0.53	26.66	46
220	金田龙盛	9.88	1.11	2.49	3.58	0.84	0.41	0.24	0.09	23.45	26.28	0.87	16.82	56
221	锐进16期中欧瑞博尊享A期	9.76	2.24*	0.18	0.52	0.57	-0.16	-0.46	-0.20	15.31	14.75	0.94	22.06	67

附录二 股票型私募基金经理的选股能力和择时能力（按年化α排序）：2016~2020年

续表

编号	基金名称	年化α(%)	$t(\alpha)$	γ	$t(\gamma)$	β_{mkt}	β_{smb}	β_{hml}	β_{mom}	年化收益率(%)	年化波动率(%)	年化夏普比率	最大回撤率(%)	调整后R^2(%)
222	观富策略1号	9.75	1.94*	0.31	0.79	0.52	-0.18	-0.38	-0.09	15.73	14.74	0.97	20.62	55
223	紫金港1号	9.74	1.05	-0.64	-0.88	0.88	0.35	0.12	0.25	6.81	28.18	0.32	38.08	58
224	中国龙进取	9.72	2.46*	-0.09	-0.27	0.51	-0.11	-0.05	0.14	12.59	13.71	0.83	12.77	68
225	惠正精选	9.70	1.80*	0.25	0.59	0.51	0.03	-0.41	0.04	15.56	15.61	0.91	13.12	54
226	大朴策略1号	9.70	2.34*	0.07	0.22	0.45	0.04	-0.01	0.26	13.32	13.20	0.90	13.14	62
227	洋杨锦绣	9.67	2.32*	-0.68	-2.08	0.47	-0.11	-0.59	0.00	11.58	14.18	0.74	13.47	67
228	易同成长	9.65	1.47	0.08	0.15	0.46	-0.02	-0.04	-0.04	12.27	16.20	0.70	24.84	37
229	五色土1期	9.62	0.50	0.86	0.57	1.29	0.08	-1.07	-0.03	12.96	47.79	0.46	70.37	37
230	七曜中信证券领奕1号	9.60	1.81*	-0.15	-0.36	0.49	-0.18	-0.23	0.03	12.53	14.94	0.77	19.93	52
231	钜融1号	9.53	0.75	0.15	0.15	1.01	0.17	-0.22	0.41	11.46	34.07	0.44	48.17	47
232	景泰复利回报1期（国投）	9.52	2.09*	-0.76	-2.14	0.24	-0.10	-0.19	-0.10	8.51	10.86	0.67	9.80	33
233	龙全2号	9.50	1.63	0.16	0.36	0.82	0.17	-0.39	0.15	14.62	22.16	0.66	29.11	73
234	少数派新三板创新1号	9.49	1.42	0.41	0.77	0.32	-0.12	0.80	0.23	9.96	15.93	0.58	26.17	32
235	旭鑫价值成长1期	9.48	1.84*	0.92	1.13	0.21	0.18	0.00	0.29	17.15	11.19	1.39	2.74	28
236	涌鑫3号	9.44	1.33	0.94	1.69	0.34	0.05	-0.55	0.13	19.35	16.47	1.07	14.09	29
237	中欧瑞博1期	9.41	1.74*	-0.27	-0.64	0.45	-0.06	-0.63	-0.21	13.07	15.04	0.81	24.66	52
238	森瑞独立景气	9.39	0.92	-0.94	-1.17	0.56	0.06	-1.38	-0.29	10.83	26.12	0.46	29.59	41
239	观富丰悦	9.32	1.78*	-2.73	-3.27	0.75	-0.12	0.14	0.43	8.41	15.42	0.51	28.82	60

续表

编号	基金名称	年化 α(%)	$t(\alpha)$	γ	$t(\gamma)$	β_{mkt}	β_{smb}	β_{hml}	β_{mom}	年化收益率(%)	年化波动率(%)	年化夏普比率	最大回撤率(%)	调整后 R^2 (%)
240	新同方	9.31	1.73*	0.42	1.01	0.08	0.14	−0.03	0.13	13.58	10.88	1.09	9.46	6
241	重阳1期	9.24	1.60	−1.17	−2.58	0.58	−0.22	−0.14	−0.20	5.68	17.69	0.32	23.76	59
242	保银中国价值	9.22	3.41*	0.03	0.13	0.08	0.07	−0.11	0.27	12.66	6.33	1.69	6.78	30
243	黑森6号	9.22	2.06*	−0.17	−0.24	0.41	0.05	−0.10	0.30	15.35	11.38	1.21	11.52	46
244	神农长空集	9.16	0.81	0.36	0.40	0.44	0.05	−0.48	0.18	14.14	24.62	0.59	29.12	19
245	逸杉1期	9.05	1.74*	0.47	1.16	0.45	0.24	0.27	0.35	13.19	14.83	0.81	15.35	53
246	凡宁证券A股1号	8.99	2.00*	−2.13	−2.99	0.66	0.08	0.00	0.31	9.79	13.31	0.67	17.82	60
247	浅湖达尔文2号	8.83	0.67	1.79	1.73	0.75	0.80	−0.74	−0.09	20.10	34.30	0.64	48.65	43
248	百泉1号	8.75	1.31	−0.28	−0.26	0.67	0.38	−0.23	0.69	18.16	18.64	0.92	11.82	55
249	雷龙量化	8.66	1.46	−0.45	−0.96	0.38	0.33	−0.49	0.36	11.24	16.74	0.63	20.10	52
250	裕晋5期	8.64	1.10	−0.32	−0.52	0.27	0.32	−0.08	−0.20	7.88	17.76	0.43	27.11	25
251	悟空对冲量化4期	8.60	1.81*	−0.34	−0.91	0.37	−0.28	−0.41	−0.03	11.23	12.71	0.78	19.13	46
252	华宝兴业—锐锋量化1号	8.60	1.85*	−0.34	−0.94	0.74	0.19	0.35	0.30	7.83	19.90	0.41	26.48	79
253	弘酬集合号FOF	8.59	2.19*	−0.39	−1.25	0.35	−0.10	−0.01	0.32	9.83	12.09	0.71	12.78	60
254	翼虎成长8期	8.40	1.11	−1.74	−1.45	0.65	0.01	−0.34	−0.13	9.52	17.68	0.52	26.08	36
255	承泽资产趋势1号	8.38	1.06	0.22	0.35	0.65	−0.45	−0.17	−0.35	11.41	20.24	0.56	23.21	42
256	盈定1号	8.34	1.00	0.85	1.30	0.47	0.04	−0.36	0.09	16.32	19.55	0.79	18.22	30
257	同威海源价值1期	8.25	1.16	0.89	1.60	0.65	−0.06	0.27	0.28	14.16	19.79	0.69	18.16	50

附录二 股票型私募基金经理的选股能力和择时能力（按年化 α 排序）：2016~2020 年

续表

编号	基金名称	年化 α(%)	$t(\alpha)$	γ	$t(\gamma)$	β_{mkt}	β_{smb}	β_{hml}	β_{mom}	年化收益率(%)	年化波动率(%)	年化夏普比率	最大回撤率(%)	调整后 R^2(%)
258	衍航 1 号	8.16	2.03*	0.30	0.94	0.37	-0.03	-0.04	0.09	12.56	11.30	0.97	11.50	51
259	永升致远 1 期	8.14	1.28	0.42	0.84	0.57	-0.17	0.41	-0.07	10.24	17.31	0.56	14.77	48
260	观富价值 1 号-2	8.13	1.70*	-0.06	-0.16	0.51	-0.18	-0.30	-0.10	11.54	14.36	0.73	19.59	57
261	尚诚	8.02	1.27	-1.32	-2.68	0.55	-0.37	-0.82	-0.29	6.52	18.36	0.36	30.64	55
262	智诚 7 期	8.00	0.84	-1.00	-1.34	0.73	-0.04	-0.76	-0.20	6.80	25.76	0.32	29.87	48
263	毅木资产海阔天空 1 号	7.86	2.21*	0.08	0.30	0.34	-0.03	0.06	0.06	10.56	10.08	0.90	11.16	52
264	锐进 47 期	7.83	1.62	0.15	0.41	0.41	-0.23	-0.26	-0.02	12.28	12.94	0.85	16.46	46
265	华夏未来领时对冲 1 号尊享 B 期	7.77	1.32	0.00	0.01	0.73	-0.17	0.08	-0.04	9.47	19.27	0.49	26.24	64
266	鼎锋 5 期	7.72	0.94	-1.03	-1.60	0.37	-0.02	-0.69	-0.21	6.48	19.16	0.34	31.39	30
267	雷球 1 号	7.70	0.72	-0.83	-0.99	0.35	0.34	-0.78	-0.07	6.82	24.58	0.33	30.83	27
268	道谊稳健	7.64	1.12	0.51	0.96	0.39	-0.28	-0.47	-0.02	14.51	15.90	0.84	17.81	30
269	光大基金宝一均衡价值	7.63	2.17*	-0.10	-0.38	0.70	-0.05	-0.13	0.00	10.24	16.77	0.58	23.28	83
270	朱雀 20 期之慧选 10 号	7.52	2.03*	-2.06	-7.11	0.40	0.00	-0.20	-0.08	-0.05	15.01	-0.02	25.25	77
271	诚盛 2 期	7.51	2.08*	0.50	1.78	0.33	-0.05	-0.23	0.34	14.52	10.97	1.16	11.42	58
272	巨杉银信宝 10 期	7.50	2.21*	-0.19	-0.70	0.22	-0.03	0.05	-0.02	8.46	8.27	0.84	7.51	35
273	东方鼎泰 1 期	7.42	1.06	-0.02	-0.03	0.31	-0.17	-0.23	0.05	10.26	15.35	0.61	19.31	20
274	私募工场通度 1 号	7.42	0.76	-0.12	-0.16	0.42	-0.20	-0.42	0.38	10.54	22.21	0.49	33.62	26

续表

编号	基金名称	年化 α(%)	$t(\alpha)$	γ	$t(\gamma)$	β_{mkt}	β_{smb}	β_{hml}	β_{mom}	年化收益率(%)	年化波动率(%)	年化夏普比率	最大回撤率(%)	调整后 R^2 (%)
275	开宝1期	7.39	1.01	0.12	0.20	0.35	0.18	0.30	−0.14	7.53	16.71	0.43	23.37	26
276	兴聚1期	7.33	2.53*	−0.24	−1.05	0.43	−0.03	−0.03	0.23	9.27	11.80	0.69	14.45	77
277	世诚投资6号	7.29	1.88*	−0.06	−0.19	0.53	−0.02	−0.10	0.09	10.11	14.12	0.65	18.66	71
278	大朴进取1期	7.29	1.94*	−0.09	−0.31	0.42	0.00	−0.01	0.19	9.68	12.17	0.70	14.12	63
279	金锝5号	7.26	5.30*	0.21	1.91	0.04	0.11	−0.04	0.17	10.82	3.34	2.66	0.96	35
280	六禾光辉岁月1期	7.25	1.20	−0.28	−0.59	0.62	−0.04	−0.15	−0.06	8.43	18.14	0.46	24.04	57
281	康曼德002号	7.24	1.08	−0.42	−0.80	0.51	−0.41	−0.30	−0.24	7.99	17.09	0.45	17.22	41
282	涌盛1号	7.18	0.89	−2.56	−2.01	0.51	0.07	−0.21	0.21	5.05	16.98	0.29	21.60	22
283	承泽资产—元泉绝对收益1号	7.16	0.84	0.34	0.51	0.51	−0.24	−0.18	−0.27	10.59	19.57	0.53	27.87	27
284	睿信5期	7.15	0.72	−0.13	−0.17	0.07	0.41	0.07	0.12	6.17	20.17	0.32	21.62	7
285	博颐精选	7.06	0.85	−0.22	−0.33	0.80	0.16	−0.55	0.22	9.98	25.24	0.45	41.32	59
286	神农价值精选1号	7.05	0.69	0.19	0.23	0.52	−0.05	−0.43	0.15	11.17	23.45	0.50	41.67	26
287	神农医药A	6.90	0.91	−0.05	−0.09	0.43	−0.37	−0.81	−0.41	11.22	17.73	0.61	30.39	30
288	七曜尊享A期	6.89	1.41	0.17	0.44	0.41	−0.21	−0.28	−0.01	11.44	12.99	0.78	17.45	45
289	汇信·惠正稳健	6.88	0.59	1.19	1.30	1.02	0.18	−1.25	0.82	20.52	34.93	0.65	25.22	57
290	金锝量化	6.81	3.33*	0.25	1.55	0.03	0.19	−0.06	0.17	10.51	4.78	1.81	6.31	30
291	聚沣1期	6.81	1.32	−0.13	−0.32	0.21	−0.04	−0.14	0.07	8.82	11.28	0.67	13.06	19
292	承泽2号	6.80	1.01	0.36	0.69	0.59	−0.18	−0.07	−0.10	10.70	17.92	0.57	24.85	45

附录二 股票型私募基金经理的选股能力和择时能力（按年化 α 排序）：2016~2020 年

续表

编号	基金名称	年化 α(%)	t(α)	γ	t(γ)	β_{mkt}	β_{smb}	β_{hml}	β_{mom}	年化收益率(%)	年化波动率(%)	年化夏普比率	最大回撤率(%)	调整后 R^2(%)
293	金蕴 56 期（恒复）	6.76	0.95	-0.32	-0.58	0.96	-0.21	-0.27	-0.44	6.85	24.76	0.33	43.70	68
294	金锝 6 号	6.75	4.92*	0.14	1.31	0.03	0.10	-0.03	0.11	9.73	3.13	2.51	1.41	26
295	弘尚资产灵活配置	6.72	0.79	0.90	1.35	0.77	-0.36	0.28	-0.10	11.12	23.01	0.51	36.50	48
296	诚盛 1 期	6.71	2.07*	0.00	-0.01	0.33	-0.08	-0.16	-0.22	10.34	10.18	0.87	12.29	61
297	博道精选 1 期	6.67	1.13	-0.97	-2.13	0.70	-0.11	-0.63	-0.08	6.20	20.38	0.34	36.70	69
298	融昌 3 期	6.65	1.35	-2.08	-5.37	0.62	-0.11	-0.38	-0.22	-0.71	19.42	-0.01	36.67	75
299	驾道 1 期	6.54	1.49	0.91	2.66	0.40	0.09	-0.05	0.10	13.98	12.33	1.00	9.31	52
300	致君基石投资 1 号	6.40	0.85	0.28	0.48	0.41	0.07	-0.51	-0.24	11.03	17.90	0.59	31.07	32
301	景熙 1 号	6.36	1.36	-0.15	-0.42	0.54	0.35	-0.15	0.38	8.92	16.91	0.50	20.58	71
302	承泽狩猎者从 1 号	6.18	0.75	0.34	0.52	0.59	-0.40	-0.18	-0.37	9.47	20.12	0.48	25.84	35
303	盈阳资产 38 号	6.17	0.97	-0.69	-1.39	0.22	0.29	-0.35	0.44	6.56	15.54	0.39	21.37	36
304	TOP30 对冲母基金 1 号	6.16	1.93*	0.15	0.59	0.30	0.03	-0.03	0.24	9.85	9.53	0.88	9.49	57
305	中国龙	6.06	1.21	-0.39	-0.99	0.38	-0.02	0.44	-0.14	3.63	13.38	0.22	21.00	46
306	智诚 19 期	5.89	0.71	-0.54	-0.83	0.57	0.21	-0.20	0.29	5.67	22.00	0.29	25.93	45
307	博颐精选 2 期	5.86	0.70	-0.05	-0.08	0.83	0.17	-0.56	0.22	9.50	25.74	0.42	42.17	59
308	雷钧 2 号	5.85	0.67	0.45	0.67	0.73	0.15	-0.15	0.33	10.65	23.91	0.48	33.26	49
309	金海 5 号	5.83	1.32	-0.76	-2.21	0.54	0.03	-0.06	0.02	4.39	15.62	0.26	20.41	69
310	安进 13 期壹心 1 号	5.66	2.49*	0.04	0.23	0.02	0.16	-0.07	0.15	8.18	4.98	1.31	4.38	20

续表

编号	基金名称	年化 α(%)	$t(\alpha)$	γ	$t(\gamma)$	β_{mkt}	β_{smb}	β_{hml}	β_{mom}	年化收益率(%)	年化波动率(%)	年化夏普比率	最大回撤率(%)	调整后 R^2(%)
311	米牛沪港深精选	5.62	1.13	−0.35	−0.91	0.66	−0.35	−0.29	−0.36	6.47	16.81	0.37	32.75	67
312	中国龙稳健	5.59	1.23	−0.43	−1.20	0.39	−0.02	0.61	0.03	2.62	13.36	0.15	19.63	55
313	名禹稳健增长	5.58	1.06	0.34	0.83	0.40	−0.02	−0.03	−0.12	9.19	13.32	0.61	13.01	40
314	远策 4 期	5.57	1.15	0.22	0.58	0.49	0.11	0.03	0.32	9.35	14.88	0.57	22.53	60
315	鼎锋 1 期	5.53	0.82	−0.16	−0.29	0.70	0.03	−0.42	0.22	8.83	21.00	0.44	34.06	61
316	睿郡众享 3 号	5.50	1.28	−0.76	−1.11	0.28	0.15	0.16	0.14	6.47	9.26	0.59	11.13	26
317	金蕴 105 期（融科信 1 号）	5.45	0.87	0.36	0.73	0.77	−0.18	−0.66	−0.28	11.77	20.67	0.57	29.91	64
318	中国龙平衡对冲增强	5.42	1.91*	−0.09	−0.40	0.25	−0.19	−0.08	−0.21	7.13	7.60	0.75	8.04	47
319	中国龙精选	5.39	0.63	−0.74	−1.11	0.71	−0.45	−0.79	−0.37	5.85	22.81	0.30	35.79	47
320	森林湖 1 号	5.31	0.67	1.03	1.66	0.61	−0.34	0.64	−0.01	8.86	20.69	0.44	29.03	44
321	长河优势 3 号	5.22	0.96	0.15	0.35	0.49	−0.12	−0.34	0.10	9.93	15.29	0.60	35.21	51
322	展博 2 期	5.20	0.85	−0.23	−0.49	0.41	−0.09	0.20	0.18	5.30	15.35	0.31	25.97	40
323	谦石 1 期	5.17	0.64	−0.98	−1.55	0.42	0.34	0.81	0.14	−2.53	20.55	−0.09	37.04	40
324	康曼德 001 号	5.15	1.14	−0.68	−1.93	0.51	−0.16	−0.28	−0.09	5.04	14.61	0.31	15.39	63
325	民晟红鹭 6 期	5.12	0.88	0.14	0.31	0.57	−0.12	−0.18	−0.05	8.63	16.63	0.49	19.10	53
326	弘酬开元	5.09	2.20*	0.03	0.17	0.20	−0.04	−0.04	0.04	7.66	6.32	0.97	4.20	49
327	神农尊享 A 期	4.99	0.72	0.76	1.39	0.64	−0.14	−0.50	−0.24	12.44	19.27	0.63	28.11	50
328	申毅多策略量化套利 3 号	4.98	2.63*	−0.03	−0.18	0.04	0.00	−0.07	0.00	6.94	3.85	1.38	2.94	8

附录二 股票型私募基金经理的选股能力和择时能力（按年化 α 排序）：2016~2020 年

续表

编号	基金名称	年化 α(%)	$t(\alpha)$	γ	$t(\gamma)$	β_{mkt}	β_{smb}	β_{hml}	β_{mom}	年化收益率（%）	年化波动率（%）	年化夏普比率	最大回撤率（%）	调整后 R^2（%）
329	红宝石安心进取 H—1003	4.84	1.78*	0.42	1.97	0.29	0.13	0.04	0.17	9.30	8.54	0.91	9.13	61
330	通和量化对冲 6 期	4.79	0.88	0.63	1.47	0.29	-0.02	-0.07	0.01	10.08	12.31	0.72	9.46	26
331	鼎萨价值精选 1 期	4.78	0.49	-0.45	-0.59	1.08	-0.10	-1.09	-0.47	6.33	31.25	0.31	45.30	62
332	通和进取 1 号	4.62	0.56	0.80	1.24	0.42	0.07	-0.09	0.09	10.42	18.54	0.55	18.75	24
333	国信红岭	4.55	1.61	0.05	0.21	0.02	0.12	-0.01	0.21	6.84	5.89	0.90	4.33	12
334	沃胜 2 期	4.55	0.75	-0.47	-0.98	0.37	0.01	-0.27	0.42	6.01	15.89	0.35	24.19	44
335	珠池量化稳健投资母基金 1 号	4.45	3.30*	0.07	0.71	0.05	0.07	-0.05	0.06	6.93	3.05	1.73	1.34	25
336	幻方印月 01 号	4.43	1.03	1.14	3.39	0.11	0.30	0.10	0.26	11.71	9.82	1.03	22.52	27
337	投资精英之重阳 (A)	4.42	1.36	-0.02	-0.10	0.50	-0.09	0.04	-0.01	6.44	12.51	0.44	15.69	74
338	银帆 7 期	4.40	0.89	0.21	0.55	0.13	-0.08	-0.36	-0.03	8.68	10.32	0.71	8.75	12
339	资舟观复	4.34	3.93*	0.02	0.20	0.00	0.05	-0.04	0.05	6.34	2.28	2.06	1.08	10
340	汇利 3 期	4.32	0.64	-0.74	-1.38	0.84	0.25	-0.23	0.20	3.06	24.65	0.19	39.29	71
341	惠正成长	4.29	0.43	0.76	0.98	0.74	0.31	-0.96	0.68	14.53	28.00	0.56	20.15	52
342	雪球 2 期	4.18	0.61	0.72	1.34	0.80	-0.20	0.58	0.01	6.65	21.68	0.34	37.91	62
343	汇信一众智组合 1 号	4.18	1.16	0.06	0.22	0.50	-0.11	-0.44	0.01	8.93	13.10	0.60	20.07	71
344	昂坤资产配置型	4.11	0.84	0.59	1.53	0.40	-0.06	-0.23	0.22	10.75	13.24	0.72	16.54	47
345	金百镕 1 期	4.08	0.53	1.21	2.00	0.50	0.35	-0.63	0.67	15.90	21.11	0.73	22.27	48
346	中国龙价值	4.08	1.40	-0.39	-1.70	0.29	-0.14	0.25	-0.05	3.02	9.02	0.21	16.30	60

续表

编号	基金名称	年化 α(%)	t(α)	γ	t(γ)	β_{mkt}	β_{smb}	β_{hml}	β_{mom}	年化收益率(%)	年化波动率(%)	年化夏普比率	最大回撤率(%)	调整后 R^2(%)
347	鼎润1期	4.04	0.75	0.42	1.00	0.72	−0.05	0.03	0.03	8.08	18.52	0.43	30.37	68
348	金蕴28期（神农养生）	4.03	0.58	0.75	1.36	0.65	−0.26	−0.50	−0.32	11.23	19.21	0.57	27.25	49
349	彩端3期	3.87	0.71	−0.20	−0.47	0.78	0.01	−0.46	−0.26	6.20	20.42	0.32	23.64	73
350	明曜精选1期	3.85	0.54	−0.09	−0.16	0.62	0.05	−0.29	0.10	6.39	20.09	0.33	24.01	51
351	易同增长	3.83	0.57	0.75	1.43	0.41	−0.02	−0.06	−0.02	9.44	15.63	0.56	24.78	30
352	武当1期	3.82	0.55	−1.45	−2.67	0.22	0.39	0.19	−0.19	−3.80	17.21	−0.22	37.51	38
353	永兴量化对冲2号	3.76	2.73*	−0.65	−6.02	0.09	−0.02	0.06	−0.07	1.95	4.35	0.12	7.10	62
354	富承成长1号	3.71	0.27	0.08	0.08	0.94	−0.22	−0.22	0.05	3.83	33.76	0.24	44.22	36
355	开宝2期	3.67	0.73	0.19	0.49	0.69	0.14	0.35	−0.09	4.59	18.25	0.25	26.62	71
356	稳进8期宽德对冲	3.67	1.75*	−0.09	−0.53	−0.02	0.03	−0.05	−0.05	4.83	4.21	0.79	4.05	5
357	华西神农复兴	3.32	0.46	0.77	1.36	0.51	0.12	−0.16	0.24	9.90	18.32	0.53	29.75	40
358	千石资本—洋杨超越	3.31	0.99	−0.24	−0.90	0.42	0.00	−0.54	−0.12	6.51	12.01	0.46	18.03	70
359	紫鑫盈泰2号	3.28	1.10	−0.24	−1.01	0.39	−0.20	0.05	−0.05	4.06	10.31	0.29	14.82	68
360	紫鑫盈泰1号	3.27	0.91	0.06	0.21	0.44	−0.15	−0.03	0.10	6.17	11.92	0.44	14.56	65
361	稳进5期博普对冲尊享C期	3.25	1.83*	−0.02	−0.11	−0.01	0.17	0.15	0.18	4.31	3.91	0.72	3.51	21
362	华西神农繁荣	3.13	0.48	0.59	1.15	0.63	0.06	−0.20	0.18	9.04	18.97	0.47	30.56	55
363	御峰2号	3.01	0.35	0.64	0.96	0.74	−0.38	0.62	−0.28	3.88	23.04	0.21	23.88	47
364	紫鑫6号	3.01	1.43	−0.21	−1.25	0.20	−0.09	0.06	−0.02	3.68	6.09	0.38	5.69	54

附录二 股票型私募基金经理的选股能力和择时能力（按年化α排序）：2016~2020 年

续表

编号	基金名称	年化α(%)	t(α)	γ	t(γ)	β_{mkt}	β_{smb}	β_{hml}	β_{mom}	年化收益率(%)	年化波动率(%)	年化夏普比率	最大回撤率(%)	调整后R^2(%)
365	宾悦成长1号	2.94	0.51	0.23	0.50	0.91	−0.03	0.51	−0.02	3.13	22.74	0.18	27.04	76
366	航长常春藤3号	2.88	0.77	0.47	1.61	0.37	−0.07	0.23	−0.12	5.93	10.68	0.45	9.98	53
367	合正普惠1期	2.83	0.53	−0.32	−0.75	0.47	0.09	0.16	0.05	2.43	15.19	0.13	27.74	52
368	金海8号	2.82	0.69	−0.15	−0.45	0.43	−0.08	−0.12	0.01	4.82	12.31	0.32	13.37	58
369	颢瀚稳健1期	2.81	0.83	0.78	2.94	0.43	0.12	−0.19	0.26	10.34	12.07	0.75	9.07	70
370	道睿择1期	2.66	0.70	0.00	0.00	0.18	−0.11	−0.39	0.04	6.40	8.84	0.58	9.46	29
371	融通3号	2.63	0.17	2.09	1.69	0.40	1.01	1.77	0.68	1.47	34.98	0.19	57.95	21
372	徐星投资	2.63	0.44	−0.29	−0.62	0.64	−0.01	−0.86	0.05	6.89	19.55	0.36	32.80	65
373	广金成长6期	2.57	0.32	−0.53	−0.83	0.75	0.17	−0.16	0.42	2.31	24.56	0.16	37.00	58
374	朴石8期	2.51	0.43	−0.27	−0.60	0.30	−0.09	−0.05	0.20	3.49	13.65	0.21	19.63	30
375	投资精英（汇利A）	2.50	0.40	−0.04	−0.07	0.93	0.04	−0.12	0.04	4.25	23.93	0.23	38.51	74
376	汇利优选	2.50	0.43	−0.12	−0.27	0.91	0.06	−0.08	0.11	3.88	23.33	0.22	37.39	77
377	理成转子2号	2.48	0.45	0.54	1.27	0.93	0.15	−0.01	0.15	7.03	23.25	0.34	26.80	79
378	翼虎成长1期（翼虎）	2.43	0.35	0.20	0.38	0.40	0.07	−0.27	0.12	6.35	16.48	0.36	27.40	32
379	承源10号	2.42	0.17	0.31	0.27	0.78	0.73	1.02	0.43	−2.37	34.69	0.06	56.94	35
380	锐进12期	2.39	0.27	0.03	0.05	1.04	−0.02	−0.53	−0.10	5.24	28.67	0.27	49.47	64
381	展博专让A期	2.38	0.48	−0.08	−0.21	0.40	0.04	0.24	0.27	3.28	13.71	0.19	20.47	50
382	昭时5期	2.32	0.34	−0.13	−0.25	0.66	0.46	0.18	0.49	2.76	21.93	0.17	33.94	62

续表

编号	基金名称	年化 α (%)	$t(\alpha)$	γ	$t(\gamma)$	β_{mkt}	β_{smb}	β_{hml}	β_{mom}	年化收益率 (%)	年化波动率 (%)	年化夏普比率	最大回撤率 (%)	调整后 R^2 (%)
383	泛涵康元1号	2.31	1.51	0.42	3.48	0.06	0.04	−0.01	0.11	6.30	3.52	1.33	2.24	28
384	展博1期	2.27	0.32	0.03	0.05	0.58	−0.23	0.06	0.02	3.79	18.55	0.21	21.69	45
385	汇利优选6期	2.20	0.40	−0.67	−1.54	0.61	0.33	−0.14	0.29	1.47	19.52	0.10	28.98	69
386	申毅量化	2.15	0.98	−0.04	−0.25	0.01	0.05	0.00	0.06	3.57	4.37	0.48	3.81	3
387	汇信惠正1号	2.08	0.29	1.34	2.40	0.65	0.05	−0.80	0.45	15.21	21.50	0.69	22.92	58
388	平安鑫鼎神农春风	2.01	0.32	−0.27	−0.54	0.26	0.13	−0.77	−0.08	5.22	15.33	0.31	28.89	34
389	东源1期	2.00	0.36	0.17	0.39	0.67	−0.38	0.15	−0.26	3.58	17.54	0.20	24.01	62
390	乾元TOT	1.98	1.33	0.15	1.25	0.04	0.18	0.04	0.19	4.49	3.75	0.79	4.70	40
391	淘利多策量化套利	1.95	1.10	−0.16	−1.18	−0.03	0.11	0.00	0.04	2.60	3.76	0.30	2.94	14
392	坤元TOT	1.91	2.61*	0.02	0.43	0.02	0.01	−0.02	0.02	3.78	1.53	1.45	1.69	12
393	翼虎成长3期	1.91	0.25	−0.03	−0.05	0.38	0.04	−0.14	0.13	3.88	17.42	0.21	30.57	26
394	品正理翔2期	1.80	0.38	0.43	1.17	0.64	0.19	0.03	0.30	6.32	17.35	0.35	25.64	72
395	大成创新资本灵活配置1期	1.75	0.34	0.87	2.16	0.46	0.14	−0.27	0.57	10.44	15.57	0.62	17.64	58
396	华骏海石1号	1.63	0.32	0.43	1.08	0.33	−0.09	−0.10	0.22	6.55	12.64	0.45	20.05	37
397	方向优选1号	1.61	0.51	−0.56	−2.28	0.30	0.09	−0.20	0.21	2.15	10.55	0.11	23.63	66
398	瀚信成长10期	1.58	0.22	0.35	0.62	0.49	−0.07	0.07	0.08	4.54	17.51	0.25	37.70	36
399	龙全进取1期	1.57	0.23	1.90	3.58	0.68	0.15	−0.63	0.20	16.13	21.07	0.74	32.88	61
400	东方汇智一洋杨飞越	1.52	0.38	0.26	0.82	0.39	−0.04	−0.68	−0.04	7.87	12.37	0.55	17.13	60

附录二 股票型私募基金经理的选股能力和择时能力（按年化 α 排序）：2016~2020 年

续表

编号	基金名称	年化 α(%)	$t(\alpha)$	γ	$t(\gamma)$	β_{mkt}	β_{smb}	β_{hml}	β_{mom}	年化收益率(%)	年化波动率(%)	年化夏普比率	最大回撤率(%)	调整后R^2(%)
401	锐进2期	1.50	0.22	0.02	0.03	0.58	-0.29	0.01	-0.02	3.20	18.08	0.18	21.02	47
402	飞天财富宝	1.42	0.68	-0.13	-0.82	0.36	0.01	-0.10	0.08	3.59	9.19	0.27	16.06	80
403	昆仑26号	1.41	0.24	0.03	0.07	0.30	-0.23	-0.02	-0.42	2.22	13.20	0.12	26.42	23
404	国联安-弘尚资产成长精选1号	1.39	0.26	-0.18	-0.43	0.70	0.08	-0.53	-0.04	4.45	19.42	0.24	28.99	70
405	颉灏稳健3期	1.31	0.38	0.73	2.71	0.38	0.08	-0.20	0.24	8.47	11.20	0.65	9.34	63
406	质嘉尊享A	1.26	0.17	-0.69	-1.21	0.36	0.04	-0.88	-0.22	2.40	17.83	0.14	36.45	37
407	聚星2号	1.00	0.10	-0.60	-0.74	0.81	0.24	-0.19	0.45	-0.38	28.77	0.08	45.06	50
408	雀跃岩辰量化投资1期	0.94	0.13	0.19	0.34	0.87	-0.07	-0.54	-0.48	4.49	23.55	0.24	44.68	65
409	铭深1号	0.91	0.21	-0.45	-1.28	0.53	0.26	0.01	0.09	0.57	15.82	0.02	27.82	70
410	融临55号	0.90	0.05	1.29	0.95	0.85	1.38	1.23	1.25	-1.10	42.70	0.14	55.91	37
411	投资精英之翼虎（A）	0.85	0.11	0.15	0.26	0.46	-0.10	-0.12	-0.05	3.44	17.49	0.19	30.06	31
412	柘弓1期	0.78	0.09	0.78	1.16	0.75	0.37	0.24	0.25	4.46	24.17	0.24	36.27	51
413	对冲精英之民森1期A类	0.77	0.17	0.67	1.88	0.28	-0.07	-0.24	0.20	7.44	11.22	0.56	17.23	37
414	德睿恒丰1号	0.74	0.08	2.04	2.77	0.75	0.50	-0.69	0.26	14.81	27.11	0.59	37.40	54
415	博润价值成长	0.66	0.10	0.73	1.38	0.66	0.03	-0.53	-0.02	8.21	19.73	0.42	19.61	55
416	炳富1号（华宝）	0.59	0.12	0.80	2.11	0.35	0.27	0.03	0.44	6.97	13.12	0.46	14.92	48
417	合德丰泰	0.54	0.36	-0.06	-0.55	0.13	0.09	0.05	0.08	1.95	4.53	0.12	6.49	58
418	得大1期	0.51	0.09	-0.03	-0.07	0.48	0.00	-0.38	0.09	3.95	16.23	0.22	20.30	48

续表

编号	基金名称	年化α(%)	t(α)	γ	t(γ)	β_{mkt}	β_{smb}	β_{hml}	β_{mom}	年化收益率(%)	年化波动率(%)	年化夏普比率	最大回撤率(%)	调整后R^2(%)
419	爱心稳健收益型	0.51	0.92	-0.03	-0.66	0.00	0.00	0.00	-0.02	1.85	1.11	0.31	1.17	2
420	蕴泽5号	0.41	0.01	-0.70	-0.32	0.82	-0.11	-2.53	-0.35	-2.52	59.59	0.17	54.02	18
421	沃胜5期	0.13	0.03	0.04	0.11	0.28	-0.08	-0.33	0.27	4.20	11.33	0.29	12.31	44
422	铀链大盘波段1号	0.02	0.00	-2.41	-6.23	0.41	-0.03	-0.12	0.02	-9.37	17.38	-0.55	38.94	69
423	投资精英之尚雅(A)	0.01	0.00	0.32	0.44	0.75	0.04	-0.33	0.49	4.71	25.19	0.25	47.11	50
424	工银量化恒盛精选	-0.06	-0.05	0.19	1.85	0.13	0.00	0.00	0.07	2.80	3.79	0.35	3.84	54
425	恒天紫鑫2号	-0.17	-0.06	-0.07	-0.31	0.31	-0.01	0.14	0.06	1.01	8.88	-0.01	14.23	63
426	尚雅5期	-0.23	-0.03	0.28	0.41	0.56	0.02	-0.11	0.10	2.71	20.98	0.16	35.92	34
427	鑫安1期	-0.35	-0.08	0.57	1.59	0.34	-0.03	-0.14	-0.05	4.77	11.48	0.33	13.53	39
428	中睿合银策略优选1号	-0.39	-0.07	0.96	2.27	0.24	0.02	-0.26	0.48	8.10	12.99	0.55	7.41	34
429	中睿合银策略精选1号	-0.44	-0.05	2.45	3.93	0.61	0.09	-0.22	0.62	15.53	21.96	0.69	23.82	50
430	睿信2期	-0.47	-0.08	0.07	0.15	0.57	0.09	-0.16	0.16	2.43	17.93	0.14	31.96	53
431	清水源1号	-0.48	-0.08	0.33	0.67	0.61	0.33	-0.38	-0.01	3.95	19.73	0.22	33.88	60
432	利得宝	-0.50	-0.27	-0.14	-0.96	-0.03	0.02	0.00	-0.12	-0.09	3.90	-0.39	5.18	15
433	长阳似锦1期	-0.57	-0.10	-0.06	-0.14	0.63	0.00	-0.03	0.25	1.43	18.58	0.09	33.99	61
434	投资精英之展博(A)	-0.63	-0.13	0.16	0.42	0.44	0.00	0.23	0.26	1.49	13.71	0.07	16.82	55
435	陆宝成全浮石新三板	-0.68	-0.13	0.76	1.81	0.47	-0.18	-0.30	-0.11	6.06	14.34	0.38	17.54	47
436	金狮154号	-0.70	-0.21	0.78	3.00	0.13	0.09	-0.21	0.45	6.68	8.64	0.62	6.56	43

附录二 股票型私募基金经理的选股能力和择时能力（按年化α排序）：2016～2020年

续表

编号	基金名称	年化α(%)	t(α)	γ	t(γ)	β_{mkt}	β_{smb}	β_{hml}	β_{mom}	年化收益率(%)	年化波动率(%)	年化夏普比率	最大回撤率(%)	调整后R^2(%)
437	申毅对冲1号	-0.71	-1.48	-0.09	-2.40	0.00	-0.01	0.02	-0.02	0.24	1.02	-1.23	2.34	15
438	龙腾3期	-0.84	-0.12	-0.22	-0.40	0.73	0.16	-0.44	-0.06	1.02	22.04	0.09	48.45	61
439	博识众彩TOF投资	-0.97	-0.29	0.59	2.26	0.46	-0.04	0.00	-0.11	3.75	11.55	0.25	24.98	68
440	华润信托大岩绝对	-1.08	-0.48	-0.31	-1.79	0.05	0.23	-0.01	0.20	-0.68	5.77	-0.35	15.03	42
441	盈丰康伦1期	-1.09	-0.07	0.09	0.08	0.28	0.64	-0.79	0.48	1.14	32.86	0.14	43.31	17
442	浦汇之星165号	-1.21	-0.06	-1.60	-0.95	0.96	0.63	-1.20	-0.32	-14.34	50.70	-0.03	87.14	31
443	归富长乐1号	-1.24	-0.45	0.11	0.48	0.34	0.04	-0.14	-0.01	1.89	9.37	0.09	16.21	66
444	慧安1号	-1.36	-0.26	0.68	1.67	0.35	0.09	0.33	0.30	2.68	13.07	0.15	16.13	40
445	泉上圣斗士	-1.41	-0.22	0.72	1.47	0.44	0.05	-0.02	0.22	4.16	15.67	0.24	26.93	38
446	常春藤6期	-1.46	-0.31	0.07	0.19	0.74	0.02	-0.35	-0.17	1.86	18.82	0.11	37.16	76
447	私募工场19期第7期（红角1号）	-1.58	-0.21	1.42	2.38	0.69	0.28	-0.49	-0.32	7.59	22.63	0.37	44.42	57
448	美联融通1期	-1.70	-0.15	0.14	0.16	0.64	0.76	0.34	0.19	-3.23	29.23	-0.02	40.91	39
449	普尔1号	-1.89	-0.39	-0.97	-2.52	0.88	0.14	-0.33	0.27	-3.42	23.79	-0.08	45.50	84
450	盈定3号	-1.99	-0.23	0.46	0.66	0.36	-0.18	-0.68	-0.24	3.43	19.18	0.19	22.18	19
451	稳健流动性	-2.05	-2.76	-0.01	-0.16	0.00	-0.01	-0.02	0.00	-0.51	1.48	-1.36	2.64	2
452	航长常春藤	-2.07	-0.31	1.10	2.08	0.44	0.02	0.28	-0.18	2.88	16.39	0.16	26.09	35
453	宝晟1期	-2.19	-0.59	-1.13	-3.87	0.54	0.05	-0.06	-0.24	-5.88	15.37	-0.41	43.61	78

续表

编号	基金名称	年化 α(%)	$t(\alpha)$	γ	$t(\gamma)$	β_{mkt}	β_{smb}	β_{hml}	β_{mom}	年化收益率(%)	年化波动率(%)	年化夏普比率	最大回撤率(%)	调整后 R^2(%)
454	慧安浙商家族1号	-2.31	-0.27	0.65	0.96	0.21	0.49	0.70	0.88	-0.29	19.25	0.00	31.78	23
455	银帆5期	-2.39	-0.48	0.60	1.54	0.27	-0.14	-0.26	0.06	3.48	11.50	0.22	11.26	28
456	慧安财富2期	-2.40	-0.28	0.75	1.13	0.22	0.45	0.80	0.72	-0.61	18.64	-0.02	33.67	21
457	品质生活2期	-2.52	-0.38	-0.43	-0.81	0.78	-0.10	-0.48	0.03	-0.97	22.04	-0.00	32.59	64
458	冰剑10号之冰剑专享1期	-2.53	-0.46	0.15	0.34	0.30	-0.11	-0.38	-0.48	0.27	12.94	-0.03	29.20	31
459	盛世知己1期	-2.56	-0.35	0.92	1.60	0.73	-0.07	-0.16	0.07	4.19	21.09	0.22	34.33	54
460	大钓盛世精选主题	-2.88	-0.44	0.29	0.56	0.39	-0.22	-0.40	-0.13	1.48	15.30	0.07	20.67	28
461	华鑫279号	-2.92	-0.40	1.01	1.78	0.65	0.05	0.63	0.36	1.07	20.37	0.08	26.45	51
462	和聚民享1号	-3.14	-0.93	0.10	0.37	0.26	0.00	-0.05	-0.13	-0.90	8.62	-0.24	9.60	41
463	兆信1期	-3.23	-0.63	1.29	3.24	0.47	-0.05	-0.04	0.00	5.03	14.27	0.31	19.40	51
464	和聚12期汇智A期	-3.40	-0.63	0.34	0.80	0.29	0.09	0.10	-0.18	-1.22	12.49	-0.16	14.27	29
465	承源9号	-3.45	-0.28	0.94	0.96	0.35	0.07	0.05	0.01	0.15	25.62	0.06	41.71	9
466	龙票1期(华润)	-3.78	-1.52	-1.17	-6.02	0.07	0.02	0.02	0.08	-7.50	7.31	-1.23	32.26	56
467	金蕴30期	-3.86	-0.45	0.44	0.66	1.34	-0.51	-0.13	-0.60	-2.25	32.08	0.04	60.93	73
468	九鼎新三板1号	-3.93	-0.73	0.00	-0.01	0.00	-0.07	-0.09	0.11	-2.22	10.76	-0.30	19.87	3
469	R2007ZX065	-3.96	-0.75	0.47	1.13	0.58	-0.16	-0.19	-0.15	0.73	15.78	0.03	31.59	57
470	中睿合银萃势1号	-4.00	-0.59	2.07	3.89	0.50	0.11	-0.30	0.72	10.44	19.15	0.53	23.39	52
471	金蕴21期(泓璞1号)	-4.02	-0.44	0.86	1.20	1.07	-0.12	-0.46	-0.38	1.82	28.69	0.15	45.09	61

附录二　股票型私募基金经理的选股能力和择时能力（按年化 α 排序）：2016~2020 年

续表

编号	基金名称	年化 α(%)	$t(\alpha)$	γ	$t(\gamma)$	β_{mkt}	β_{smb}	β_{hml}	β_{mom}	年化收益率（%）	年化波动率（%）	年化夏普比率	最大回撤率（%）	调整后 R^2（%）
472	冰剑10号	-4.04	-0.87	0.41	1.12	0.31	-0.16	-0.18	-0.21	0.04	11.12	-0.08	27.56	33
473	塔晶老虎1期	-4.15	-0.28	1.17	1.01	0.45	1.28	1.24	0.72	-5.86	34.14	-0.06	54.85	28
474	私募工场君洽精选1期	-4.20	-0.95	0.52	1.48	0.46	-0.01	-0.09	-0.02	0.52	13.08	-0.01	22.23	56
475	华鑫280号	-4.22	-0.50	0.86	1.29	0.50	0.31	0.65	0.48	-1.35	20.69	-0.04	33.37	36
476	尚雅11期	-4.23	-0.35	0.39	0.42	0.37	0.35	-0.06	0.50	-1.72	25.62	-0.00	45.20	16
477	鹤骑鹰奇异指数	-4.30	-0.70	2.43	5.07	0.26	-0.15	-0.46	-0.15	10.36	15.97	0.60	19.79	44
478	慧安财富3期	-4.40	-0.51	0.69	1.01	0.20	0.51	0.82	0.75	-3.04	19.07	-0.15	37.70	20
479	谦璞多策略进取1号	-4.57	-0.52	2.88	4.20	0.60	0.35	0.82	0.43	7.00	23.07	0.34	28.60	45
480	慧安财富5期	-4.59	-0.68	0.31	0.59	0.14	0.35	0.65	0.51	-4.11	14.66	-0.32	32.45	18
481	鑫兰瑞	-4.72	-0.62	2.44	4.08	0.59	0.00	-0.28	0.62	11.09	21.28	0.52	27.05	51
482	私募工场兴富进取1期	-5.03	-0.31	-0.18	-0.14	0.71	0.26	-0.40	-0.15	-7.26	36.24	-0.07	61.76	23
483	慧安财富6期	-5.14	-0.75	0.43	0.79	0.17	0.37	0.64	0.53	-4.04	15.06	-0.30	32.27	20
484	睿信成长1期	-5.18	-0.98	-0.05	-0.13	0.50	0.08	0.17	-0.05	-4.52	15.27	-0.32	28.54	54
485	和聚鼎宝1期	-5.32	-0.65	0.06	0.09	0.43	0.40	0.24	0.32	-4.62	19.73	-0.22	38.86	34
486	和聚10期	-5.46	-0.83	0.52	1.01	0.60	0.15	0.13	0.16	-1.83	18.50	-0.09	33.28	52
487	京福1号	-5.55	-0.80	1.19	2.18	1.10	0.41	-0.40	-0.06	2.12	28.84	0.16	53.63	78
488	旭为东汗1号	-5.59	-0.94	0.86	1.84	0.44	0.10	0.07	0.24	0.23	15.24	-0.01	33.43	42
489	睿信	-5.71	-0.71	0.89	1.40	0.18	0.43	0.54	0.22	-3.09	17.20	-0.19	31.08	15

续表

编号	基金名称	年化 α (%)	$t(\alpha)$	γ	$t(\gamma)$	β_{mkt}	β_{smb}	β_{hml}	β_{mom}	年化收益率(%)	年化波动率(%)	年化夏普比率	最大回撤率(%)	调整后 R^2 (%)
490	信复创值5号	-5.72	-0.80	1.22	2.17	0.56	-0.12	-0.39	-0.11	2.99	18.49	0.17	30.00	42
491	中域增值1期	-5.74	-0.80	-0.35	-0.62	0.98	0.63	-0.61	0.45	-4.10	29.64	-0.04	69.39	78
492	和聚6期(2014)	-5.83	-0.89	0.49	0.95	0.59	0.16	0.11	0.17	-2.21	18.46	-0.11	31.42	51
493	论德1期	-5.86	-0.76	0.88	1.45	0.28	0.12	-0.21	0.12	0.36	16.69	0.01	31.94	18
494	承泰洪1号	-5.87	-0.70	-0.13	-0.20	1.24	0.16	0.33	-0.26	-8.66	32.07	-0.16	49.30	74
495	得大3期	-6.10	-0.97	0.57	0.57	0.52	-0.15	-0.58	0.03	3.02	16.00	0.17	25.28	47
496	正弘2号	-6.13	-0.46	1.57	1.49	0.74	0.27	0.17	0.75	0.75	31.68	0.13	45.13	31
497	和聚1期	-6.24	-0.88	0.39	0.71	0.52	0.27	-0.01	0.03	-3.08	18.49	-0.16	33.21	44
498	冰剑1号	-6.37	-1.26	0.68	1.73	0.40	-0.18	-0.20	-0.21	-0.84	12.86	-0.12	31.70	41
499	九旭2号	-6.57	-0.80	0.56	0.86	0.22	-0.05	-0.04	-0.17	-3.37	16.89	-0.21	30.56	8
500	御峰1号	-6.62	-0.74	0.36	0.51	0.73	-0.01	0.86	-0.21	-8.23	23.87	-0.31	55.81	47
501	金海1号	-6.66	-1.25	-0.39	-0.94	0.18	0.11	-0.24	0.31	-5.43	12.25	-0.51	37.79	28
502	金晟5号	-6.93	-0.39	3.25	2.36	1.34	0.02	-0.45	-1.20	4.80	46.59	0.24	45.83	45
503	和聚7期之和聚专享1期	-6.95	-0.76	0.34	0.47	0.23	0.65	-0.31	0.28	-3.48	20.91	-0.14	31.30	26
504	温莎简毅策略成长10号	-6.98	-1.32	0.56	1.36	0.20	0.29	0.14	-0.11	-3.96	12.20	-0.39	39.13	28
505	塔晶狮王	-7.10	-0.70	0.54	0.68	0.93	0.52	0.26	0.95	-4.31	30.73	-0.04	46.31	58
506	蕴泽3号	-7.23	-0.29	-0.12	-0.06	1.04	-0.20	-2.54	-0.46	-6.11	56.98	0.10	61.71	24
507	私募工场磐久价值1期	-7.31	-0.89	0.80	1.24	0.51	0.08	-0.15	0.87	-0.17	21.48	0.03	40.86	44

附录二 股票型私募基金经理的选股能力和择时能力（按年化 α 排序）：2016~2020 年

续表

编号	基金名称	年化 α(%)	t(α)	γ	t(γ)	β_{mkt}	β_{smb}	β_{hml}	β_{mom}	年化收益率(%)	年化波动率(%)	年化夏普比率	最大回撤率(%)	调整后 R^2(%)
508	得大2期	-7.47	-1.26	0.73	1.57	0.45	-0.23	-0.65	-0.04	0.54	15.45	0.01	17.19	43
509	昭时新三板A	-8.08	-0.97	1.98	3.02	0.50	0.11	0.13	0.42	2.50	20.26	0.14	35.12	35
510	资财1号	-8.10	-0.79	-0.13	-0.16	0.92	0.71	-0.12	0.62	-7.57	31.71	-0.14	63.67	60
511	万思艾瑞斯1号	-8.22	-2.25	-0.74	-2.60	0.06	0.04	0.07	0.07	-10.04	8.13	-1.44	41.08	22
512	禾木1号	-8.28	-1.23	-0.34	-0.65	0.49	0.34	-0.19	0.56	-6.58	19.32	-0.34	49.70	54
513	私募工场盈洋睿信2期	-8.41	-1.94	0.12	0.36	0.36	0.01	-0.11	0.27	-4.83	12.09	-0.47	33.51	51
514	睿源1号	-8.63	-1.32	-0.24	-0.47	0.32	-0.05	-0.21	-0.30	-7.88	14.75	-0.58	46.30	24
515	若愚量化配置1期	-9.30	-1.08	1.87	2.76	0.42	0.17	-0.26	1.00	3.43	21.77	0.19	30.39	40
516	映雪霜雪1期	-10.20	-1.16	-1.92	-2.78	0.53	0.15	-0.58	-0.50	-16.53	23.60	-0.69	59.52	47
517	乐正增长	-10.21	-1.45	0.28	0.50	0.36	-0.27	-0.28	0.21	-5.71	16.31	-0.37	35.84	29
518	投资精英之云程泰	-10.57	-1.32	0.22	0.35	1.12	-0.26	0.11	-0.36	-9.67	28.15	-0.27	59.48	69
519	德源安战略成长1号	-11.00	-0.83	-0.41	-0.39	1.11	-0.49	0.62	-0.42	-16.39	35.32	-0.38	71.49	46
520	云程泰资本（1期）	-11.26	-1.44	0.87	1.41	1.11	-0.32	-0.01	-0.31	-6.61	27.44	-0.17	56.96	69
521	海西晟乾7号	-11.85	-1.03	-0.47	-0.53	0.92	0.75	0.00	0.26	-14.37	33.28	-0.34	70.13	54
522	新价值精选2期	-12.55	-1.67	-0.40	-0.67	0.86	0.34	0.68	0.31	-15.35	25.65	-0.57	57.27	67
523	新价值11号	-12.79	-1.43	-0.10	-0.15	0.72	0.55	1.31	0.43	-17.05	26.16	-0.63	66.24	55
524	洋泉景润财富	-12.97	-1.39	1.52	2.07	0.49	0.63	0.33	0.02	-7.15	23.22	-0.27	50.20	38
525	至信40号聚信2期	-14.90	-1.81	0.64	0.98	0.67	0.06	0.24	-0.18	-11.87	21.68	-0.53	66.10	45

续表

编号	基金名称	年化 α(%)	$t(\alpha)$	γ	$t(\gamma)$	β_{mkt}	β_{smb}	β_{hml}	β_{mom}	年化收益率(%)	年化波动率(%)	年化夏普比率	最大回撤率(%)	调整后 R^2(%)
526	保证金交易1号	-15.17	-2.42	0.10	0.20	0.00	-0.15	-0.26	-0.06	-12.23	12.47	-1.09	48.42	3
527	融晖6号	-15.74	-1.06	0.24	0.21	0.70	0.28	-0.25	0.60	-13.44	34.01	-0.30	66.61	27
528	冰泠1期	-16.57	-2.35	-1.61	-2.91	0.35	0.13	-0.08	0.24	-20.45	18.38	-1.21	70.12	43
529	神州牧1号	-20.31	-2.36	1.92	2.85	0.60	0.18	-0.36	-0.24	-9.12	22.48	-0.38	47.60	44
530	共青城新里程	-20.55	-3.84	-0.61	-1.45	0.44	0.13	-0.31	0.25	-18.27	15.80	-1.28	63.54	56
531	浦江之星96号2期	-20.66	-1.42	0.65	0.57	-0.23	0.60	-0.63	0.92	-18.94	30.32	-0.44	67.59	12
532	泰石1期	-26.45	-1.82	-0.10	-0.09	0.57	0.59	-0.93	-0.34	-23.88	34.14	-0.65	83.26	30
533	私募工场君祺成长1号	-38.49	-3.31	0.04	0.04	0.85	0.35	-0.60	0.07	-30.97	30.88	-1.08	88.78	45

注：由于个别基金（小于3只）五年样本期（2016~2020年）内净值涨跌过于剧烈，导致年化 α 过高但不显著，没有参考意义，因此予以剔除。

附录三 收益率在排序期排名前30位的基金在检验期的排名（排序期为一年）：2017~2020年

本表展示的是排序期为一年，检验期为一年时，排序期收益率排名前30位的基金在检验期的收益率排名，及基金在检验期的收益率。样本量为在排序期和检验期都存在的基金个数。★表示在检验期仍排名前30位的基金。

排序期	排序期排名	基金名称	排序期收益率（%）	检验期	检验期排名	检验期收益率（%）	样本量
2017	1	恒利资产管理1期	423.9	2018	3 614	−36.8	3 923
2017	2	财富骐骥定增27号	310.2	2018	3 624	−37.3	3 923
2017	3	汇祥1号（汇祥）	246.0	2018	3 781	−49.0	3 923
2017	4	弘苕套利稳健管理型6号	218.4	2018	48	22.6	3 923
2017	5	河洲资产川行主观1号	192.4	2018	2 113	−16.9	3 923
2017	6	谦颐稳健防御1号	152.9	2018	3 727	−43.1	3 923
2017	7	正圆1号	152.6	2018	1 740	−13.3	3 923
2017	8	涌津涌鑫6号	148.4	2018	2 089	−16.6	3 923
2017	9	迎水起航1号	137.0	2018	2 142	−17.2	3 923
2017	10	璟恒5期	132.9	2018	1 795	−13.8	3 923
2017	11	复胜正能量1期	132.8	2018	2 116	−16.9	3 923
2017	12	乔格理8号	129.7	2018	3 732	−43.4	3 923
2017	13	蓝海战略1号	125.4	2018	3 799	−50.8	3 923
2017	14	万方稳进1号	121.6	2018	2 335	−18.9	3 923
2017	15	林园投资2号	120.9	2018	2 533	−20.5	3 923
2017	16	匀丰量化进取	119.9	2018	27★	34.0	3 923
2017	17	红林投资-私募学院菁英212号	119.4	2018	3 738	44.2	3 923

续表

排序期	排序期排名	基金名称	排序期收益率（%）	检验期	检验期排名	检验期收益率（%）	样本量
2017	18	希瓦小牛FOF	112.5	2018	2 276	-18.4	3 923
2017	19	景林创新成长	107.6	2018	2 877	-23.8	3 923
2017	20	天宝稳健2号	106.8	2018	2 613	-21.3	3 923
2017	21	卓凯2号	106.6	2018	1 806	-13.9	3 923
2017	22	等观风险5号	106.2	2018	3 891	-66.9	3 923
2017	23	林园投资1号	105.9	2018	3 035	-25.4	3 923
2017	24	诚朴息壤1号	97.3	2018	3 801	-51.1	3 923
2017	25	共泰投资1号	97.1	2018	2 646	-21.7	3 923
2017	26	金泰瑞丰（乾清）	95.3	2018	3 903	-72.8	3 923
2017	27	优资顺盈	93.9	2018	3 894	-67.9	3 923
2017	28	今港优选	93.5	2018	2 373	-19.2	3 923
2017	29	多元套利1号	93.0	2018	240	5.8	3 923
2017	30	君行5号	92.1	2018	135	11.0	3 923
2018	1	天成壹号（方圆）	236.0	2019	454	54.2	5 012
2018	2	潮金产融1号	152.9	2019	2 861	17.0	5 012
2018	3	天下溪	127.3	2019	4 055	4.2	5 012
2018	4	悟源北斗1号	122.7	2019	115	89.3	5 012
2018	5	奥瀚投资2号	119.0	2019	157	78.6	5 012
2018	6	协捷资产-私募学院菁英324号	116.1	2019	311	61.4	5 012
2018	7	大禾投资-掘金1号	99.0	2019	64	108.9	5 012

附录三　收益率在排序期排名前30位的基金在检验期的排名（排序期为一年）：2017~2020年

续表

排序期	排序期排名	基金名称	排序期收益率（%）	检验期	检验期排名	检验期收益率（%）	样本量
2018	8	大禾投资-掘金6号	85.6	2019	92	96.4	5 012
2018	9	金然稳健1号	85.3	2019	3 246	12.5	5 012
2018	10	宁水精选3期	85.1	2019	1 280	35.8	5 012
2018	11	塑造者1号	84.3	2019	287	63.4	5 012
2018	12	悟源点精1号	81.3	2019	2 677	19.1	5 012
2018	13	领冠3号	79.0	2019	3 523	9.6	5 012
2018	14	步耘众禾朴门5号	69.0	2019	4 228	2.7	5 012
2018	15	尚艺麒麟1号	66.9	2019	4 593	-3.0	5 012
2018	16	洼盈9号	62.4	2019	4 962	-31.8	5 012
2018	17	洼盈17号量化对冲FOF	62.4	2019	4 973	-35.8	5 012
2018	18	菁云专享1号	60.1	2019	2 558	20.4	5 012
2018	19	红享稳赢2期	59.3	2019	3 166	13.3	5 012
2018	20	领冠2号	59.1	2019	1 845	28.9	5 012
2018	21	舜正群畋	56.8	2019	4 439	-0.1	5 012
2018	22	悟源农产品2号	55.9	2019	3 943	5.3	5 012
2018	23	天瓴-幻方星辰12号	53.0	2019	35	129.9	5 012
2018	24	冲和冉异1号	51.6	2019	4 924	-21.9	5 012
2018	25	云天志太平山1号	51.4	2019	143	81.2	5 012
2018	26	幂数期权做市1号	50.8	2019	3 691	7.8	5 012
2018	27	招金11号	50.4	2019	4 953	-28.6	5 012

续表

排序期	排序期排名	基金名称	排序期收益率（%）	检验期	检验期排名	检验期收益率（%）	样本量
2018	28	银垒进取2号	49.5	2019	4 694	-5.5	5 012
2018	29	君翼价值1号	49.2	2019	4 553	-2.3	5 012
2018	30	万顺通2号	47.2	2019	2 669	19.1	5 012
2019	1	小棉袄	234.5	2020	56	101.6	1 687
2019	2	富承价值1号	223.6	2020	1 497	0.0	1 687
2019	3	富承高息1号	211.8	2020	1 618	-12.6	1 687
2019	4	聚鸣医药创新	167.4	2020	61	99.9	1 687
2019	5	重华1号	149.6	2020	1 463	1.6	1 687
2019	6	新里程超越梦想	145.7	2020	774	34.9	1 687
2019	7	浅湖达尔文2号	144.7	2020	427	51.2	1 687
2019	8	迎水龙凤呈祥1号	140.7	2020	86	90.1	1 687
2019	9	新里程藏宝图私享家1号	137.7	2020	737	36.3	1 687
2019	10	达理1号	127.8	2020	9*	185.3	1 687
2019	11	舜智竹节1号	120.5	2020	1 629	-17.2	1 687
2019	12	鲤鱼门稳健	118.3	2020	1 224	14.7	1 687
2019	13	鼎萨价值成长	116.2	2020	204	69.6	1 687
2019	14	恒泰辰丰港湾1期	114.5	2020	1 314	10.4	1 687
2019	15	掘金707号	111.3	2020	451	50.1	1 687
2019	16	纽达1号	111.1	2020	1 349	8.7	1 687
2019	17	无量1期	110.2	2020	607	42.3	1 687

附录三 收益率在排序期排名前30位的基金在检验期的排名（排序期为一年）：2017~2020年

续表

排序期	排序期排名	基金名称	排序期收益率（%）	检验期	检验期排名	检验期收益率（%）	样本量
2019	18	大禾投资—掘金1号	108.9	2020	413	52.3	1687
2019	19	辛巴达母基金B类	108.0	2020	90	89.1	1687
2019	20	黑牛食品定增1号	107.6	2020	1656	−28.0	1687
2019	21	掘金909号	105.5	2020	459	49.9	1687
2019	22	菁骊长兴	105.4	2020	104	84.7	1687
2019	23	迎水龙凤呈祥2号	103.0	2020	78	92.4	1687
2019	24	迎水龙凤呈祥12号	101.6	2020	242	64.7	1687
2019	25	浅湖稳健5号	100.7	2020	4*	249.2	1687
2019	26	浦江之星165号	100.3	2020	180	72.6	1687
2019	27	上善水疾风	97.5	2020	856	30.5	1687
2019	28	华中1号（伊洛投资）	96.5	2020	435	50.9	1687
2019	29	大禾投资—掘金6号	96.4	2020	385	54.2	1687
2019	30	华杉永旭	95.7	2020	414	52.2	1687

· 239 ·

附录四 收益率在排序期和检验期分别排名前30位的基金排名（排序期为一年）：2017~2020年

本表展示的是排序期为一年、检验期为一年时，排序期和检验期分别排名前30位的基金及基金的收益率。样本量为在排序期和检验期都存在的基金个数。★表示在检验期仍排名前30位的基金。

排序期	排序期排名	基金名称	排序期收益率（%）	检验期	检验期排名	基金名称	检验期收益率（%）	样本量
2017	1	恒利资产管理1期	423.9	2018	1	潮金产融1号	152.9	3 923
2017	2	财富骐骥定增27号	310.2	2018	2	天下溪	127.3	3 923
2017	3	汇祥1号（汇祥）	246.0	2018	3	奥瀚投资2号	119.0	3 923
2017	4	弘茖荃利稳健管理型6号	218.4	2018	4	私募工场启奇锐进	111.8	3 923
2017	5	河洲资产川行主观1号	192.4	2018	5	大禾投资一掘金1号	99.0	3 923
2017	6	谦颐稳健防御1号	152.9	2018	6	华银德洋	97.8	3 923
2017	7	正圆1号	152.6	2018	7	稳博股票优选系列	94.2	3 923
2017	8	涌津涌鑫6号	148.4	2018	8	悟源农产品2号	55.9	3 923
2017	9	迎水起航1号	137.0	2018	9	国领超越2号	55.9	3 923
2017	10	璟恒5期	132.9	2018	10	银垒进取2号	49.5	3 923
2017	11	复胜正能量1期	132.8	2018	11	上海远澜硕桦1号	46.3	3 923
2017	12	乔格理8号	129.7	2018	12	天简道—幻方星辰2号	45.2	3 923
2017	13	蓝海战略1号	125.4	2018	13	靖奇牛思锐	44.0	3 923
2017	14	万方稳进1号	121.6	2018	14	量化阿法1期	42.2	3 923
2017	15	林园投资2号	120.9	2018	15	启创3号	41.9	3 923
2017	16	匀丰量化进取	119.9	2018	16	泓端1号	39.5	3 923

附录四 收益率在排序期和检验期分别排名前30位的基金排名（排序期为一年）：2017~2020年

续表

排序期	排序期排名	基金名称	排序期收益率（%）	检验期	检验期排名	基金名称	检验期收益率（%）	样本量
2017	17	红林投资-私募学院菁英212号	119.4	2018	17	量道兵法2号	39.4	3923
2017	18	希瓦小牛FOF	112.5	2018	18	锦和5号	38.2	3923
2017	19	景林创新成长	107.6	2018	19	东方腾润2号	37.2	3923
2017	20	天宝稳健2号	106.8	2018	20	合众2号	36.3	3923
2017	21	卓凯2号	106.6	2018	21	上九点金1号	34.9	3923
2017	22	等观风险5号	106.2	2018	22	巨杉二次方1号	34.7	3923
2017	23	林园投资1号	105.9	2018	23	巡洋进取1号	34.7	3923
2017	24	诚朴息壤1号	97.3	2018	24	小黑妞黑金3号	34.6	3923
2017	25	共泰投资1号	97.1	2018	25	双隆稳盈1号	34.2	3923
2017	26	金泰端丰（乾清）	95.3	2018	26	佰健远志量化对冲1期	34.1	3923
2017	27	优资顺盈	93.9	2018	27	勻丰量化进取*	34.0	3923
2017	28	今港优选	93.5	2018	28	涌悦成长1号	33.8	3923
2017	29	多元套利1号	93.0	2018	29	聚鑫1号（华宝）	33.5	3923
2017	30	君行5号	92.1	2018	30	景上源1号	32.4	3923
2018	1	天成壹号（方圆）	236.0	2019	1	等观风险5号	373.6	5012
2018	2	潮金产融	152.9	2019	2	财富骐骥定增28号	356.5	5012
2018	3	天下溪	127.3	2019	3	紫霞1号	354.5	5012
2018	4	悟源北斗1号	122.7	2019	4	万方稳进1号	293.9	5012
2018	5	奥瀚投资2号	119.0	2019	5	小棉袄	234.5	5012

续表

排序期	排序期排名	基金名称	排序期收益率(%)	检验期	检验期排名	基金名称	检验期收益率(%)	样本量
2018	6	协姐资产-私募学院菁英324号	116.1	2019	6	等观风险7号	228.8	5 012
2018	7	大禾投资-掘金1号	99.0	2019	7	富衡价值1号	223.6	5 012
2018	8	大禾投资-掘金6号	85.6	2019	8	柚子乘风	221.1	5 012
2018	9	金然稳健1号	85.3	2019	9	富衡高息1号	211.8	5 012
2018	10	宁水精选3期	85.1	2019	10	齐翱盛世3期	206.8	5 012
2018	11	塑造者1号	84.3	2019	11	正圆1号	197.0	5 012
2018	12	悟源点精1号	81.3	2019	12	胤狮10号	194.1	5 012
2018	13	领冠3号	79.0	2019	13	激流1号	193.3	5 012
2018	14	步耘众禾朴门5号	69.0	2019	14	林园投资20号	181.4	5 012
2018	15	尚艺麒麟1号	66.9	2019	15	青鼎恒润1号	173.6	5 012
2018	16	洼盈9号	62.4	2019	16	林园投资2号	167.5	5 012
2018	17	洼盈17量化对冲FOF	62.4	2019	17	七王瑞德2号	165.7	5 012
2018	18	青云专享1号	60.1	2019	18	建泓绝对收益1号	164.6	5 012
2018	19	红亨稳赢2期	59.3	2019	19	林园投资1号	164.6	5 012
2018	20	领冠2号	59.1	2019	20	信确1号	159.1	5 012
2018	21	舜正群蚁	56.8	2019	21	红帆2号	157.0	5 012
2018	22	悟源农产品2号	55.9	2019	22	斌诺启航1号	153.8	5 012
2018	23	天瓴-幻方星辰12号	53.0	2019	23	乔戈里蓝募精选9号	150.7	5 012
2018	24	冲和冉昇1号	51.6	2019	24	林园投资15号	146.1	5 012

附录四 收益率在排序期和检验期分别排名前30位的基金排名（排序期为一年）：2017～2020年

续表

排序期	排序期排名	基金名称	排序期收益率（%）	检验期	检验期排名	基金名称	检验期收益率（%）	样本量
2018	25	云天志太平山1号	51.4	2019	25	新里程超越梦想	145.7	5 012
2018	26	蒂数期权做市1号	50.8	2019	26	浅湖达尔文2号	144.7	5 012
2018	27	招金11号	50.4	2019	27	迎水龙凤呈祥1号	140.7	5 012
2018	28	银垒进取2号	49.5	2019	28	建泓时代绝对收益2号	140.3	5 012
2018	29	君翼价值1号	49.2	2019	29	恒昌格物1号	139.6	5 012
2018	30	万顺通2号	47.2	2019	30	私募工场龙安长航1期	138.4	5 012
2019	1	小棉袄	234.5	2020	1	华融金融小镇九智1号	1434.0	1 687
2019	2	富承价值1号	223.6	2020	2	仙童FOF11期	286.8	1 687
2019	3	富承高息1号	211.8	2020	3	沃土1号	256.1	1 687
2019	4	聚鸣医药创新	167.4	2020	4	浅湖稳健5号*	249.2	1 687
2019	5	重华1号	149.6	2020	5	诚品2号	243.9	1 687
2019	6	新里程超越梦想	145.7	2020	6	盈洋远航	232.3	1 687
2019	7	浅湖达尔文2号	144.7	2020	7	中安汇富-国元莲花山	215.3	1 687
2019	8	迎水龙凤呈祥1号	140.7	2020	8	诚品1号	209.2	1 687
2019	9	新里程藏宝图私享家1号	137.7	2020	9	达理1号*	185.3	1 687
2019	10	达理1号	127.8	2020	10	五色土1期	184.3	1 687
2019	11	舜智竹节1号	120.5	2020	11	红船一号	167.9	1 687
2019	12	鲤鱼门稳健	118.3	2020	12	石锋重剑一号	166.3	1 687
2019	13	鼎萨价值成长	116.2	2020	13	鼎锋大健康	165.9	1 687

续表

排序期	排序期排名	基金名称	排序期收益率（%）	检验期	检验期排名	基金名称	检验期收益率（%）	样本量
2019	14	恒泰辰丰港湾1期	114.5	2020	14	中安汇富－莲花山宏观5号	164.3	1 687
2019	15	掘金707号	111.3	2020	15	趣时健康生活1号	152.9	1 687
2019	16	纽达1号	111.1	2020	16	华安合鑫稳健1期	151.4	1 687
2019	17	无量1期	110.2	2020	17	朴信3号	150.7	1 687
2019	18	大禾投资－掘金1号	108.9	2020	18	钜融1号	149.5	1 687
2019	19	辛巴达母基金B类	108.0	2020	19	中安汇富莲花山宏观对冲7号	148.4	1 687
2019	20	黑牛食品定增1号	107.6	2020	20	华安合鑫稳健	144.5	1 687
2019	21	掘金909号	105.5	2020	21	罗马大道鸢尾花1期	140.5	1 687
2019	22	菁骊长兴	105.4	2020	22	混沌1号（聚发11）	137.6	1 687
2019	23	迎水龙凤呈祥2号	103.0	2020	23	望岳投资小象1号	136.2	1 687
2019	24	迎水龙凤呈祥12号	101.6	2020	24	朴信成长6号	133.0	1 687
2019	25	浅湖稳健5号	100.7	2020	25	中安汇富－莲花山宏观对冲3号2期	132.6	1 687
2019	26	浦江之星165号	100.3	2020	26	朴信1号	131.4	1 687
2019	27	上善若水疾风	97.5	2020	27	石锋笃行一号	126.3	1 687
2019	28	华中1号（伊洛投资）	96.5	2020	28	石锋守正二号	124.7	1 687
2019	29	大禾投资－掘金6号	96.4	2020	29	神农极品	122.5	1 687
2019	30	华杉永旭	95.7	2020	30	盈定2号	121.6	1 687

附录五 夏普比率在排序期排名前 30 位的基金在检验期的排名（排序期为一年）：2017~2020 年

本表展示的是排序期为一年，检验期为一年时，排序期夏普比率排名前 30 位的基金在检验期的夏普比率，及基金在排序期和检验期的夏普比率。样本量为在排序期和检验期都存在的基金个数。★表示在检验期仍排名前 30 位的基金。

排序期	排序期排名	基金名称	排序期夏普比率	检验期	检验期排名	检验期夏普比率	样本量
2017	1	泛融金—渤海银行—天使 2 号	24.40	2018	11★	5.31	3 942
2017	2	泛融金太极 2 号	16.39	2018	6★	7.68	3 942
2017	3	兴富 3 号	15.45	2018	951	-0.55	3 942
2017	4	兴富 2 号（中海）	14.92	2018	946	-0.54	3 942
2017	5	广发纳斯特乐睿 1 号	9.33	2018	484	-0.02	3 942
2017	6	泛融金—渤海银行—天使 1 号	9.13	2018	25★	3.32	3 942
2017	7	顺盈 1 期	8.56	2018	83	1.77	3 942
2017	8	丰衍财富与日聚金	7.96	2018	12★	5.31	3 942
2017	9	景林创新成长	7.15	2018	1 436	-0.88	3 942
2017	10	高毅利伟精选唯实 1 号	6.86	2018	2 153	-1.27	3 942
2017	11	景林精选 2 号	6.67	2018	2 183	-1.29	3 942
2017	12	今港成长 1 号	6.27	2018	3 209	-2.00	3 942
2017	13	红筹平衡选择 A	6.12	2018	1 139	-0.69	3 942
2017	14	泛融金—太极 1 号	5.97	2018	59	2.12	3 942
2017	15	今港优选	5.97	2018	2 333	-1.36	3 942
2017	16	恒天泰旸 1 期	5.96	2018	750	-0.36	3 942
2017	17	红筹平衡选择	5.93	2018	1 125	-0.68	3 942

· 245 ·

续表

排序期	排序期排名	基金名称	排序期夏普比率	检验期	检验期排名	检验期夏普比率	样本量
2017	18	长流资本长运1号	5.92	2018	226	0.63	3 942
2017	19	文多稳健1期	5.90	2018	726	-0.33	3 942
2017	20	新思哲成长	5.74	2018	1 627	-0.97	3 942
2017	21	磐厚蔚然-英安中国	5.63	2018	1 158	-0.71	3 942
2017	22	景林价值B类	5.55	2018	1 419	-0.88	3 942
2017	23	锐进25期盈信瑞峰多空策略1号	5.46	2018	2 664	-1.56	3 942
2017	24	锐进25期盈信瑞峰尊享系列	5.46	2018	2 665	-1.56	3 942
2017	25	中国价值1期	5.38	2018	592	-0.16	3 942
2017	26	新方程星动力S7号	5.34	2018	2 679	-1.57	3 942
2017	27	保银富嘴财富中国价值8期	5.30	2018	595	-0.16	3 942
2017	28	东方消费服务优选	5.26	2018	1 454	-0.89	3 942
2017	29	量游2号	5.25	2018	10*	5.37	3 942
2017	30	东方先进制造优选	5.22	2018	1 353	-0.83	3 942
2018	1	高创金龙1号	12.09	2019	4 725	-0.53	5 052
2018	2	地鑫海中湾A	11.20	2019	4 622	-0.29	5 052
2018	3	坤元TOT	10.77	2019	2*	10.29	5 052
2018	4	展弘稳进1号3期	8.28	2019	5*	7.90	5 052
2018	5	达尔文明德1号	7.75	2019	678	2.14	5 052
2018	6	泛融金太极2号	7.68	2019	1*	12.93	5 052
2018	7	展弘稳进1号	7.37	2019	7*	7.86	5 052

附录五 夏普比率在排序期排名前30位的基金在检验期的排名（排序期为一年）：2017~2020年

续表

排序期	排序期排名	基金名称	排序期夏普比率	检验期	检验期排名	检验期夏普比率	样本量
2018	8	卓眺稳健致远	6.99	2019	1 589	1.65	5 052
2018	9	达尔文至诚1号	6.80	2019	2 990	1.01	5 052
2018	10	君悦日新4号	6.49	2019	4 390	0.05	5 052
2018	11	乾升对冲1号	6.29	2019	4 361	0.09	5 052
2018	12	紫升文丰2期	6.29	2019	914	2.00	5 052
2018	13	天宝云中燕4期	6.11	2019	2 935	1.03	5 052
2018	14	嘉华合晟3号	5.71	2019	4*	7.95	5 052
2018	15	天宝云中燕3期	5.64	2019	118	2.96	5 052
2018	16	量游2号	5.37	2019	4 079	0.36	5 052
2018	17	丰衍财富兴日聚金	5.31	2019	368	2.47	5 052
2018	18	金镎建业2号	5.20	2019	599	2.22	5 052
2018	19	丰衍财富绝对收益	5.10	2019	2 673	1.17	5 052
2018	20	金镎5号	5.06	2019	78	3.28	5 052
2018	21	雷根期权套利	5.05	2019	80	3.23	5 052
2018	22	复熙恒赢11号	4.98	2019	20*	5.30	5 052
2018	23	塑造者1号	4.92	2019	37	4.12	5 052
2018	24	幂数期权做市1号	4.91	2019	3 963	0.45	5 052
2018	25	熠道丰盈1号	4.79	2019	489	2.33	5 052
2018	26	尊享系列1号	4.78	2019	122	2.95	5 052
2018	27	达尔文远志1号	4.66	2019	2 795	1.11	5 052

· 247 ·

续表

排序期	排序期排名	基金名称	排序期夏普比率	检验期	检验期排名	检验期夏普比率	样本量
2018	28	励京资本-稳利 2 号	4.61	2019	15*	6.40	5 052
2018	29	金铸 15 号	4.48	2019	55	3.58	5 052
2018	30	弦高稳健 2 号	4.43	2019	1 740	1.59	5 052
2019	1	兴业元泰 9 号	25.95	2020	2*	17.13	1 694
2019	2	元泰 12 号（20181212 期）	20.68	2020	1*	25.32	1 694
2019	3	联合安鑫	10.36	2020	4*	7.38	1 694
2019	4	坤元 TOT	10.29	2020	127	2.58	1 694
2019	5	明钺安心回报 1 号	8.63	2020	157	2.48	1 694
2019	6	鲁信稳健 1 号	7.86	2020	6*	5.77	1 694
2019	7	展弘稳进 1 号	7.86	2020	10*	4.97	1 694
2019	8	联创永泉新享尊享 A 期	5.66	2020	7*	5.63	1 694
2019	9	青云专享 1 号	5.65	2020	677	1.64	1 694
2019	10	工银量化信诚精选	5.60	2020	1 646	-1.16	1 694
2019	11	复熙恒赢 11 号	5.30	2020	37	3.35	1 694
2019	12	扬帆 18 号	4.86	2020	1 064	1.14	1 694
2019	13	申毅格物 5 号	4.57	2020	204	2.38	1 694
2019	14	睿赢精选 C 类 6 期	4.57	2020	5*	5.78	1 694
2019	15	天合天勤 1 号	4.57	2020	844	1.43	1 694
2019	16	宁波幻方	4.49	2020	186	2.41	1 694
2019	17	联合安鑫添利	4.23	2020	990	1.26	1 694

附录五 夏普比率在排序期排名前30位的基金在检验期的排名（排序期为一年）：2017~2020年

续表

排序期	排序期排名	基金名称	排序期夏普比率	检验期	检验期排名	检验期夏普比率	样本量
2019	18	真爱梦想1号	4.06	2020	905	1.36	1 694
2019	19	美盈	4.01	2020	627	1.70	1 694
2019	20	鹤骑鹰一粟	3.92	2020	271	2.22	1 694
2019	21	微丰全天候2号	3.86	2020	14*	4.31	1 694
2019	22	理石盛世1号	3.85	2020	890	1.38	1 694
2019	23	大朴多维度15号	3.83	2020	198	2.39	1 694
2019	24	希格斯沪深300单利宝1号	3.75	2020	92	2.72	1 694
2019	25	大朴多维度24号	3.67	2020	201	2.38	1 694
2019	26	君行5号	3.57	2020	1 282	0.75	1 694
2019	27	量化稳健4号	3.52	2020	1 499	0.03	1 694
2019	28	君行8号	3.43	2020	268	2.23	1 694
2019	29	微丰凯旋9号	3.42	2020	77	2.88	1 694
2019	30	大朴藏象1号	3.42	2020	221	2.34	1 694

参 考 文 献

［1］庞丽艳、李文凯、黄娜：《开放式基金绩效评价研究》，载于《经济纵横》2014 年第 7 期。

［2］赵骄、闫光华：《公募基金与阳光私募基金经理的管理业绩持续性实证分析》，载于《科技经济市场》2011 年第 12 期。

［3］赵羲、刘文宇：《中国私募证券投资基金的业绩持续性研究》，载于《上海管理科学》2018 年第 6 期。

［4］朱杰：《中国证券投资基金收益择时能力的实证研究》，载于《统计与决策》2012 年第 12 期。

［5］Agarwal, V. & Naik, N. Y., "On Taking the 'Alternative' Route: The Risks, Rewards, and Performance Persistence of Hedge Funds", *The Journal of Alternative Investments*, 2000 (2): 6-23.

［6］Brown, S. J. & Goetzmann, W. N., "Performance Persistence", *The Journal of Finance*, 1995 (50): 679-698.

［7］Carhart, M. M., "On Persistence in Mutual Fund Performance", *The Journal of finance*, 1997 (52): 57-82.

［8］Cao, C., Simin, T., Wang, Y., "Do Mutual Fund Managers Time Market Liquidity?", *Journal of Financial Markets*, 2013 (16): 279-307.

［9］Cao, C., Chen, Y., Liang, B., Lo, A., "Can Hedge Funds Time Market Liquidity?", *Journal of Financial Economics*, 2013 (109): 493-516.

［10］Cao, C., Farnsworth, G. & Zhang, H., "The Economics of Hedge Fund Startups: Theory and Empirical Evidence", *Journal of Finance*, Forthcoming.

［11］Chen, Y., "Timing Ability in the Focus Market of Hedge Funds", *Journal of Investment Management*, 2007 (5): 66-98.

［12］Chen, Y. & Liang, B., "Do Market Timing Hedge Funds Time the Market?", *Journal of Financial and Quantitative Analysis*, 2007 (42): 827-856.

［13］Fama, E. F. & French, K. R., "The Cross-section of Expected Stock Returns", *The Journal of Finance*, 1992 (47): 427-465.

［14］Fama, E. F. & French, K. R., "Common Risk Factors in the Returns on Stocks and Bonds", *Journal of financial economics*, 1993 (33): 3-56.

[15] Fama, E. F. & French, K. R., "Luck Versus Skill in the Cross-section of Mutual Fund Returns", *The Journal of Finance*, 2010 (65): 1915-1947.

[16] Fung, W. & Hsieh, D. A., "Hedge Fund Benchmarks: A Risk-based Approach", *Financial Analysts Journal*, 2004 (60): 65-80.

[17] Malkiel, B. G., "Returns from Investing in Equity Mutual Funds 1971 to 1991", *The Journal of finance*, 1995 (50): 549-572.

[18] Jegadeesh, N. & Titman, S., "Returns to Buying Winners and Selling Losers: Implications for Stock Market Efficiency", *The Journal of Finance*, 1993 (48): 65-91.

后　记

本书是清华大学五道口金融学院民生财富管理研究中心经过多年积累的研究成果，是我中心 2016~2020 年历年出版的《中国公募基金研究报告》和《中国私募基金研究报告》的后续报告。2021 年，我们进一步完善了研究方法、样本和结果，出版《2021 年中国公募基金研究报告》和《2021 年中国私募基金研究报告》，以飨读者。

本书凝聚着研究中心所有工作人员的心血和智慧。整个书稿的撰写及审阅过程，中国民生银行李彬副行长给予了大力支持，报告由研究中心主任曹泉伟教授和副主任陈卓教授共同主持指导，由中心的研究人员门垚、王平凡、石界、李想、姜白杨和滕立雅共同撰写完成。

本书的完成离不开清华大学五道口金融学院的大力支持，以及来自学界、业界、监管机构的各方人士在书稿写作过程中提供的帮助。在此特别鸣谢中国民生银行对民生财富管理研究中心的慷慨捐赠，正是因为中国民生银行的大力支持，民生财富管理研究中心才能专注于运用现代经济金融理论，结合前沿量化研究方法，分析研究金融市场的产品与投资策略，搭建学术研究与金融业界交流的平台。此外，我们感谢富国基金管理有限公司和汇添富基金管理股份有限公司的领导在我们实地调研时提供的大力支持，感谢廖理、李彬、于江勇、王立新、史炎、朱民、李剑桥、严弘、张晓燕、杨爱斌、余剑锋、钟蓉萨、俞文宏等为本书提供许多有价值的建议。最后，我们由衷感谢来自各方的支持与帮助，在此一并致谢！

作者
2021 年 3 月

图书在版编目（CIP）数据

2021年中国私募基金研究报告/曹泉伟等著．—北京：经济科学出版社，2021.5（2021.12重印）
ISBN 978-7-5218-2495-7

Ⅰ.①2… Ⅱ.①曹… Ⅲ.①投资基金-研究报告-中国-2021 Ⅳ.①F832.51

中国版本图书馆CIP数据核字（2021）第069329号

责任编辑：齐伟娜 初少磊
责任校对：李 建
责任印制：范 艳 张佳裕

2021年中国私募基金研究报告

曹泉伟 陈卓 等/著

经济科学出版社出版、发行 新华书店经销
社址：北京市海淀区阜成路甲28号 邮编：100142
总编部电话：010-88191217 发行部电话：010-88191540
网址：www.esp.com.cn
电子邮箱：esp@esp.com.cn
天猫网店：经济科学出版社旗舰店
网址：http://jjkxcbs.tmall.com
北京季蜂印刷有限公司印装
787×1092 16开 16.5印张 340000字
2021年5月第1版 2021年12月第2次印刷
ISBN 978-7-5218-2495-7 定价：68.00元
（图书出现印装问题，本社负责调换。电话：010-88191510）
（版权所有 侵权必究 打击盗版 举报热线：010-88191661
QQ：2242791300 营销中心电话：010-88191537
电子邮箱：dbts@esp.com.cn）